무엇이 우리를
행복하게 하는가

Sternhagelglücklich:
Wie ich versuchte, der zufriedenste Mensch der Welt zu werden
Copyright © 2012 by Christoph Koch

All rights reserved.
No part of this book may be used or reproduced in any manner whatever without written permission except in the case of brief quotations embodied in critical articles or reviews.

Korean Translation Copyright © 2013 by Ulysses Publishing Co.
Korean edition is published by arrangement with Literarische Agentur Michael Gaeb, Berlin through BC Agency, Seoul.

이 책의 한국어판 저작권은 BC 에이전시를 통해 저작권자와 독점 계약한 율리시즈에 있습니다.
저작권법에 의해 한국 내에서 보호를 받는 저작물이므로 무단전재와 복제를 금합니다.

무엇이 우리를
행복하게 하는가

크리스토프 코흐 지음 | 김정민 옮김

"축하합니다! 난 당신이 해낼 줄 알았어요."

나는 이 책을 위해, 적어도 나에게 의미 있어 보이는
행복레시피들을 가능한 데까지 실험해보기로 작정했다.
그리고 실전 경험의 스펙트럼은 최대한 넓게 잡았다.
고대의 지혜에서 현대의 이론들까지,
극동 지역의 아이디어에서 최신의 실용주의 아이디어까지,
장시간 실험에서 일회성 실험까지,
명상 같은 추상적인 것에서 향정신성 의약품 같은 구체적인 것까지.
1년간 나는 내 삶을 더 행복하게, 더 만족스럽게 만드는
방법을 찾아 다양한 도구들을 이용해볼 참이다.
그렇게 하다 보면 결국 '무진장 행복하게' 될지 모른다.
그것이야말로 우리 모두가 바라는 바 아니겠는가.

차례

11 NOVEMBER
- 계속 행복하세요 … 14
- 우리는 더 행복해지지 않았다 … 18
- 행복으로 가는 여러 갈래 길 … 23
- 행복 측정기 … 26
- 효과 없는 버튼 … 28
- 행복한 쌍둥이 … 29

12 DECEMBER
- 국자를 체 삼아 눈을 파헤치다 … 36
- 50킬로그램 칠면조 … 40
- 기부자 거덜내기! … 42
- 지속적으로 행복할 수 있는가 … 46
- 희소식 전령사가 전하는 행복 … 50
- 시간 좀 있어요? … 53
- 자세교정운동으로서의 자원봉사? … 55
- 도움을 주는 일이 나를 행복하게 할까? … 57

01 JANUARY
- 운동 후 보상을 점검하라 … 65
- 얼음물 패러독스 … 69
- 차분하게 해 … 70
- 앵그리 버드 대신 복근 트레이닝 … 74
- 물 건너간 책 읽어주기 봉사 … 78
- 행복해지는 데 필요한 것들 … 80

02 FEBRUARY

기네스북 최다 세계기록 보유자를 만나다 … 93
독특한 깡충뛰기 … 97
후원금 대신에 아이들 같은 열광을 … 99
세상에서 가장 행복한 사람? … 102
제발, 호흡에만 집중하란 말이야 … 105
불행한 인터넷 백만장자 … 109
한때 우린 스타 … 112
부자가 더 낫다 … 116

03 MARCH

후르츠Hurz 명상 … 122
행복에의 걸림돌 … 128
플레이모빌 기사와 편편한 뱃살 … 131
순위 대신에 실업급여, 그래도 행복할까? … 136
고해 – 시기심을 고백하다 … 138
첫 중간 점검 … 141

04 APRIL

불행한 도시 … 148
주유소 음식의 변화 … 151
행복하게 나무 심기 … 154
나치를 무릅쓰고 나무 심기 … 157
일주일 중 하루는 행복할 수 있는 공간 … 161
우리만의 정원 만들기에 도전 … 167
우리는 지금 도시를 개간하고 있지 않은가 … 168

05 MAY

킥킥 구루 … 176
베에에리굿, 베에에리굿, 예! … 178
웃음 라운드와 킥킥 파도 … 180
사자 웃음과 신용카드 웃음 … 183
웃음요가 수강생들의 꿈 … 184
웃음요가의 발명 … 187
평범한 사업가에서 성공한 구루로 … 190
인도식 천당에 간 뮌헨 사람 … 193
아침 공원에서 … 194
1인 웃음 클럽? … 196

06 JUNE

행운의 배후 조종자 … 204
칼, 걔가 나야 … 207
안녕, 이웃! … 213
몸을 쓰고 손을 바쁘게 놀리는 것부터 … 215
햄스터의 숙명 … 219
다양성 vs 시간 … 220

07 JULY

두려움은 영혼을 잠식한다 … 230
즐거우려면 깡충깡충 뛰어라 … 233
행복심포지엄의 풍경 … 235
행복 산업 … 240
감사일기를 시작해볼까 … 243
노래를 불러라, 행복해질지니 … 244
호주에 있는 게이 새 … 246

08 AUGUST
캡슐 하나에 들어 있는 행복 … 257
행복하게 하품하기 … 259
이중 터부 … 262
싸움 없이 행복하기 … 266
서핑보드에도 세상의 의미가 … 271
친구로서 남자 … 274

09 SEPTEMBER
우리의 그네 매달기 … 287
일상에서 특별함 찾아내기 … 290
행복을 강요해도 좋은가 … 291
멋있는 말 해주기 … 294
아이들은 우리를 행복하게 해줄까 … 297
기대에 대한 기억 … 299
슈퍼마켓으로 깡충깡충 … 301
내 머릿속의 풍선 … 303
머릿속 번개 … 305

10 OCTOBER
여자들은 누구나 꽃을 사랑해 … 314
행복을 알아보지 못하는 장님 … 318
행복조절장치 … 320
세상을 바꿀 순 없지만 나를 바꿀 순 있다 … 323

참고 문헌 … 328

결혼은 정말 나를 행복하게 해줄까?
'행복은 나누면 두 배가 되는 유일무이한 것이다'

"루저를 제외하고 이 도시에서 행복한 인간은 아무도 없다.
나를 보라. 내가 얼마나 불행한지.
바로 내가 부자이기 때문이다."
-미국 드라마 〈안투라지Entourage〉의 할리우드 에이전트 아리 골드

11

"이런 제기랄!"

제시카가 포크를 떨어뜨렸다.

팬케이크와 오믈렛을 맛보던 다른 손님들이 테이블 너머 호기심 어린 시선으로 우릴 째려본다. 분명 '미친 독일 놈들!'이란 눈빛으로.

"내 생각은 말이야, 당연히…… 예스, 예스지. 천만 번이라도 예스!"

그러고는 내게 와락 안겼다. 이제야 내 심박 수가 다시 정상으로 돌아왔다. 그녀가 동의했다. 그러니까 조금 전 더듬더듬 고백한 나의 청혼을 받아들인 거다. 여기 라스베이거스의 사막에서, 그것도 사막의 한 귀퉁이에 있는 '페퍼밀'이라는 어쩌면 미국 전역을 뒤져도 쉽게 찾아보기 힘들 만한 키치풍의 브런치 식당에서 말이다. 터키블루, 핑크에 퍼플이 내부 인테리어의 메인 컬러를 지배하고, 모조 체리나무 아래에 놓인 테이블, 그리고 식당 한 귀퉁이엔 불꽃이 이글거리는 난로가 서로 경쟁하듯 LCD 모니터와 함께 번쩍거렸다. 큰 용기 속 설탕에 눈이 부시고, 과다한 메이크업을 한 종업원들이 서빙을 하며, 입구에 늘어선 오락기에선 전자음이 쉴 새 없이 울렸다. 이런 조잡함의 극치에도 불구하고, 아니 어쩌면 그런 이유로, 바로 우리 두 사람에게는 지난 3년 동안 다녔던 그 어떤 장소보다 특별한 장소로 기억에 남을 것이다. 왜냐하면 그간 함께 다녔던 여행에서, 정확히 이곳을 포함해, 이런 일이 있을 때마다 우리 두 사람이 정말 잘 맞는 커플이란 점을 알았을 뿐 아니라, 이런 이상한 것들에 때로는 감격할 수 있는 사람들임을 알았기 때문에 그렇다. 다행스럽게도 우리는 별점 없는 식당이라도 상관없었고, 고풍스런 클래식 연주도 필요 없었다. 아니, 오직 따뜻한 커피 리필과 모든 손님들에게 "허니"라고 말할 수 있는 쾌활한 서비스만 있으면 충분했다.

계속 행복하세요!

사실 애초의 내 청혼계획은 이것과 완전히 달랐다. 안타깝게도 마지막 24시간은 지옥이 따로 없었고, 나는 몇 가지 계획을 수정해야만 했다. 어려움은 라스베이거스 행 비행기에서 내가 국제운전면허증을 집에 놓고 왔다는 사실을 깨닫는 순간부터 시작되었다. 이륙 직전 나는 가까스로 연결이 닿은 이웃에게 재빨리 렌터카 회사로 내 면허증 사본을 팩스로 보내줄 것을 부탁했다. 그런데 렌터카 회사는 꿈쩍도 하지 않았다.

"오리지널 면허증이 없으면 자동차도 없어요!"

창구 여직원은 퉁명스럽게 말을 내뱉고 나서 곧장 손톱연구에 다시 몰입한다. 그때까지만 해도 아직 싱글인 제시카는 다행히 지참해온 자신의 국제운전면허증을 내 쪽으로 내밀었다. 그러나 소용없었다. 그녀의 면허로는 자동기어 차량을 운전할 수 없었다.

"언젠가 자동기어 차량을 10분 정도 운전한 적이 있었는데 하마터면 길 가는 사람을 칠 뻔했어."

내가 조심스럽게 이유를 묻자 그녀가 설명했다.

"아직도 질문 있으세요?" 렌터카 회사의 그 아가씨는 여전히 손톱을 바라보며 말했다. "주차장 전체에 수동기어 차량은 한 대도 없어요. 자동기어 차량뿐입니다."

지루함과 한숨 속에서 대략 한 시간이 지난 후, 우린 번쩍거리는 카지노 불빛을 차창 옆으로 보내며 라스베이거스 일대를 굴러가고 있었다. 내 계획은 일단 호텔에 체크인을 하고, 낭만적인 레스토랑을 찾아 예약한 후 샴페인을 주문하고 나서 그동안 쿵쾅거리는 심장을 진정시키며 준비했던 청혼을 하는 그런 것이었다. 적어도 이 빌어먹을 자동차 타이어가 펑크 나기 전까지는 말이다. 어쩐지 속도가 나지 않고 "캬슝캬슝캬슝" 하는 타이어 소음이 불길하더라니.

멕시코인 정비공이 스페어타이어로 교체해주어 호텔까지 차를 조심조심 몰고 갈 만하게 되었을 때는 거의 서른여섯 시간 가까이 두 발로 서 있던 후인지라, 지치고 신경도 날카로워져 있었다. 무릎을 구부리고 앉아 앞으로 함께 미래를 만들어가자는 고백을 하기에는 상황이 너무나도 안 좋았다.

그러나 그건 말도 안 되는 걱정이었을 뿐, 제시카는 환하게 웃으며 나를 바라보았다. 모든 걸 배팅했던 남자가 승리를 거머쥔 것처럼 난 무척이나 행복했다. 이제 남은 일은 비행기에서 계획한 대로 착착 진행하면 될 터였다. 반지를 사고, 옷을 고르고, 라스베이거스 시청으로 가서 '웨딩 라이선스'를 신청하면 된다. 결혼증명서. 60달러. 현금 결제, 도장 꽝! 다음 들어오세요!

우리가 시청을 나서자, 곧바로 한 남자가 달려오더니 우리를 가까운 결혼식장으로 모시겠다고 한다. 그는 우리 같은 커플들을 낚아 일을 도와주고 수수료를 받는다. 우리는 일단 고맙다 하고, 친절은 고맙지만 도움이 필요하진 않다고 말한 뒤 걸음을 재촉했다. 그는 뒤에서 이렇게 외쳤다.

"계속 행복하시고 서로의 사랑을 지켜가세요!"

계속 행복하시라! 이렇게 진부하고 형식적인 인사말이라니, 혹시 교묘하게 내뱉은 욕인가? 아니면 그저 듣기 좋으라고 하는 권유인가? 누군가 행복해질 수 있다면, 그리고 행복하다면, 그럼 그 행복을 계속해서 유지할 수 있을까? 마치 몸무게를 늘였다 줄였다 하는 것처럼 말이다. 아팠다가 다시 건강해지는 것처럼? 아니면 행복은 오히려 재채기나 로또당첨같이 기대하지 않았던 순간에 갑자기 발생하는 그런 상황이지 않을까? 그것을 푸근히 즐길 수 있는 게 아니라,

운명이나 우연처럼 받아들여야 하는 것 말이다.

　이러한 질문은 여러 가지 측면에서 생각해볼 수 있다. 어떤 이들은 행복유전자를 타고났기 때문에 평생 자신이 남보다 더 행복했다고 말한다. 반면 어떤 이들은 모든 일 하나하나가 행복에 영향을 미칠 수 있으니 매사에 노력해야 한다고 말한다.

　아직 이 문제에 대해 어떤 판단도 내리지 못하겠다. 나는 성향상 행복의 개척자는 자기 자신이라는 옛말을 믿는 편이다. 그러니까 행복은 스스로 기분 좋게 사느냐 아니면 꼭두각시처럼 무언가의 조종을 받으며 사느냐에 따라 좌우된다고 믿는다. 하지만 행복이란 오히려 일종의 혼란스런 감정이며, 어쩌면 희망사항일지도 모른다. 아무튼 지금은 잘 모르겠다.

　다른 한편으로 보면 항상, 적어도 겉으로 보기에 태어날 때부터 행복했던 사람들을 나는 알고 있다. 또 로또에 당첨된 사람이든 혹은 사고로 인해 하반신 불구가 된 사람이든 대략 1년 정도 지나면 다시 이전 수준의 행복감으로 되돌아간다는 연구 결과에 대해서도 들어본 적이 있다.

　행복을 추구하는 것이 정말 가능한지, 그리고 스스로에게 더 재미나고 더 만족스러운 삶을 안겨줄 방법이나 요령, 혹은 비법이 있는지를 알아내기 위해 나는 직접 여러 가지 '행복 시운전'을 해보기로 했다. 그렇게 1년 동안 다양한 행복레시피를 시험해보고, 여러 조언들을 따라해보고, 행복으로 가는 길을 안다고 주장하는 사람들과 인터뷰한 이야기들을 이 책에 담을 것이다.

우리는 더 행복해지지 않았다

사람들은 지금보다 예전에 더 행복했다고들 한다. 삶이 지금보다 덜 바쁘던 당시만 해도 사람들은 이웃과 서로 알고 지냈고 다른 세상에서 무슨 일이 벌어지든 상관할 필요가 없었다. 분명 '좋았던 시절'에 대한 주장이 늘 옳은 것도 아니고, 또 공감할 수 있는 비교에서 나왔다기보다는 종종 각색된 노스탤지어에서 비롯된 경우가 더 크다. 하지만 우울증을 앓고 있는 불행한 사람들의 수는 논쟁의 여지없이 계속 늘어나는 추세다. 이런 결과가 순전히 의학적 진단 횟수의 상승만은 아님을 많은 연구들이 보여주고 있다. 마음에 조그마한 걱정거리만 생겨도 바로 정신병원을 방문하는 '현대적' 질병이 곧 우울증 수치가 늘어난 주요 요인은 아니다. 실제로 점점 더 많은 사람들이 우울증에 해당하는 증상으로 고통받고 있기 때문에 이런 결과가 확인되는 것이다.

동시에 지난 50년 동안 행복한 사람들의 수치는 전혀 '위로' 올라가지 않았다.* 그러니까 우리는 더 나은 생활 수준, 더 나은 평균 수입, 더 나은 생활 환경에서 살면서도 우리 부모나 조부모보다 더 행복하지는 않은 셈이다. 입증된 바와 같이 사람들은(최소한 북반구 사람들) 수명이 점점 더 길어졌고, 평균 신장도 천천히 꾸준히 늘었다. 그리고 지능테스트의 결과, 지능지수도 매년 조금씩 높아지는 것으로 보인다. 우리는 점점 키도 더 커지고, 더 부유해지고, 더 오래 살고, 더 똑똑해지는데, 왜 더 행복해지지는 않고 제자리에 머물러 있는 걸까? 받아들이기 어렵지만, 사실이다.

그런데도 행복해지고 싶은 바람(또는 최소한 이 순간보다는 조금이나마 더 행복하게 사는 것)은 우리 대부분의 행동을 좌우하는 핵심 욕구다.•• 우리는 자신을 행복하게 해줄 물건을 사기 위해 돈을 번다. 남들에게 매력적으로 보이려고 외적인 면에 가치를 둔다. 그렇게 해서 우리는 소속 사회에서 또는 잠자리에서 자신이 더 행복하다고 착각한다. 우리는 TV 속에서 또는 광고판 속 광고에서 행복을 보장한다고 예언하는 그 세제, 그 맥주, 그 자동차를 사야만 광고 속 모델처럼 행복할 수 있다고 믿는다. 몇 시간 또는 며칠을 편안하게 보내고, 아름다움을 즐기며, 일상을 조금 더 행복하게 만들고자 영화관에 가고, 여행을 하고 또 박물관엘 간다. 새 집이나 새 도시가 더 나은 삶을 선사할 거라고 희망하기에 이사를 하고, 서로를 행복하게 해주고 함께 행복을 나눌 바로 그 사람을 찾았다고 바라고 믿으면서 결혼을 한다.

적어도 결혼에서는 이런 소망이 이루어진다는 게 과학적으로도 입증되었다. 실제로 행복 여부에 따라 결혼반지를 끼고 있는지 빼는지의 연관관계가 있기 때문이다. 이 주제의 연구들 중 어떤 걸 분석하든 결과는 같다. 결혼한 그룹들은 항상 행복수치에서 가장 높은 점수를 받았다. 그 다음은 미혼인 커

• 장기간에 걸친 갤럽의 미국 '일반 사회 조사'에서뿐 아니라, 1975년부터 조사한 유로바로미터(1973년부터 유럽위원회를 대신해서 정기적으로 시행하는 조사기관—옮긴이), 그리고 일본에서 시행된 비교 연구에서도 같은 결과가 나왔다. 거의 대부분 선진국에서는 스스로 매우 행복하다고 답한 사람들이 수십 년 전부터 거의 30퍼센트 안팎에 정체되어 있다.

•• 미국의 심리학자 에이브러햄 매슬로우Abraham Maslow의 유명한 욕구 단계설에 따르면, 처음엔 음식이나 수면 같은 기본 욕구가 채워지고 숙소와 위험으로부터의 보호 같은 안전 욕구가 잠재워져야 한다. 하지만 그 이후 이어지는 세 단계는 전부 행복 추구와 관계가 있다. 사회적 욕구(가족, 친구, 배우자), 그 다음 개인적 욕구(지위, 존경, 인정) 그리고 마지막으로 자기계발(개성과 재능)이다.

플이, 이어서 싱글, 마지막으로 별거하고 있거나 이혼한 사람의 순이었다.* 이 때문에 결혼이 행복으로 가는 가장 안전한 길이라는 주장도 종종 나온다. 물론 심리학자이자 인류학자인 대니얼 네틀Daniel Nettle처럼 '결혼이 행복에 이르는 가장 확실한 방법이 아닐 수도 있지 않은가?'라는 질문을 던진 사람도 있었지만 독일에서 진행된 장기간 연구에서는 이 주장이 설득력을 얻는다. 2만 4천 명의 사람들이 15년 이상의 기간 동안 관찰되었는데 이 기간 동안 결혼했던 이들은 그렇지 않은 사람들보다 더 행복했던 것으로 드러났다.

물론 이것이 내가 제시카의 손을 꽉 잡는 이유는 아니다.** 하지만 라스베이거스에서의 번개결혼은 내가 내 몸으로 시험해볼 수 있는 첫 번째 행복가설이었다. 결혼은 정말 나를 행복하게 해줄까? 첫 번째로 받은 인상은 매우 그렇다!이다. 청혼의 아드레날린 폭발에서, 광란의 예물준비와 쇼핑을 거쳐 가족, 친지, 친한 친구들에게 전화를 걸었던 순간까지, 결혼준비는 기쁘고 즐거운 행복의 다양한 버전을 보여주었다. 결혼식 또한 축제 같으면서도 진중한 행복 느낌을 가져다준다.

라스베이거스에 있는 모든 성당에는 신청만 하면 예비 신부를 결혼식장에 데려오고 노래 세 곡도 불러주는 짝퉁 엘비스 프레슬리가 있는데, 이건 미심쩍어서 생략했다. '러

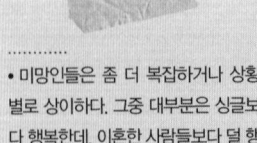

• 미망인들은 좀 더 복잡하거나 상황별로 상이하다. 그중 대부분은 싱글보다 행복한데, 이혼한 사람들보다 덜 행복한 이들도 있다. 내 개인적인 생각으로는 해당 인물이 얼마나 오랫동안 홀로 지냈고 그들 부부관계가 얼마나 행복했느냐(또한 죽은 배우자가 재산을 얼마나 남겼는지도 빼먹으면 안 된다)에 따라 결과가 달라진다고 본다.

•• 물론 세금 혜택도 결혼을 결정한 이유에 약간 고려되었다. 적어도 프리랜서에게 결혼은 오히려 세금 면에서 불리하다고 한다. 모든 게 훨씬 복잡해지기 때문이다. 하지만 내 다음 책에 그 이상을 소개할 참이다. '세무서를 찾은 이유—국세청의 서신을 이해하려고 1년 동안 내가 시도한 일들'.

브 미 텐더Love Me Tender'나 '블루 스웨이드 슈즈Blue Suede Shoes' 대신에 축제분위기의 결혼행진곡이 울리고, 우리는 온화한 미소의 신부님 앞에 떨리는 걸음으로 함께 나아갔다. 그때 나는 머리털 한 올 한 올까지 행복을 느낄 수 있었다. 크나큰 사랑을 발견했다는 확신에 찬 느낌이랄까. 서로 하나가 되는 용기를 낸 것에서 비롯된 기쁨이랄까. 함께하는 미래에 대한 기대랄까. 물론 제시카가 기뻐하는 모습에서 샘솟은 나의 기쁨도 빼놓을 순 없다. 그녀가 두 명의 결혼 입회인을 발견했을 때의 놀란 시선이란……, 가뜩이나 좁고 물건들로 가득한 사무실에서 신부님이 우리에게 미리 예식 순서를 지시하는 동안 두 친구는 몰래 라스베이거스까지 날아와서 성당 첫 번째 줄에 자리 잡고 앉아 있었다.

"이 결혼을 신과 함께하시겠습니까?"

신부는 이렇게 물으며 우리의 긴장을 풀어주고 이 순간을 즐기도록 격려했다.

마침내 결혼이 성사되었음을 알린다는 식상한 말들마저도 인생의 최고 시간(결혼식)을 최고 행복으로 만들어주었다. 운전면허증 해프닝에서 혼인증서 인증까지 모든 게 지나가고, 우리를 맞는 리무진이 정확한 시간에 오고, 식장엔 깜짝손님들이 우리를 기다리고 있었다. 나는 끝 모를 행복에 도취돼 그만 순서를 착각해서 제시카의 손가락에 반지를 끼워주고 몸을 앞으로 숙여 키스하려고 했다. "아직, 아직 잠깐만요!" 신부님이 강하게 나를 저지하고는 그도 웃고 말았다.

식이 끝나 네바다 주의 햇빛 아래서 재빨리 사진 몇 장을 박고 다시 결혼식장 측의 안내를 받고 나서니 곧바로 다음 쌍이 들어섰다. 그리고 그 다음으로 깨달은 것은 행복은 나누면 더 커진다는 사실이다. 우리의 친구들인 질케와 플로리가 결혼식 증인으로 여기 오지 않았다면 제시카와 나는 지금 에로영화 채널 수를 칠판에 써놓고 광고하는 싸구려 호텔들과 버거킹 사이에 있는 길거리에 서 있었을 것이다. 물론 그것도 로맨틱했을지는 모르겠다. 그런데 결혼식장에서의 감동과는 거리가 있었겠지. 우리를 뺀 세상의 모든 사람들에게 이 날은 그저 평범한 화요일에 지나지 않을 테니 말이다. 자동차들이 경적을 울리지만 그건 우리의 결혼을 축하하기 위함이 아니라, 어떤 멍청이가 빨리빨리 움직이지 않아서다. 다른 사람들에게는 모든 게 어제와 같다. 그러나 우리와 함께 축하해줄 수 있는 사람들이 있다면, 이 특별한 날은 더욱 아름다워진다. 함께 나눌 수 있는 사람들에게 행복이 반사되고 더불어 행복은 더 강해져서 다시 우리를 비추는 것 같은 날이 되는 것이다.

 나중에 행복이라는 주제에 좀 더 천착하게 되었을 때, 난 이런 깨달음이 전혀 낯설지 않음을 확인할 수 있었다. 이미 아리스토텔레스는 행복한 삶을 위해서는 다른 사람들의 행복과 '관계 속에서의 삶'이 필수라고 전제했다. 나누는 행복은 공동 목표의 도달을 위한 정신적 전제조건임과 동시에 남을 이해하고 그들과 동일시할 수 있는 전제조건이라고 한다. 지난 수백 년 동안 행복에 대해 역설한 많은 사상가들 중에서 알베르트 슈바이처만큼 인상적이게 표현한 이도 없을 것이다.

'행복은 나누면 두 배가 되는 유일무이한 것이다.'

행복으로 가는 여러 갈래 길

그런데 제짝을 찾아 결혼하고, 다른 이들과 이 행복을 나누는 것 말고 행복한 삶을 위한 다른 방법으로는 어떤 것들이 있을까? 이런 주제의 조언과 연구, 책과 TV 방송은 정말 끝도 없이 많다. 꿈과 소망이 이루어지도록 도와준다는 소위 '우주에서의 주문'(독일의 여류작가 베르벨 모어Baerbel Mohr의 책 제목이다. 이 책의 부제가 '꿈 이루기를 위한 작은 사전'으로 되어 있듯이 꿈과 소망을 이루기 위한 방법적 지침들이 소개되어 있다—옮긴이) 이론도 있고, "난 지금 초콜릿이 급 필요해. 초콜릿만이 나를 행복하게 해줄 거야!"라고 한숨지으며 스트레스에 절어 있는 사무실 직원도 있다. 프로지벤(pro 7. 독일 유선채널—옮긴이)은 '행복리포트'를 방송하고, 스스로를 '마인드스타일 매거진'이라 부르는 새로 창간된 잡지 《하피네즈happinez》는 "오늘 여러분 자신에게 몇 번이고 귓속말로 속삭여보세요. '나는 내 삶을 사랑하며 내 삶도 나를 사랑한다'고 말이죠"라고 조언한다. 그리고 이 잡지가 소개한 행복레시피에 따르면 손가락으로 '신체의 긴장을 풀어주는 13곳'을 '팝업'(인터넷에서 광고창처럼 이른바 갑자기 뜨는 느낌)이 나타날 때까지 두드릴 것을 추천한다.

만족스러운 삶에 이르는 노하우에 관해서라면 누구나 마술비법처럼 각자 한 가지 방법은 갖고 있는 것 같다. 고대 철학자들에게도 역시 여러 의견들이 있었다. 아리스토텔레스와 그 이후 세네카 같은 스토아학파의 철학자들은 행복은 정신적이고 철학적인 활동을 통해, 그리고 훌륭한 행동과 책임의식을 통해서 도달할 수 있다고 믿은 데 반해 에피쿠로스 같은 쾌락주의 철학자들은 오히려 개인의 신체적이고 감각적인 안락함을 행복으로 간주하였다.

물론 에피쿠로스를 그저 육체적 쾌락과 욕구 충족만을 중요하게 여기는 사람으로만 생각해서는 안 된다. 친구인 메노이케우스에게 쓴 편지에서 '합리적이고 고귀하며 올바른 삶이 함께하지 않는다면, 쾌락으로 가득 찬 삶을 영위하는 것은 불가능하다'고 말하기도 했기 때문이다. 말하자면 행복에 대한 처방들은 라스베이거스의 대형마트에 있는 다양한 과자 종류만큼이나 많다.

당연히 이 모든 레시피들을 누구도 다 시험해볼 순 없지만 (매일 다섯 개씩 새로 나오기 때문에라도) 나는 이 책을 위해, 적어도 나에게 의미 있어 보이는 행복레시피들은 가능한 한 시험해보기로 작정했다. 그리고 끝에 가서 후회의 눈물 한 방울도 흘리지 않기 위해 열심히 하기로 했다. 하지만 '우주에서의 주문'은 생략했다. 내 열정과 관용이 이런 쓸데없는 짓을 하게 내버려두지 않았기 때문이다.

그렇지만 실전 테스트에서 경험하는 것들의 스펙트럼은 최대한 넓게 잡을 것이다. 고대의 지혜에서 현대의 이론들까지, 극동 지역의 아이디어에서 최신의 실용주의 아이디어까지, 장시간 실험에서 일회성 실험까지, 명상 같은 추상적인 일에서 향정신성 의약품 같은 구체적인 것까지. 1년간 나는 내 삶을 더 행복하게, 더 만족스럽게 만드는 방법을 찾기 위해서 다양한 도구들을 이용해볼 참이다. 그렇게 하다 보면 결국 '무진장 행복하게' 될지도 모른다. 그것이야말로 우리 모두가 바라는 바 아니겠는가.

최대한 행복해지기 위해 가능한 한 많은 전략과 방법을 시험해보겠다고 이야기하면, 대다수 사람들은 이렇게 말한다.

"야, 말도 안 되는 일 걷어치워! 네 표정을 보면 지금 이미 최고로 만족스러운 상태거든!"

이 두 문장이 증명하는 것은 바로 그들이 스스로 생각하는 것만큼 나를 잘 알고 있지는 않다는 사실이다. 그리고 내가 꽤 괜찮은 사기꾼이고 연기자임을 뜻하기도 한다. 사실 나라는 인간은 늘 입이 댓발은 나와 있는 소위 투덜이다. 이런 인간들의 내면은 만화영화 〈업Up!〉에 나오는 작고 통통한 노인처럼 그냥 자기 명성만 챙기고 누구와 엮이는 걸 바라지 않는 사람 같다고 상상하면 가장 들어맞는다. 어학연수를 가보면 여러 나라에서 온 젊은 친구들이 서로서로 스페인어를 써가며 떠들어대고, 탁구장에서는 온갖 나라 말이 튀어나온다. 그리고 창밖으로 자신들이 느끼는 삶의 즐거움을 큰 소리로 표현하곤 한다. 아마도 사람들은 삶의 기쁨이 아니라 언제나 낙천적인 남유럽 사람들의 천성이라고 생각할지도 모른다. 어쨌든 나에게 그런 장면은 그저 소음일 뿐이다.

전화벨이 울리면 남들처럼 누가 나와 대화하고 싶을까 궁금해지고 즐거워지는 게 아니라, 이런 생각을 먼저 하게 된다. 누가 지금 또 뭘 하자는 거지?! 무언가 잘 나간다 싶으면, 무언가를 성공해내면, 칭찬을 받을 때면, 대략 4초간은 기뻐한다. 그러고는 다시 생각한다. 다음에 뭘 해야 하지?

난 외향적이라기보다 내성적이고, 칭찬하기보다는 투덜거리며, 안타깝게도 내 이웃의 성공을 시기할 때가 잦다. 하지만 결국 내가 더 시기하는 것은 그들의 아름다운 본성과 행복을 위해 애쓰는 부단한 노력이다.

행복 측정기

우리를 둘러싼 모든 것들에는 표준 단위와 그에 맞는 측정 장치가 있다. 방 안이 얼마나 추운지는 온도계를 보면 알 수 있듯이(우리가 미국에 있는 게 아니라면. 별난 미국인들이 계산해달라고 할 때에야 비로소 우리는 화씨 96도가 섭씨 몇 도인지를 안다). 집에 있는 잔디 깎는 기계나 하늘에 있는 제트기가 얼마나 시끄러운지 알고 싶으면 즉시 스마트폰으로 마지막 데시벨을 정확히 측정해낼 수 있다.

그러나 행복 문제라면 어려워진다. 여기선 검증 가능한 단위도 정확한 측정도구도 없다. 수많은 학자들이 이런 도구를 개발하려고 갖은 시도를 다하지 않았음을 말하는 게 아니다. 그들은 긍정적인 감정에서 더 활성화되는 영역이 어딘지를 찾기 위해서 뇌 파동을 분석했다(왼쪽 전전두엽). 그들은 또 사람들이 얼마나 자주 눈을 깜빡이는지도 측정했다(사람들은 불행할 때보다 행복할 때 눈을 덜 깜박인다). 그들은 얼굴에 있는 근육들이 생성하는 전기신호를 측정했다(미소를 띠면 대관골근이 볼에서 활성화되고, 걱정하거나 화를 낼 때는 이마에 있는 눈꼬리내림근이 활성화된다). 내가 아는 한, 회사에서의 행복 수준과 회사 매점에서 팔린 초콜릿 숫자와의 상관관계를 알아본 연구는 없다. 누군가 그런 비슷한 연구에 연구비를 마련해줄 수 있다면……

"부디 연락해주세요. 언제든 환영입니다."

피실험자의 행복을 측정하기 위해 연구자들이 취하는 조치들은 매우 유사하다. 거의 항상 그렇듯이, 너무 뻔한 것 같지만 가장 정확한 측정도구는 아주 간단한 것이기 쉽다. 피실험자들의 피부 저항이나 땀샘 활동을 측정하기 위해 전선을 연결하는 대신, 그들 스스로가 얼마나 행복한지를 그들에게 직접 묻는 것이 (이를테면 1에서 10까지 척도로) 가장 도움이 되는 것으로 판명되었다.

나는 이런 지식을 본보기로 삼았다. 즉, 행위 X가 날 행복하게 해주고 행위 Y가 그렇지 않다는 걸 이 책에서 확인하게 되면, 그것은 각 순간마다 내가 느꼈던 가장 깊은 주관적 인상을 근거로 삼은 것이다. 그리고 행위 X 후에 뒤따르는 호르몬이 행위 Y보다 더 높은 농도를 보인다거나 하는 실험엔 기초하지 않았다(팔에 바늘을 꽂아 피를 뽑는 실험들 자체가 분명 행복하지도 않을 뿐더러 그에 따른 결과도 타당할 리 없다는 점을 나는 확신한다).

효과 없는 버튼

'행복을 어떻게 측정할까'라는 질문보다 더 긴장되는 질문이 있다. 얼마나 행복해질 수 있는지 우리 스스로 노력해볼 수 있을까?

세찬 돌풍에 우산이 뒤집어지고 비가 정면으로 얼굴을 때려도 기분 좋은 얼굴인 사람이 존재한다는 것을 누구나 다 안다. 그들은 인생이 오르락내리락 해도 행복하고 한결같다. 그들은 해고를 당해 물에 빠진 생쥐처럼 초라해져도, 망쳐버린 휴가에도 마음껏 웃을 수 있는 거리를 찾아낸다.

이런 사람들이 있는가 하면, 스스로를 의심하거나 만족하지 못하고 자발적이지도 못하며 흐르는 모래밭에 쏙 빠져버리는 볼링공처럼, 아주 좋은 소식도 그냥 삼켜버리는 사람들도 있다. 그런 사람들 중 많은 이들은 원하는 것을 할 수 있고 바라던 일들이 벌어져도 늘 불행에 절어 있는 듯한 인상이 풍겨 나온다.

그러니까 말하자면 우리는 스스로 삶의 만족을 느끼는 것이 아니라 그때그때 나오는 인생 지침서들이 내놓는 답에 스스로를 끼워 맞추려고 하는 것은 아닐까?

몇 년 전 다수의 엘리베이터에서 문 닫는 버튼이 실제로 작동하지 않는다는 걸 알게 되었다. 공식적인 이유는 사고를 막기 위해서라고 하는데 나 역시 아무리 버튼을 눌러도 문이 빨리 닫히지 않는 수많은 엘리베이터를 체험했다. 그럼에도 난 ─ 물론 대부분의 사람들도 마찬가지일 텐데 ─ 문이 열려 있으면 매번 이 버튼을 누른다. 배터리가 간당간당해지면 더 빨리, 더 오래 리모컨 버튼을 누르는 것과 마찬가지다. 모두 의미 없는 짓이다. 그런데도 그렇게 행동하고, 또 그렇게 행동하면 효과가 있을 것이라고 믿어버리는 것이다.

뭔가 믿을 만한 비유를 골라본다면, 거센 폭풍우를 헤쳐 나가는 어떤 배의 갑판 위에 서서 고도의 집중력을 발휘해 방향키를 돌리고 있지만 사실은 조류와 파도가 우리의 방향을 정하고 있다는 것을 전혀 깨닫지 못하는 것과 같지 않을까!

행복한 쌍둥이

오랫동안 사람들은, 특히 정신분석학자 지그문트 프로이트의 이론에 근거해서, 정신적이고 영적인 행복은 오로지 어린 시절 체험에만, 그러니까 외부 환경에만 달려 있다고 믿었다. 최근 30년 전에야 비로소 이런 허상이 완전히 바뀌었다(그렇다고 어린 시절 동안의 체험 — 예컨대 보호나 안전, 신뢰 등의 느낌 — 이 중요하지 않고 영향력이 없음을 의미하는 건 절대 아니다). 동일한 유전물질을 가지고 있지만 상이한 가족, 즉 서로 다른 외부 조건에서 자란 일란성 쌍둥이들의 삶을 연구한 수많은 자료를 분석한 결과 서로 떨어져서 성장했더라도 100퍼센트 동일한 유전자를 가진 일란성 쌍둥이들은 태도나 본성에서 이란성 쌍둥이나 유전물질의 절반을 공동 보유한 일반 형제 자매들보다 거의 항상 더 닮았다.* 미국 심리학자 조너선 헤이트Jonathan Haidt는 그것을 적절히 이렇게 묘사한다. '지능, 외

• 이런 쌍둥이 연구에서 특히 미네소타 대학의 데이비드 라이켄David T. Lykken과 오크 텔레겐Auke Tellegen은 지침이 될 만한 성과로 거의 1,500쌍의 일란성 내지 이란성 쌍둥이들을 분석했다. 이 외에도 위스콘신 대학의 신경심리학자인 리처드 데이비드슨 Richard Davidson은 80년대 말에 동일한 유전물질이 동일한 행복 체험에 어떤 영향을 미칠 수 있는지를 발견했다. 그는 좌측 전전두엽에서 더 강한 활성을 보이는 사람들이 우측 전전두엽에서 높은 활성을 보이는 사람들보다 더 행복하고, 덜 두려워하며, 우울증에 빠지는 것도 드물다는 사실을 알아냈다.

향성, 두려움, 종교가 어떤 것이든, 재즈나 매운 음식 선호와 같은 취향이든, 일란성 쌍둥이들은 이란성 쌍둥이들보다 더 비슷하며, 같이 자랐든 아니든 간에 그 차이는 없었다. 하지만 유전자가 한 인간의 개성에 대한 청사진은 아니다. 오랜 동안 한 인간을 개발시키는 레시피로 보는 게 더 맞다.' 여기서 일란성 쌍둥이들은 정확히 동일한 레시피로 태어나는 반면에 이란성 쌍둥이들에게는 이 레시피라는 게 다르고 그저 부분적으로 똑같은 재료들로 기초할 뿐이다.

그런데 행복을 돌보는 데 이런 결과들이 어떤 의미가 있는 걸까? 태어나기 이전에 거대한 유전적 로또에서 어쨌든 모든 게 이미 결정되어버리니까 그렇다는 걸까?

같은 요리 레시피에서도 맛없는 요리가 어쩌면 맛있는 요리로 바뀔 수 있는 것처럼, 유전적 레시피도 아주 다양하게 개발될 수 있다고 본다. 우리의 개성과 기본적인 행복 수준이 유전자를 통해서 결정되는 비율이 얼마나 되느냐는 질문에 대해서는 '약 절반가량'이라는 미적지근한 답변이 지배적이다. 다시 말해, 외부 환경 요인과 스스로의 노력 여부가 반반 영향을 미치고 있음을 뜻한다. 한 번 더 배 비유로 돌아가보자. 만약 노가 고장 나서 절반은 작동하고 절반은 작동하지 않는 배의 방향키 앞에 서 있다고 가정하면, 우리는 사령교司令橋

에 있다가 최소한 작동할 때만이라도 가고자 하는 방향으로 갈 수 있도록 시도해봐야 하나? 아니면 갑판 아래로 내려가 대자로 누워 모든 것을 운명에 맡겨야 하나?

   나라면 갑판에 머물면서 노를 움직이려고 시도할 것이다. 아무리 자연의 힘 앞에 무기력해질 수밖에 없음을 받아들여야 한다 해도, 행복에 영향을 미칠 수 있는 무언가를 계속해서 시도해야 한다는 데에 난 동의한다.

행복한 순간 열가지

① 일요일에 정오까지 늦잠을 자려고 했는데 일찌감치 눈이 떠지고 몸도 가뿐한 걸 느낄 때

② 겨울이 시작될 즈음에 두꺼운 재킷을 지하실에서 꺼내왔는데, 주머니에서 꼬깃꼬깃해진 지폐를 발견했을 때

③ 꽉 들어찬 식기세척기에서 틈을 찾아내 갑자기 나타난 그릇 하나를 집어넣을 수 있게 되었을 때

④ 낯선 사람에게 길안내를 부탁 받았는데 그곳 지름길을 내가 알고 있을 때

⑤ 친구가 나를 믿고 비밀을 털어놓을 때

⑥ 캠핑 둘째 날 비가 그치고 하늘이 열릴 때

⑦ 석사논문을 제출하고 난 바로 그날 컴퓨터 하드웨어가 맛이 갔을 때

⑧ 올나잇 파티 후 새벽길에 갓 구운 크루아상 냄새가 나는 빵집을 지나갈 때

⑨ 좋은 노래가 나오면 볼륨을 높이고, 짜증나는 광고가 나오면 채널을 돌려주는 택시기사를 만났을 때

⑩ 빈털터리인데도 불구하고 현금인출기에서 지급이 가능하다는 메시지와 함께 돈 세는 소리가 들릴 때

인심 후한 자 되기
남에게 무언가를 주는 행위는 분명 나를
행복하게 만든다

"사랑에 빠지는 것, 그것은 옷장을 정리하는 정도의 시간뿐이다."
– '완벽한 행운이란 어떤 의미인가'라는 질문에, 미국 코미디언 빌 마허Bill Maher

12

결혼은 인간을 행복하게 할뿐만 아니라, 아주 짧은 시간이긴 하지만 매우 불행하게도 할 수 있다는 것을 알게 되었다. 그것도 햇살 가득한 캘리포니아에서의 신혼여행을 마치고 눈 덮인 베를린의 겨울로 컴백한 직후에 말이다. 젠장, 결혼반지가 사라졌다. 겨우 결혼한 지 3주 만에!

결혼반지를 끼고 있던 손가락에서 막연한 허전함이 느껴진 건, 내가 막 자동차에 앉았던 참이었다. 집을 나설 때만 해도 반지는 있었는데 어디로 사라진 걸까? 생각을 해보면, 꽁꽁 얼어 있던 차의 앞 유리를 닦아내느라 장갑을 꼈는데, 장갑을 벗을 때 아마도 반지가 손가락에서 같이 빠졌을 것이고, 그렇다면 장갑에 들어 있어야 했다. 장갑이 어디 있더라. 아! 내가 서둘러 뒷좌석에 던져놓았지. 나는 얼른 뒷좌석에서 장갑을 찾아 샅샅이 살펴보았다.

그러나 없다.

당연히 뒷좌석에 떨어지진 않았는지 찾아보았지만 없었다. 서서히 두려움이 밀려들고 있음을 깨닫는다. 생각해봐! 내가 장갑을 어디서 벗었더라. 맞아 차 옆에서였지. 그렇다면 차 문 근처 땅바닥 위에 덮인 눈 속에 떨어졌을 가능성이 높다. 재빨리 그 위치로 가기 위해 내가 할 수 있는 최대속도로 차를 돌려야 했다. 그러나 이처럼 눈이 쌓인 도로를 빨리 달릴 순 없었다. 아까 주차시켰던 곳에는 당연히 이미 다른 차가 서 있었다. 눈은 점점 더 많이 내리고, 설상가상으로 주위는 어두워지고 있었다. 난 2차선에 차를 세우고는 내려서 낡은 주차장을 저주하듯 맴돌며 눈 속을 샅샅이 뒤졌다. 당연히 눈은 깨끗하고 새하야며 솜 같은 게 아니라, 으레 대도시 하면 떠오르는 잿빛에 질퍽거리고 곳곳에서 기분 나쁜 노란색을 띤다.

국자를 체 삼아 눈을 파헤치다

반지를 찾느라 눈을 파헤치는 것보다 더 빠른 속도로 눈발이 내려앉고 있었다. 얼른 집으로 달려가 인터넷으로 금속감지기 주문을 시도했다. 캘리포니아 신혼여행 중에 어떤 은퇴자가 그 금속감지기로 해변 모래 속을 뒤지며 동전을 찾아내는 걸 보았기 때문이다. 흠, 그런데 89유로에 48시간 후 배송. 이건 아니다. 그래서 나는 파스타를 삶을 때 쓰는 플라스틱 국자를 들고 아까 그 자리로 되돌아왔다. 국자에는 구멍이 숭숭 나 있어서 눈을 파헤치기에도 좋고 구멍

크기도 반지가 빠지지 않을 만큼 작다. 갑작스럽게 떠오른 빛나는 아이디어에 잠시 기분이 좋아졌고, 다시 미친 듯이 수색작업을 시작했다. 그렇게 30분 이상 성과 없는 눈 속 반지수색이 계속되었다. 그동안 몇 사람이 내 곁을 지나가면서 나를 동정하기보다는 호기심과 경멸이 섞인 이상한 시선을 던졌다. 아이들은 손가락으로 나를 가리키며 "저기 이상한 아저씨가 뭐하는 거야?"라며 엄마에게 묻고, 엄마들은 대답 대신 마치 내가 귀여운 아이들을 잡아먹을 것 같은 위험한 미치광이라도 되는 양, 조바심을 내며 아이들을 잡아끌었다.

그런데 언제부터인가 내 또래의 남자가 내 앞에 서 있다. 혹시 누군가 비상사태에 처해 있는 나를 도와주러 온 걸까?

"지금 내 차 옆에서 뭐하고 있는 거요?" 남자가 입을 열었다.

나는 국자로 계속 수색작업을 하면서 내가 처한 상황에 대해 설명했다. 그는 이 상황이 얼마나 심각한지를 이해해주는 것 같았다. 고맙게도 차를 조금 옆으로 움직인 후 라이트를 켜서 내가 좀 더 넓은 곳을 쉽게 수색할 수 있도록 도와주었다.

"어허라, 결혼반지라고요?"

그는 담뱃불을 붙이며 차에 기대서는 다시 한 번 묻는다. 이 남자는 애초에 수색작업을 도울 생각은 없고, 눈 때문에 수색작업이 더 힘들어지고 있다는 사실을, 나도 잘 알고 있는 바로 그 사실을 얘기할 뿐이다.

"야, 이거 진짜 열 받겠네……."

이걸 진심 어린 걱정 혹은 호의로 받아야 할지 아님 놀림으로 여겨야 할지 고민이 되었지만 혹시라도 이 남자가 빈정 상해서 차량 라이트를 끄고 들어가버릴까 봐 꾹 참았다. 지금 사방은 너무나 어두워져버렸으니까. 당연히 열 받지. 그 반지에다 부부의 믿음과 영원한 사랑을 맹세해놓고 겨우 3주 만에 그 맹세의 징표를 잃어버릴 수 있단 말인가. 맹세는커녕 반지 하나 지키지 못했단 사실을 갓 결혼한 아내에게 어떻게 이해시키란 말인가?

우리 아버진 해수욕장에서 수영하다가 결혼반지를 잃어버리셨다. 이건 그러니까 부전자전인 셈이다. 하지만 아버지의 경우엔 결혼생활 20일 후가 아닌 20년 후에 터트린 사건이었다.

그렇게 또 30분 동안 나는 예상 사고지점 주위 반경 10미터 내에서 한 송이 한 송이의 눈을 모두 체질했다. 장갑을 끼고 있었지만 두 손은 꽁꽁 얼었다. 포기하는 것 외에 다른 방법이 없었다. 마음속으론 벌써 집으로 달려가 반지를 잃어버렸다고 고백하고 티파니 웹사이트에서 이를 바드득바드득 갈면서 새 반지를 주문하고 있었다. 철수하기 전 마지막으로 차의 뒷좌석도 한 번 수색했다. 물론 뒷좌석은 세 번 이상 샅샅이 살펴봤다. 하지만 정말 혹시나 하는 일말의 기대를 저버릴 수 없었다.

나는 시트에서 수없이 긁힌 많은 자국들을 발견했다(물론 이 차가 20년 이상 된 차니까). 하지만 반지를 발견하진 못했다. 그런데 운전석 아래에서 얼음 조각 같은 것이 손에 닿자, 이제까지 나의 모든 불운은 갑자기 환희로 바뀌며 심장이 뛰기 시작했다. 영화 〈반지의 제왕〉에서처럼 나는 내 손안에 있는 절대반지를 이글거리는 눈빛으로 응시했다.

부담에서 해방된 순간이란. 그 순간을 어떻게 말로 표현할 수 있겠는가. 그런데 동시에 부질없는 생각이 들었다. 물론 국자로 눈밭을 헤집고 다닌 것 때문이 아니라 오히려 그때 품었던 의심 때문이었다. 세상엔 잃어버린 반지보다 더 심각한 일이 얼마든지 많이 있겠지? 저 멀리 전쟁과 기아로 고통받는 이에서부터, 바로 문만 나서도 천지인 노숙자와 루저들까지?

그러나 내 손안에 있는 반지만큼은 이 순간 구체적이지만, 이 순간 세상의 고통은 안타깝게도 그렇지 않다. 비록 내가 세상의 많은 심각한 문제들을 알고 있고, 특히나 점점 더 많은 사람들이 기아와 전쟁 속에 놓여 있음을 이해한다고 하더라도, 나는 오늘 저녁만큼은 날뛰듯 기뻐하며 깃털처럼 가벼운 발걸음으로 집으로 간다. 오늘 내 사소한 문제가 찰나의 순간에 공중 분해되었기 때문이다.

때때로 가장 큰 행복은 단순히 확신했던 불운이 일어나지 않을 때다. 한 번 더 끔찍한 일을 모면했을 때. 아니면 그냥 단순히 혹시나 하는 마음에 핫라인으로 전화해서 주문한 금속감지기를 취소하고 결혼반지 이야기로 아내를 배꼽 빠지게 웃길 때라든가. 그리고 나는 금속감지기 대신 새 국자를 기꺼이 주문한다.

"이게 왜 이래?"

쓰레기통에 있는 낡은 국자를 들어보이며 제시카가 묻는다.

"아, 그거 별거 아니야."

난 피곤해 하면서 말한다.

"나중에 얘기해줄게."

50킬로그램 칠면조

　　　　　많은 사람들처럼 나도 이 정도 불행은 쉽게 극복하고 떨쳐버릴 수 있다고 생각한다. '반지는 금세 찾을 수 있을 거야……'라든가, '뭐 어떻게 되겠지……'. 하지만 이번만큼은 그리 단순하게 넘겨버리고 싶지 않다. 그래서 나는 열정적인 수색작업을 하는 동안, 만일 반지를 다시 찾을 경우를 대비해 간사하게도 신에게 약속했던 무언가를 잊지 않으려 한다. 교회 짓기나 제물 바치기 뭐 그런 거? 틀렸다. 모두 다 아니다. 이것은 종교적인 어떤 행위로 충분하지 않다. 어떻게 궁지에 빠진 상황을 모면하기 위해 신에게 도움을 구하는 교만한 행동을 할 수 있단 말인가.

　차라리 내가 좀 잘 베푸는 사람임을 보여주는 시도를 이번주에 해보겠단 것이 좋은 생각일 것 같다. 물물교환이나 면죄부 판매의 의미에서가 아니라, 낯선 사람에게 무엇을 선물하는 일이 얼마나 행복한지 내 스스로 배우기 위해서다.

　얼마 지나지 않은 이야기인데 캘리포니아에서의 신혼여행 마지막 날 밤이었다. 마침 추수감사절이었다. 추수감사절 금요일에 미국인들은 조상을 기리고 추수한 것을 신께 감사하며 엄청나게 많은 칠면조를 잡아먹는다. 고향으로 가서 케케묵은 이야기들을 꺼내려고 전국이 차로 비행기로 들썩이는 그날이면 여행자들은 교통편 자리 잡기가 어려워진다. 그 때문인지 다소 한산했던 로스앤젤레스의 한 레스토랑에서 우리는 추수감사절 전통음식을 주문했다. 접시와 그릇에 가득가득 담긴 음식이 우리 테이블로 옮겨졌다. 애피타이저만 먹었을 뿐인데 이미 배가 불렀다. 마침내 메인디시인 칠면조 요리가 나왔는데, 그 크기는 네 명의 장정이 먹어치우기에도 벅차 보였다. 거기에 디저트는 거의 8인분에 가까웠다. 분명 미국에는 레스토랑에서 먹다 남은 음식을 집으로 포장해가는 도기백Doggy Bag이라는 편리한 전통이 있지만, 다음 날 아침 칠면조 뒷다리와 소스 한 대접, 컵케이크과 머핀 한 다스를 귀국길에 동행할 순 없었다.

그런데 갑자기 제시카가 이 상황을 해결할 아이디어를 떠올렸다. 그 무거운 쇼핑백을 들더니 "이리와 봐"라고 말한 뒤, 내 손을 끌고 어디론가 걸어갔다.

곧바로 우리는 로스앤젤레스 거리에서 한 노숙자가 끌고 다니는 쇼핑카트 속에 그 쇼핑백을 집어넣었다. 이 얼마나 훌륭한 생각인가! 허나 바로 의구심이 들었다. 아무리 애써도 더는 내 배를 채울 수 없어서 남은 음식을 길거리에 있는 불쌍한 사람에게 던진다고 우리를 혹시 거만한 대지주처럼 여기지 않을까?

다행히도 제시카는 그런 우려를 이겨내는 실용주의자였다.

"행복한 추수감사절 되세요! 혹시 기분 나쁘게 들리실지 모르겠지만." 그리곤 이렇게 말을 이었다.

"혹시 저희 음식을 좀 드시겠어요?"라고.

더 특별날 것도 없는 이 날에 얼핏 봐서는 이빨 빠진 제임스 브라운처럼 보이는 쇼핑카트 노숙자는 환하게 쇼핑백을 집어 들었다.

"전혀 기분 나쁘게 들리진 않는데. 당신들도 행복한 추수감사절 보내슈!"

그는 웃으면서 이렇게 말했다.

호텔로 돌아오는 동안 우린 서로 한마디도 하지 않았다. 하지만 칠면조를 무턱대고 우겨넣어 아팠던 배는 갑자기 기분 좋게 따뜻해지고 행복감으로 찌릿찌릿해졌다.

기부자 거덜내기!

남에게 뭔가를 주는 행위가 분명 나를 행복하게 만들 수 있는데, 나는 왜 슈퍼마켓 앞에서 돈을 구걸하거나 지하철에서 노숙자 잡지를 팔려는 사람의 시선을 자주 외면해왔을까? 형편 때문이라면, 택시비 10유로쯤 어려울 것도 없는데, 궁지에 처한 사람이 도움으로 요청하는 1유로나 2유로의 여유도 없다?

"그냥. 그런 사람들이 너무 많다." 이게 보통의 내 독백이다.

"나에게 오는 사람들 모두에게 뭐라도 주고 나면 내가 다음 달에 지하철 계단에 서서 아코디언이라도 연주해야 할 판이라고."

물론 이 주장이 터무니없으며 순전히 자기기만에 해당한다는 걸 잘 안다. 그래서 나는 다음 날부터 하루도 빠짐없이 나에게 구걸하는 모든 사람들에게 돈을 주기로 마음먹었다.

하지만 바로 다음 날, 내 결심은 무서운 시험대에 오른다. 은행 앞에는 개를 데리고 있는 펑크족 부랑자. 슈퍼마켓 입구에는 슬픈 눈을 한 허약한 남자. 전차 승강장에는 다리가 없는 남자. 이 남자는 한 손으로 목발을 짚고, 다른 한 손에는 돈을 담는 종이컵을 들고 있다. 전철 안에는 노숙자 잡지를 파는 여자. 전철에서 내리는 곳에는 여지없이 아코디언맨이, 그리고 나중에는 두 명의 청년이 기타와 타악기를 들고 나타났다. 이들은 진짜 궁핍에 고생한다기보다는 그들의 음악과 함께 유럽을 여행하는 가난한 여행자처럼 보이기도 했다. 하여튼 간에 모두들 하나씩 받았다. 내 주머니 사정에 따라 1유로 내지는 2유로를 받았다. 아코디언맨은 재수가 없어서 5센트, 10센트, 20센트 동전들로 받게 되었다. 10유로에서 15유로가 그날 하루에 사라져버린 것에 처음엔 깜짝 놀랐지만, 몇 시간 전 애플의 아이패드가 출시되자 주저하지 않고 '주문'을 클릭했던 내 모습을 떠올렸다. 몇 배나 되는 돈과 결별했으면서도 일말의 죄책감이나 번뇌 같은 것은 그 순간 들지 않았다. 이제 행복을 구하는 데에 있어서는 인색해지지 말자!

　인심 후한 자 되기의 좋은 점은 정말로 자신을 행복하게 해준다는 거다. 구걸을 하는 사람들 한 명 한 명이 다 자신을 극복하고 나서야 도움을 요청했음이 분명하다. 그리고 예외적으로 누군가 자기를 훑어보면서 지나치지 않는다는 기쁨이 얼마나 큰지 그들 모두에게서 확인할 수 있었다.

　두 번째 이유는 오히려 내 정신건강에 도움을 준다는 데에 있다. 도망갈 곳을 찾고, 돈을 주지 않아도 되는 이유를 만들어대던 끝없는 내 안의 독백들이 마침내 사라져버리기 때문이다. '저 사람은 분명

술이나 사서 마실 거야!' '그래서? 네가 이런 추위 속에서 밖에 앉아 있어야 한다면 어떻겠어?' '난 절대 그럴 일이 없어. 난 열심히 일하잖아.' '좋아. 다음에도 그렇게 열심인지 두고 보자. 밀라 요보비치와의 인터뷰기사와 인터넷에 몇 개 재미있는 이야기를 올렸다 이거지. 운이 좋았을 뿐이야.' '오케이, 알았어. 그에게 돈 좀 줄게. 에구. 지금 그 사람이 가버렸네.'

이런 생각, 고민, 판단 모두가 사라졌다. 《단순하게 살아라Simplify Your Life》류의 책들에 자주 나오는 조언이다. 삶을 단순하게 해야 한다. 너무 단순화하는 것이겠지만 기부란 결국 모든 이에게 뭐든 주겠다는 결심이 아니겠는가.

이를테면 돈을 쉽게 쓴다든지 아니면 심하게 절약하는 것처럼 우리가 돈을 다루는 방식은 기본적으로 자기만의 특성이라 하루아침에 바뀌지는 않는다. "돈을 주제로 삼는다는 것은 우리 교육의 많은 부분을 짚고 넘어가는 일이기도 하죠." 미국 여성 사회학자인 잔 야거Jan Yager가 전화통화로 한 얘기다. 그녀는 이 주제에 오랫동안 집중적으로 매달려왔다. "그래서 우리가 돈을 다루는 방식은 바꾸기가 매우 어렵습니다." 이 말은 우리가 부모와 똑같은 금전적 습관을 가지고 있음을 의미하지는 않는다. 때로는 반면교사로 삼아 정반대로 행동하는 경우도 있기 때문이다. 히피 같은 부모 밑에서 자란 자식이 경영학을 열심히 공부하고 바버 재킷을 입어서 부모의 삶에 저항하는 것과 똑같이, 모든 것을 챙겨주는 헬리콥터 부모에게 저항해 텔레비전 하나 없는 좁은 8인 공동숙소에서 부대끼며 사는 내핍한 생활을 하는 자식도 있다.

　누구나 무조건 인심 후하게 살 수만은 없다. 그렇다고 돈방석에 앉아서 은화를 세고 있는 스크루지 영감처럼 살려고 무조건 애쓸 필요 또한 없다. 추세로 볼 때, 좀 쓰면서 사는 것이 오히려 인색한 것보다는 더 행복하다. 일례로 브리티시 콜롬비아 대학의 연구 결과가 있다. 이에 따르면 타인이나 믿을 만한 기관에 돈을 기부했던 사람들의 행복감이 (수입에 상관없이) 평균적으로 상승했다고 한다. 다른 한 연구에서는 실험 참가자들에게 20달러씩을 나누어주고, 참가자들의 절반에게는 저녁때까지 자신을 위해 무언가 사야 하는 과제를, 다른 절반에게는 남들을 위해 돈을 써야 하는 과제를 주었다. 실험 결과 친구들을 저녁식사에 초대하거나 무엇을 선물한 사람들이 자신을 위해 물건을 산 사람들보다 더 행복한(각자의 주관적 결과 보고에 따라) 것으로 드러났다. 어쩌면 강제적 기부자들에게는 누가 저녁식사를 계산하든 그게 전혀 중요하지 않기 때문일지도 모른다. 아니면 내는 돈의 많고 적음에 신경 쓸 필요가 없음을 깨달았기 때문에. 그것도 아니면 진심으로 같이 보내고 싶은 사람과 어떤 식으로든 함께 많은 시간을 보냈기 때문에 그럴지도 모른다.

　더욱이 이 위대한 행복감은 강제될 때조차도 효과를 본다는 점이다. 뇌과학자 호르헤 몰Jorge Moll과 조던 그래프먼Jordan Grafman은 2006년 연구에서 이것을 밝혀냈다. 그들은 학생들을 MRI에 눕히고는 뇌 활성을 지켜보았다. 참가학생들에게 100달러를 받았다고 알렸을 때, 기대했던 대로 이른바 중뇌변연계에 활성이 나타났다. 일명

상금 센터로도 불리는 이 영역은 긍정적인 감각('음, 초콜릿!'에서 '예! 카드게임에서 이겼다!'까지)을 떠맡고 있다.

그러나 두 번째 실험은 좀 더 놀라웠다. 돈을 받지 못하는 대신에 좋은 데 쓰도록 기부해야 한다고 알렸더니 보상 센터에서 활성이 일어나는 것을 새롭게 알 수 있었다. 더욱이 관심이나 애정 같은 자극에 반응하는 전전두엽 영역도 화면에서 반짝거렸다. 간단히 말해서, 기부는 사람을 행복하게 만든다는 거다. 그것이 반드시 자발적일 필요 없이 어느 정도 강제를 띤다 할지라도 말이다. 앞서 언급했던 연구들을 통해서건 나처럼 자발적으로 해보건 간에, 행복감은 다 똑같다.

지속적으로 행복할 수 있는가

다음 날 난 동전을 모아놓던 낡은 커피통에서 동전을 충분히 꺼내놓았다. 나는 보통 집에 돌아오면 갖고 있던 동전들을 모두 꺼내 그 속에 집어넣는다. 이런 습관은 지갑이 불룩해지는 걸 막아주고 절약도 하게 하는 좋은 방법이라고 나 스스로를 설득해왔다. 물론 내가 이런 저금통으로 뭘 얼마나 절약하는지는 정확히 잘 모르지만 말이다.

나 같은 세대의 대부분 사람들처럼 나 역시 사고 싶은 걸 억지로 참지는 않는다. 저금통장 대신에 우리는 신용카드를 사용하고, 갖고 싶은 걸 사기 위해 저축을 하는 대신 할부로 물건을 산다. 한마디로 우리는 우리가 원하는 걸 곧바로 갖는다. 여기서 물질적 구입은 늘 새로운 결핍을 남기고 물건을 살 때의 행복은 늘 생각했던 것보다 훨씬 더 짧다. 우리는 새 구두에, 새 TV와 새 자동차에 너무나 빨리 적응해버리기 때문에, 물건을 살 때의 기쁨은 그저 돈을 지불하는 순간까지라는 말이 있을 정도다. 달리 말해서, 우리가 바라던 물건을 사는 바로 그 순간이 최소한 그 물건과 관련해서는 행복감의 절정이라는 것이다. 행복감은 그 이후로 급격하게 떨어진다. 평면 TV를 새로 산 친구의 말처럼 말이다. "이 빌어먹을 것이 매일 조금씩 작아진다니깐."

최소한 물건과 관련해서, 이런 적응 효과는 거의 강제적이다. 일례로 몸에 딱 맞는데다가 가격도 할인된, 마음에 쏙 드는 옷을 발견했을 때는 실로 기쁘고도 만족스러운 느낌이 든다. 그러나 이런 행복한 느낌이 지속될 거라고 믿는 건 착각일 뿐이다.

물론 그렇다고 물건 구입을 미루면서 그것을 손에 넣었을 때의 기쁨과 설렘을 뒤로 미루어놓는 것도 그저 자기기만에 불과할 뿐이다. 나의 우발적 아이패드 구입은 결과적으로 돈을 허투루 쓴 셈이었다. 구입할 당시의 기쁨은 정말 폭발적이었지만 곧바로 시들어버렸기 때문이다. 물론 좋은 물건이다. 하지만 얼마 쓰고 나면 어느 순간 다시 보통의 물건이 돼버린다.* 예컨대 어려운 기사를 마감한 후라거나 생일 때까지 4주를 더 기다렸다

....
• 애플과 그 외 수많은 최신기기 회사들이 매년 새로운 모델의 컴퓨터나 스마트폰을 출시하는 것이 우연은 아니다. 전문가들은 이런 현상을 '계획적 구식화'라고 부른다. 이를 통해서 소비자들은 필요보다도 더 빨리 새 모델을 구매하게 된다. 반짝이는 신제품과 비교하면 자신이 사용하고 있는 모델이 갑자기 구닥다리가 된 느낌을 받는다. 여전히 나무랄 데 없이 작동하는데 처음 우리를 구매로 유인했던 그 광채가 더는 빛을 발하지 않는 것이다. 그럼에도 불구하고 우리는 이번에도 이 신제품이 분명 자신을 더 행복하게 해줄 거라고 굳게 믿는다. 그래서 집어 들고 값을 지불하게 된다. 낡은 전화기나 노트북은 여전히 자기 임무를 훌륭히 수행하는데도 말이다.

가 사기로 스스로에게 약속했더라면 그 4주 동안은 아이패드를 가질 생각에 설렘과 좋은 기분이 이어졌을 것이다. 더욱이 웃돈을 더 줄 필요도 없이 말이다.

이 적응 현상은 대부분에 적용되지만 소득에서 가장 강하게 작용하는 것 같다. 이는 우리가 지난 50년 서구에서 복지와 1인당 소득(인플레이션을 감안한)의 급격한 성장을 체험했지만 행복이나 만족도에서는 의미 있는 성장을 전혀 느끼지 못하기 때문이다.

이 경우에는 대중에게 적용되는 것이 나에게도 적용된다. 나는 매달 학생시절보다 대략 열 배가 넘는 돈을 쓰고 있는데도 열 배만큼 행복하지 않다. 파산 지경에 이르러 빵 써는 기계 주변에 떨어진 빵 부스러기들로 아침을 때우는 이삼 일은 제외하고 말이다. 뭐 그렇다고 그날들이 또 그렇게 나쁘지는 않았다. 학생 주점 주방에서 일하던 친구가 점심에는 매번 사장 몰래 취리히 식 구운 고기 요리를 내주었기 때문이다.

사실을 말하면, 더 많은 돈을 쓰는 것만큼 빨리 적응되는 것도 없다. 봉급인상은 우리를 기쁘게 한다. 물론 그것이 우리의 능력과 가치를 인정하는 척도여서 그렇기도 하다. 그러나 봉급의 인상분이 우리 행복에 미치는 효과는 달궈진 프라이팬 위의 버터처럼 금세 녹아 없어진다.

영국 경제학자 리처드 레이어드Richard Layard는 《행복의 함정》에서 소득이 늘어남에 따라 곧바로 우리의 욕구도 증가한다는 것을 보여준다. 좀 더 정확히 말해서, 생활에 필요한 돈이 얼마인지를 묻는 질문에 대답하는 금액이 계속해서 상승한다는 얘기다. 지난 수십 년 동안 실제 소득과 명목상 '필요' 소득을 기록해서 그래프를 작성해보면, 두 곡선은 거의 평행을 이루며 위로 상승했다. 혹은 레이어드가 말한 것처럼, "우리가 실제로 1달러를 더 벌면 그중 최소 40센트는 '필요' 소득이 되어버린다. 그러니까 올해 1달러를 더 벌면, 그 돈은 나를 더 행복하게 해주지만 내년에 나는 자동적으로 더 높은 기준치를 세울 것이다. 그러면 최소한 올해 성장의 40퍼센트는 내년에는 사라져버린다."

매우 큰 단위에서조차도 우리는 새로운 부에 굉장히 빨리 적응한다. 로또 당첨자들이 벼락부자가 된 지 몇 달도 안 되어서 다시 당첨 전에 느끼던 행복수준에 다다르는 것을 여러 연구들이 보여주었다. 이는 흥미 위주의 신문들에 나오는 비극적 사건들, 짧은 시간 안에 상금을 탕진한다는 것을 말하는 건 아니다. 이는 거의 모두에게 해당한다. 집을 사고 적당히 욕구를 채우면서 합리적으로 돈을 쓰는 사람들도 지속적으로 행복해지지는 않는다.

행복연구가인 마틴 셀리그만Martin Seligman은 《행복 인자》에서 70년대 연구 하나를 소개한다. 특별한 행운을 얻은 피실험자들이 시간차를 두고 행복의 표준치 근처에서 등락을 보였고 22명의 비교그룹보다 더 행복하다고 느끼지는 않았다고 보고한다. 대다수의 로또 당첨자들이 갑작스런 부로 인해 친구를 잃어버리고 이전 직업에서 얻는 기쁨이 덜해졌다고 진술한 것도 이에 대한 이유일 수 있다.

어떤 일을 당하든 상관없이 우리에겐 얼마간의 시간이 지나면 처

• 그러나 도저히 어찌할 수 없는 운명의 장난도 있다. 예를 들어 교통사고로 자식이 죽음을 당했을 때가 그렇다. 이런 일을 당한 부모들은 4년에서 7년이 지나도 여전히 우울증 증세가 훨씬 더 자주 나타나고 대조군들보다 덜 행복했다.

음 삶의 만족도로 되돌아가는 어떤 메커니즘이 있는 것 같다. '불의의 사고로 반신불구가 된 사람은 극도로 우울해지는데, 그건 그리 놀라운 일이 아니다.' 셀리그만은 몇 단락 뒤에 이렇게 적는다. '하지만 그들은 놀랍게도 빠른 시간 내에 자신의 심각한 장애에 적응하고 8주 후에는 부정적인 감정보다는 훨씬 더 긍정적인 감정을 보고한다. 그리고 몇 년 뒤에는 정상인 수치에 근접한 평균 행복 수준에 도달한다.' 로또 당첨의 행복이 금방 연소되는 것처럼, 다행히 사고의 불행도 서서히 극복할 수 있다. 심지어 커다란 슬픔이 예기치 않은 행복을 가져다주는 것도 불가능하지는 않다.•

희소식 전령사가 전하는 행복

갑작스런 행운으로 유명한 이가 베른트 빌러스Bernd Willers다. 59세의 경영학 석사인 그는 뮌스터에 있는 독일 서부 로또의 희소식 전령이다. 그는 기사 작성에 필요한 사진과 프로필을 일절 거부하는 조건으로 인터뷰에 응했다. 그는 자신이 알려지지 않기를 바란다. 신변 보호 때문이다. 다른 이유로는 옆집에서 초인종을 누르는 사람이 누구인지 모두가 알아보는 걸 원하지 않기 때문이다. 보안이 그의 최고의 요구사항이다. 그럼에도 불구하고 직업과 행복에 대해 그와 얘기를 나누는 일은 몹시 흥미진진했다. "공식적으로 사람들은 내 직업을 '당첨자 안내원'으로 부릅니다. '희소식 전령'은 뭐랄까 조금 꿈같고 동화같이 들립니다." 빌러스는 말했다. "이게 다 진짜 돈 때문입니다. 그리고 돈이 인간의 삶을 갑자기 변화시키기 때문이기도 합니다."

그는 로또조직에서 거의 평생을 몸담았다. 1984년부터 당첨자 안내원으로 일해왔다. "예전엔 지금과 상황이 많이 달랐죠. 그 당시 복권을 사는 사람들은 복권에 주소를 다 기재했습니다. 많은 사람들이 당첨되었지만 자신의 복권을 바로 확인할 필요는 없었습니다. 당첨을 모르고 지나친다 해도 언젠가는 그 소식을 알게 된다는 걸 누구나 알았기 때문입니다." 그 당시 빌러스는 실제로도 푸른 하늘에서 내려와 사람들 문 앞에 서서 복권에 당첨되었음을 알려주는 '희소식 전령' 노릇을 종종 했다. "당연히 많은 이들이 그때 완전 제정신을 잃습니다." 그는 이어서 말했다. "오늘날 대부분 사람들은 익명으로 복권을 삽니다. 즉, 우리는 당첨자들이 접수하고 나서야 그가 누구인지 알게 되고 상담을 하기 위해 그 집으로 가지요. 그들은 일단 몇 시간 이 사건에 대해 생각할 시간을 가집니다. 그러고 나서 대개는 침착해집니다."

베른트 빌러스는 때로 행운아들에게 정확한 상금 금액을 알려주는 역할을 맡기도 한다. 그 금액은 잭팟을 터뜨린 당첨자가 몇 명이냐에 따라서 몇 십만 유로에서 몇 백만 유로까지 달라진다. "종종 당첨 사실을 알고도 며칠이 지난 후에야 감동의 눈물을 쏟아내는 사람이 있어요. 그들은 내가 문 앞에 서면 그때서야 실감하기 때문이지요."

빌러스가 당첨자들에게 권고하는 중요한 원칙 중 하나가 바로 당첨 사실을 누구에게도 말하지 않는 것이다. 그것이 당사자들이나 그 주변을 위해 매우 중요하기 때문이다. "그리고 지극히 보통의 사람들로 지내야 한다고 설명합니다." 빌러스는 계속해서 말했다. "전 이렇게 말합니다. 눈에 띌 만한 행동은 삼가세요. 이전처럼 계속 그렇게 사는 게 제일 좋습니다. 때로 어떤 이에게는 그 말을 이해시키기가 어렵습니다. 하지만 대부분의 경우에는 쉽게 이해하지요. 당첨 사실을 세상에 알리고 돈을 펑펑 쓰더니, 일찍, 그것도 돈 한푼 없이 생을 마감한 '로또-로타'의 비극적 이야기는 부정적인 사례의 전형입니다."

기뻐하는 고객들의 행복을 질투하진 않았냐는 질문에 그는 이렇게 대답했다. "나는 당첨자들과 함께 그들이 거머쥔 행운을 기뻐합니다." 그는 확신에 찬 믿음으로 말한다. "내 조언으로 누군가 문제없이 그 돈을 즐기게 될 때, 그것으로 난 만족합니다." 로또 당첨자들이 몇 년 안에, 그들의 재정 상태와는 전혀 별개로, 행복 또는 불행이 이전과 똑같은 수준으로 되돌아간다는 이론에 대해서 그는 자기 경험을 비추어 말을 아꼈다. "두세 번의 상담 후에 정산이 다 이루어지고 나면 대개 연락이 끊어집니다." 그는 말한다. "그리고 그게 뭐 좋기도 하고 실제로도 그렇죠."

때로는 당첨자들이 처음으로 맛보는 행복 과잉에 자신의 당첨금 일부를 양보해서 행복을 나누려고 하면, 빌러스는 당첨자들의 이같이 즉흥적인 선심을 경계하고 차라리 생각할 시간을 가지라고 권고한다. 행복을 나누겠다는 바람이 이후로도 지속되면, 그때 공익사업에 기부할 것을 그는 추천했다. 2004년에 9백만 유로가 넘는 당첨으로 행복이 넘쳤던 한 사람이 좋은 의도로 기부를 했다. 당첨 조언자인 빌러스는 거액의 당첨금이 개인에게 안겨주는 변화에 대해 여러 차례 설명을 해주었고 설명을 들은 당첨자는 당첨금에 보너스로 따라오는 변화를 원치 않았다. 그는 당시 직업과 자신의 삶에 만족했고 당첨금의 한푼도 갖고 싶지 않다고 말했다. 그럴 거면 대체 로또는 왜 산 거냐고 다들 생각할 것이다. 하지만 실제로 잭팟을 터뜨리리라고 누가 알았겠는가? 누구나 때론 로또 당첨을 꿈꾸지만 그 당첨이 의미하는 바가 무엇인지는 깊게 생각하지 않는다.

나는 빌러스로부터 자신의 일과 그동안 집집마다 나눠준 행복에 대한 이야기를 들으며 그가 간접적으로 얻은 행복을 통해 만족스러운 삶을 살고 있다는 느낌을 받았다.

"난 굉장한 재미를 주는 정말 끝내주는 일을 하고 있습니다. 냉장고나 잡지를 팔아야 하는 외판원처럼 문전박대 당하지 않지요. 대신에 사람들과 소파에 앉아서, 커피를 대접 받으며, 기대에 차서 반짝이는 눈을 봅니다."

시간 좀 있어요?

로또를 열심히 사다 보면 언젠가는 당첨이 되어 오랫동안 고대했던 행복을 얻을 거라는 생각은 너무 낙관적으로 보인다. 실제로 큰 잭팟을 터뜨릴 확률이 얼마나 낮은지에 대한 기사를 읽은 적이 있다. 조수석에 앉아 뮌헨에서 베를린까지 가는 운전을 상상하면 이런 확률의 가능성을 이해할 수 있다. 그 기나긴 길 어딘가쯤에 누군가 세워놓은 나무기둥을 보고, 운전 중에 눈을 감고 돌멩이를 던져 그것을 맞힐 확률이 잭팟에 필요한 보너스 숫자와 비교될 수 있다.

내겐 분명히 더 높은 행복 찬스가 필요하다. 나의 새로운 미션인 '구걸하는 자에게 기분 좋게 1유로를 주어라'가 (아직 뭔가 부족하긴 하지만) 잘 작동하고 있고 나를 실제로 행복하게 해주고 있다고 생각한다. 사심 없는 기부 원리는 잘 들어맞는다고 확신한다. 그리고 내가 모자 속에 던져넣거나 손에 쥐어주거나 또는 딸랑대는 저금통에 넣는 동전들이 천천히 모인다. 모든 걸 고려해볼 때, 내가 바친 제물들은 물론 상대적으로 적다. 난 그렇게 돈에 목매는 편이 아니고 어떤 식으로든 돈은 필요한 만큼 있다. 그러니까 적은 양의 동전 기부가 나를 정말로 힘들게 하지는 않는다. 그렇다면 내가 돈보다 훨씬 더 중요한 무언가를 기부하게 된다면 어떨까? 이를테면 시간을 기부한다면?

자원봉사자로 활동해보려 했던 나의 첫 시도는 완전히 헛되게 끝났다. 예를 들면, 내가 기꺼이 돕고 싶은 노숙자들을 위한 식당에는 훈련을 잘 받은 봉사자가 고정적으로 일하고 있었다. 그 다음 후보 시설에서는 내 신청을 전혀 받아주지 않고 있다. 또 다른 곳은 자리가 꽉 찼다. 이곳은 지지난 주에 신문에 공고를 냈더니 전화가 폭주했다고 한다. 독일에서 자원봉사직으로 활동하는 사람들이 2천 3백만 명이나 된다는 건 좋은 현상임엔 분명하다. 그 2천 3백만 명 중 누군가 일을 그만둠으로써 내가 행복으로 가는 길을 건설할 수 있도록 한 자리를 남겨줄 수 있다면 좋을 텐데!

결국 해결책은 베를린의 각 지역마다 있는 소위 자원봉사 상담이다. 시니어 카페에서 난민상담까지, 각종 공익사업단체들로 가득 찬 건물의 1층에 짧은 빨간 머리 여자가 앉아 있었다. 그녀의 컴퓨터 안에는 명예직으로 활동할 수 있는 가능성들이 수백 가지나 들어 있었다. 봉사자를 찾는 기관들과 도움을 주고 싶어 하는 자원자들 사이를 중개하는 일이 있다는 사실에 나는 감격했다. 좋은 자리도 아직 많았다. 일단 나는 먼저 여러 장의 지원서를 다 써야 했다. 내가 가지고 있는 능력(외국어, 운전면허증, 의학적 지식)이 어떤 게 있고 어떤 분야에서 일하고 싶은지, 어떤 단체가 마음에 들고 어떤 곳에서는 일하고 싶지 않은지를 체크하려니, 약간 비겁한 느낌도 들었다. 노숙자는 흔쾌히 받아들이겠지만 에이즈 환자는? 가난한 장애인들은 돕고 싶지만 치매를 앓는 노인은? 빨간 머리의 여자는 지극히 사무적으로 나를 진정시켰다.

"모두를 도와줄 순 없죠. 마음에 드는 것을 천천히 찾으세요."

자세교정운동으로서의 자원봉사?

체크할 곳을 찾지 못해 애를 먹자, 상담원은 내가 보통은 저널리스트로 일하는 걸 알고서 나에게 홍보활동을 도와줄 사람들을 찾는 다양한 조직들을 소개해주었다. 시간을 내서 자원봉사를 하려고 하는데 다시 컴퓨터에 앉아서 키보드와 씨름하며 텍스트를 쓰고 전화에 목매달고 있으라고?

우리는 자원봉사자를 찾는 근처 양로원으로 합의를 보았다. 시간을 내서 그곳 노인들과 시간을 보내는 일이다. 책 읽어주기, 함께 산책하기, 카드놀이 하기. 아주 좋아! 하지만 혹시나 일어날지 모를 만약의 경우를 대비해서 환경단체의 서류들도 챙겼다. 그 단체는 팡케라는 기막힌 이름을 가진 작은 개울을 보존하려고 애쓰고 있었다. 물론 이는 최악의 경우, 혹시 어르신들이 날 받아주지 않는 경우에 대비한 것이다.

나는 솔직히 앞으로 예정된 착한 일에 대한 은총 충만으로 인해 집으로 돌아가는 길이 행복감으로 가득 찰 것이라 생각했다. 그런데 아무 느낌도 없다. 왜일까? 행복한 생각 대신에 걱정과 의구심이 머릿속을 휘젓는다. 근데 내게 봉사활동을 할 시간이 있긴 하나? 그렇지 않아도 내 일정표는 가득 차 있고, "너 또야!"와 "바라건대 다음 주에는 갈게요"를 남발하는 생활이 되는 거 아니야? 내 조부모도 아닌 어르신들과 시간을 보낼 만큼의 인내심과 감정이입 능력이 있긴 하나? 운이 좋아서 성품이 순하신 어른을, 아니면 운이 나빠서 스탈린그라드에서 신체 일부를 잃어버린 사람이 아니라면 누구든 무시하는 고약한 양반을 맡게 되는 건 아닐까?

하늘에 맡기자.

도움을 주는 일이 나를 행복하게 할까?

친절과 행복감 사이에는 연관관계가 있다. 알려진 지 얼마 안 되는 사실이다. 오래전에는 이 둘 사이에 어떤 인과관계가 있고 무엇을 전제로 해야 하는지가 분명치 않았다. 일례로 70년대의 한 연구는 행복한 사람들이 더 친절하다는 것을 확인했다. '우연히' 공중전화 박스에서 (당연히 미리 놓아둔) 동전을 발견하고, 그래서 순간적으로 행복을 얻은 사람들이, 공중전화 박스 앞 바닥에 종이 뭉치를 떨어트린 사람을(이 역시 기획되었음) 평균적으로 더 자주 도와주었다.

그러니까 친절이 사람을 더 행복하게 만들어주는 게 아니라 행복한 사람이 좀더 친절하다는, 남을 잘 도와준다는 말인가?

아니다. 여성 심리학자 소냐 류보머스키Sonja Lyubomirsky는 그 관계가 반대라고 말한다. 그녀는 실험대상자들에게 장기간에 걸쳐서 최소 매주 5일을 즐겁게 보낼 것을 부탁했고 동시에 행복감을 질문했다. 흥미롭게도 일주일에 하루를 친절한 행위에 집중한 사람들의 행복수치가 매일을 즐겁게 보낸 사람들보다도 훨씬 높았다.

또한 엘리엇 애런슨Elliot Aronson과 티모시 윌슨Timothy Wilson, 로빈 에이커트Robin Akert가 쓴 책《사회심리학》은 이 두 방향의 상관관계를 보여준다. '타인에 대한 친절은 다양한 방식으로 자신을 행복하게 할 수 있다. 첫째, 자신을 남과 연결해서 사회적 관계를 형성하는 방법이 있다. 사회적 관계는 (이미 봐왔던 것처럼) 개인의 행복에 있어 중요한 원천이다. 둘째, 남을 돕는 사람들은 이른바 이타적이고

동포를 돌보는 사람들이라는 좋은 인상을 심어준다.'

 이 이론은 내 행동에 힘을 실어주었다. 그러나 실전에서의 자원봉사 참여는 행복한 염화미소 대신 수심이 가득한 인상을 풍긴다. 어디서부터 손을 대야 하나?

행복한 순간 열가지

① 현관 앞에서 꿈을 꾸며 자고 있는 개를 바라볼 때

② 성인이 되었지만 그래도 눈사람을 만들 때

③ 직접 구운 쿠키의 냄새를 맡을 때

④ 국세청에서 온 우편물 봉투에 안내문만 들어 있는 걸 확인했을 때

⑤ 비어가든에서 안주는 직접 가져와야 하는 바이에른 풍습을 따를 때

⑥ 집을 싹 치웠을 때

⑦ 잃어버렸던 핸드폰에 전화 걸었는데 착한 습득자가 전활 받고 되돌려주었을 때

⑧ 아침까지 함께 술을 마셔도 진상 떨 염려 없는 친구들과의 저녁식사

⑨ 커피에 붓기 직전에 우유가 상한 걸 알았을 때

⑩ 새해 아침에 무거운 머리에도 불구하고 남들보다 일찍 일어나 아무도 밟지 않은 눈부신 눈길을 산책할 때

스포츠는 정말 우리를 행복하게 해줄까?
'건강한 신체에 건강한 정신이 깃든다'

행복은 아주 단순히 말해서 좋은 건강과 나쁜 기억력이다.
- 알베르트 슈바이처

조금이라도 친절한 행동이 사람을 얼마나 행복하게 하는지, 자원봉사중개소를 방문한 지 1주일 만에 피부로 느끼고 있었다. 내 절친 토비의 여자 친구는 브라질 사람인데 지금 두 조카들과 함께 토비네 집에 머물고 있다. 브라질에서 온 두 명의 불쌍한 개구쟁이들은 지금껏 한 번도 눈을 본 적이 없단다.

"썰매 좀 빌려줄 수 있어?" 토비가 문자로 물었다.

한 시간 뒤, 토비는 문 앞에 서서 썰매 밧줄을 끌고 있다. 두 녀석은 베를린 바닥에 지천으로 깔린 신기한 물건에 이미 들떠 있었다. "구에라 데 네베!" 두 녀석들은 포르투갈어로 소리 지르면서 신고 있던 장화발로 바닥의 눈을 끌어 모아 커다랗게 쌓고 있었다.

"구에라 데 네베는 눈싸움을 말하는 거야."

재킷에 묻은 회색빛 눈을 털면서 토비가 번역해주었다. 결혼은 분명 행복을 가져다주지만, 아이는 그렇지 않다는 수많은 연구들이 생각났다. 지칠 기색이라고는 전혀 없는 작은 장화들이 발사한 눈 대포를 맞는 순간, 그런 연구들에 완전히 공감할 수 있을 것 같았다. 하지만 며칠 뒤 썰매를 돌려주려고 온 토비가 눈썰매장의 오후와 두 녀석들의 반짝거리는 눈을 찍은 휴대폰 사진들을 보여주었을 때에는 또 그 생각이 잠깐 흔들리기도 했다.

브라질 아이들에게 베를린의 겨울은 얼음으로 뒤덮인 원더랜드겠지만, 나에게 이 겨울은 이곳의 다른 원주민들처럼 오히려 전혀 달갑지 않은 계절이다. 인도는 죄다 얼어붙어서 그 위를 걸어가는 사람들은 외투 옷자락을 붙들고 말없이 서둘러 지나친다. 모두가 가능한 한 빨리 따뜻한 곳으로 들어가려 서두른다. 일찌감치 어둠이 깔리고, 하루 중 겨우 몇 시간만 밝을 뿐이다. 그래서 더 피곤해지고 기운도 빠진다. 겨울은 자칭 행복연구가에게도 결코 견디기 쉽지 않은 시간이다. 만족으로 가는 길에 불어 닥치는 맞바람이 약해지기는커녕 이 순간 더 강해진 것 같다.

이래서 내가 실험해보고 싶은 다음 행복가설은 건강한 신체에 건강한 정신이 깃든다는 오랜 명언과 관계가 있다. 이를테면 달리기를 하는 사람들이 어느 특정 시점부터 만족스러운 최면상태로 접어든다는 '러너스 하이 Runner's High' 이론과 이 말의 관련성을 알아보고 싶었다. 이는 또 이런 날씨에 얇고 스포티한 옷을 입은 사람들이 테니스코트나 조정보트, 요가매트에서 눈부신 광채를 발하는 광고와도 관계가 있다. 마치 그들의 생활은 의심의 여지없이 최상인 것처럼 말이다. 짧게 말해서 난 스포츠가 정말로 인간을 행복하게 해줄 수 있는지, 그것이 알고 싶다. 무릎이 망가져라 몸을 혹사시키고 보면 꼭 항상 남 좋은 일만 시키는 꼴이 되는 이 개고생이 실제로 나를 행복한 인간으로 만들어줄까? 나는 일단 회의적이다.

물론 나도 여름에는 가끔 조깅을 한다. 그러나 겨울에는 고작 일주일에 두 번(실제로는 한 달에 한 번 간다) 유명한 스파르타식 피트니스 센터에서 척추 트레이닝을 받을 뿐이다. 일단 센터에 다녀오고 나면 기분이 좋아지고 만족스러운 느낌도 드는 것은 사실이다. 언젠가《쥐트도이췌 차이퉁》에 실린 피트니스 체인 설립자인 베르너 키저와의 인터뷰 기사를 읽었는데, 바로 그 인터뷰의 내용에 100퍼센트 동의한다. '처음엔 쓸쓸한 기분으로 키저 트레이닝에 들어오지만 45분 후 샤워를 마치면, 즐거운 마음으로 센터에서 나가게 됩니다.' 그렇지만 나도 완전 동의하는 샤워 후의 이 기분은 기껏해야 하루를 넘기지 못한다.

운동 후 보상을 점검하라

과학자들은 스포츠가 우리 정신에 미치는 효과를 설문지를 통해 확인했다. 일례로 옥스퍼드 브룩스 대학의 심리학자들이 다양한 연구를 위해 18세에서 82세에 이르는 다양한 연령층의 참가자들에게 스포츠, 음악, 교회활동, 드라마 시청을 시켰다. 짧은 기간 동안에는 네 가지 활동 모두 참가자들의 기분을 좋게 했다고 피터 힐

• 〈레저에서 파생된 긍정적 기분과 행복과 개성 사이의 관계Positive Moods Derived From Leisure and Their Relationship to Happiness and Personality〉의 연구자들은 교회에 다니는 사람들은 물론 특별한 경우라고 말한다. 그들은 평균적으로 심리적 장애를 거의 겪지 않고 불행한 경우도 드문 경향을 보이지만 한편으로는 사회적 기대 때문에 더 자주 거짓말을 하는 것으로 드러났다.

스와 마이클 아자일은 전한다. 그러나 지속적인 만족감 상승은 연구기간 동안 오직 스포츠에서만 측정되었다.•

스포츠가 우리를 왜 행복하게 하는지에 대한 설명은 심리학자 미하이 칙센트미하이 Mihaly Csikszentmihalyi가 몇 년 전에 주창했던 '몰입Flow 원리'일지도 모른다. 자신의 이름 칙센트미하이를 '칙스 센트 미 하이chicks sent me high'처럼 발음하라고 소개하는 이 학자는 헝가리 출신이지만 지금은 미국에 살고 있다. 칙센트미하이 교수는 몰입이라는 개념을 최면과 유사한 이완 상태로 기술한다. 정말로 어떤 행위를 집중해서 즐기다 보면 그 상태에 빠져든다는 것이다.

'시간이 쏜살같이 지나간다'라거나 '하는 일이 술술 잘 넘어갈' 때면 누구나 그 기분을 공감한다. 이런 기분을 촉발하는 행위들은 개인마다 매우 다양하다는 게 칙센트미하이 교수의 생각이다. 그중에서도 유독 스포츠는 그것의 신체성 때문에 몰입 체험을 하기에 적격이라고 한다. "신체적 능력에서 비롯된 몰입 경험은 단순히 뛰어난 육상선수의 기록에서만 나타나는 것은 아니다. 올림픽 선수들만이 자신의 한계를 넘어서는 기쁨의 은총을 받은 사람들은 아니라는 것이다. 운동을 열심히 한 사람이든 그렇지 않은 사람이든 누구나 조금은 더 높이 올라갈 수 있고, 조금은 더 빨리 뛸 수도 있으며, 조금은 더 강하게 될 수 있다. 신체의 한계를 넘어서는 기쁨은 누구나 가질 수 있다"라고 칙센트미하이 교수는 말한다.

그는 몰입에 대한 저서에서 스포츠에 대해 이렇게 이야기했다. '확실히 스포츠는 우리가 몰입을 체험할 수 있는 기회를 제공한다. 하지만 이런 상태는 대부분의 스포츠 선수에게 미스터리로 여겨지며 많은 트레이너들에게도 도달하기 어려운 상태로 여겨지곤 한다. 실제로 스포츠 선수들이 언제 어떻게 몰입에 빠지게 되는지의 여부는 예나 지금이나 수수께끼다.' 그러나 이 책에서 거론된 여러 프로 선수들이나 아마추어 선수들이 보고한 것처럼, 일단 몰입이 일어나면 갑자기 지치거나 피곤한 기색은 없어지고 '집중', '무적', '몰두', 또는 '혼연일체' 같은 느낌을 경험한다고 한다.

그런데 스포츠가 정말 우리를 행복하게 해준다면, 내가 아는 거의 모든 사람들과 얘기를 해보건대, 그들은 왜 규칙적으로 운동하는 것을 버거워할까? "자주 하려고는 하는데, 이상하게 쉽지 않더라고." 나 스스로도 자주 하는 변명만 들을 수 있었다. 높이 설정한 기대치로 인해 규칙적인 운동을 버거워하는 사람들의 가장 큰 장애물은 대체로 비겁함이다. 비겁함이라는 것이 구체적으로 어떤 것인지는 정확히 묘사할 순 없지만, 그것의 단적인 모습이 바로 내 안에 있다는 것만은 알고 있다. 케이크를 양보한다거나 새로 시작한 드라마 시청을 빠트릴 만한 이유는 마땅히 떠올리지 못하면서, 운동을 빠져야 하는 이유만은 오만 가지가 곧바로 튀어나온다. 날씨 탓인 경우 조깅을 하기엔 오후가 적당함을 알면서도 밤이 될 때까지 밍그적거린다. 일 탓인 경우 중요한 마감기간이 닥치면, 일단 그 기간이 지나고 나야 내 몸을 챙기기 시작한다. 건강 탓인 경우 지난주에 감기를 앓아서 운동을 쉬었는데, 원칙적으로는 이럴 때일수록 몸이 더 약해지게 내버려두는 것은 무책임한 일일 텐데도 비겁함은 계속 진행 중이다.

논리적으로 이해할 순 없지만, 그런 비겁함 혹은 나약함에서 회복된 날은, 적어도 그날만큼은 하루 종일 좀 더 행복해지거나 최소한 기분이 좋아지고 덜 피곤하며 내 자신이 자랑스러워지기까지 한다. 그 때문에 나는 다음번에는 조금이라도 시간을 더 내고 어떤 핑계도 대지 않겠다고 매번 새롭게 다짐한다. 그렇지만 결국 2주가 그냥 흘러갈 뿐, 그걸로 끝이다.

최소한 이번 달에는 평일에 매일 운동을 할 것이다. 바라건대, 운동이 내 마음을 한결 가볍게 할 뿐만 아니라 조금씩 더 볼록해지는 뱃살도 가볍게 해줄 것이다.*

운동을 하기 위한 동기부여에서 범하는 가장 큰 실수 중 하나는 매번 운동을 하고 나서 자신에게 보상을 주는 거라는, 《타임 매거진》의 기사를 읽은 적이 있다. 한편으로 사람들은 소비된 칼로리 양을 때때로 과대평가한다. 운동을 했으니 괜찮겠지 하며 먹은 머핀 한 조각이 때론 모든 걸 허사로 만들 수도 있고 머핀 하나 때문에 운동 전보다 더 뚱뚱해질 수도 있는데 말이다. 다른 한편으로는 (나에겐 이게 훨씬 더 중요해 보인다) 사람들은 운동 후 주어지는 보상을 미리 생각하고 운동한다. 하지만 결국에는 이것이 고통이 돼버린다. 결국 고통을 위한 보상이 되고 마는 것이다. 그러니까 운동은 운동 그 자체가 보상이 되어야만 한다.

얼음물 패러독스

보상에 대한 질문을 하기 전에 다른 질문부터 해보았다. 나는 내 비겁함을 어떻게 극복할 것인가?

노벨상 수상자인 대니얼 카너먼Daniel Kahneman의 재미난 연구가 떠오른다. 참가자들이 찬 물에 손을 담그고 있어야 하는 실험이다. 처음엔 14도의 찬 물에 손을 담그고 60초를 버텨야 한다. 그리고 다음번에는 14도의 물에 60초간 손을 담갔다가, 15도 정도 약간 데운 물에 약 30초간 손을 더 담그게 한다. 그런데 결과는 혼란스러웠다. 결론적으로 피실험자들이 더 오랜 시간 찬 물에 손을 담갔던 실험이 더 편했다고 진술한 것이다. 단순히 처음 실험보다 상황이 나아졌기 때문이란다. 더군다나 다시 한 번 더 실험한다면 어떤 쪽을 택하겠냐는 질문에는 다수가 더 길게 한 실험을 선택했다. 이는 사람들이 강한 곤장을 열 번 맞을 것인지 아니면 강한 곤장 열 번에 이어 약한 곤장 열 번을 맞을지를 선택하는 일과 비슷하다고 볼 수 있다. 이때도 사람들은 20번의 곤장을 결정한다.**

이게 운동과 무슨 관계가 있을까? 인간의 뇌가 체험을 기억한다면 분명 그 체험이 어떻게 끝을 맺었는지가 중요한 역할을 할 것

• 왜냐하면 안타깝게도 결혼은 행복도 주지만 뱃살도 안겨주기 때문이다. 2008년, 여성 연구가들인 아지스, 에이버릿, 시코라는 18세에서 45세 사이의 남녀 약 1만 2천 명을 조사했다. 그 결과 결혼 후에 남자들은 신체질량지수(BMI)에서 평균 1.5점, 여자는 2.0점으로 살이 쪘다. 나이에 따른 체중증가도 이어진다. 노스캐롤라이나 대학의 연구에선 기혼자들이 미혼자들보다 약 세 배가량 체중이 더 나간다는 결과를 보고했다. 혼인 신고를 하지 않고 동거하는 사람들에게서는 두 배가량이 더 나가는 것으로 드러났다.

•• 카너먼은 이 결과를 다른 연구로 뒷받침한다. 짧은 시간 동안 고통스럽게 한 차례로 끝낸 내시경보다 짧고 고통스럽게 한 차례 한 다음 다시 좀 부드럽게 진행한 대장 내시경이 더 편안했다는 연구 결과를 내놓았다.

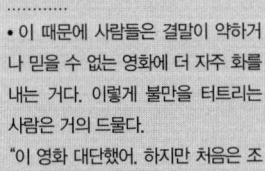

* 이 때문에 사람들은 결말이 약하거나 믿을 수 없는 영화에 더 자주 화를 내는 거다. 이렇게 불만을 터트리는 사람은 거의 드물다.
"이 영화 대단했어. 하지만 처음은 조금 지나치게 감상적이었어."

이다.* 그러니까 운동할 때 나처럼 항상 최악의 훈련을 마지막으로 놓거나 러닝머신에서 가장 힘든 마지막 스퍼트를 꼭 집어넣는 사람이라면 뇌가 실제보다도 더 부정적으로 기억하는 것이 당연하고, 다음번에 운동을 하러 나서기 위해서는 훨씬 더 큰 용기가 필요할 것이라는 것도 그리 놀랄 일은 아니다.

규칙적인 트레이닝을 위한 내 첫 단계의 비법은 마지막 15분을 가능한 한 편한 종목으로 세팅하는 것이다. 마지막을 위해 제일 좋아하는 훈련을 남겨놓는다든지, 아니면 항상 장난처럼 치부해왔던, 러닝머신의 걸음마 단계를 이용하는 것이다. 그렇게 해놓으니 정말 나 자신을 이겨내기가 훨씬 수월해지는 느낌이 들었다. 집으로 돌아와 어깨 너머로 운동가방을 집어던질 때면 기쁨을 느낀다. 첫 주에는 정말 매일 운동하러 가는 데 성공했다.

차분하게 해

그런데 두 번째 주부터 수련이 나태해졌다. 나는 나태함의 탓을 단조로움으로 돌렸다. 척추 운동, 러닝머신, 균형바퀴, 그리고는 다시 한 번 더. 안타깝게도 이런 겨울 날씨에는 종목을 좀 더 다양하게 세팅할 수가 없었다. 친구 토비에게 이런 어려움을 토로하자 그는 자기가 직업상 브라질에 있을 때 도와주었던 개인트레이너 애기를 해주었다. 그곳에서는 개인트레이너 비용이나 피트니스 스튜디오 비용이 거의 비슷하기 때문에 운동하러 갈 시간이 따로 없었던 그에게 더없이 좋은 방법이었다고 했다. 갖은 변명으로 운동을 기피하던 내가 특단의 조치로 개인트레이너를 찾자 그는 힘주어 말했다.

"난 그냥 추천만 하는 거야."

한참 동안의 인터넷 검색 끝에 나는 결국 자격증이 있는 트레이너 마르코에 꽂혔다. 사진에는 멋진 보트 위에서 야구모자를 쓴 넓은 턱의 건강한 남자가 친절한 눈빛을 빛내고 있었다. 만족스러운 모습이다. 어쩌면 이 친구가 행복에 대한 내 마셜플랜에 딱 맞는 도우미일지도 모른다. 우리는 짧게 전화 통화를 하고 나서 일주일 뒤에 함께 운동을 시작하기로 했다.

이런 세상에, 난 정말 대단해! 이런 믿을 수 없는 시간에 침대에서 일어나다니. 겨울 어둠 속에 차를 몰아 도시 전체를 관통하다니. 개인트레이너란 그저 신분의 상징이 아닌, 그 이상임을 증명해줄 그 남자를 나는 의욕이 충만한 채 기다렸다. 집으로 발길을 돌리려는 내 비겁함을 다행히 고속도로 휴게소에 그냥 버려두게 할 그 남자를.

아침에 일찍 일어났다는 나의 자부심은 그러나 무참히 짓밟히고 말았다. 이렇게 이른 아침, 트레이너 마르코에게 나는 이미 세 번째 고객이었던 것이다.

"5시에 여성 고객과 달리기를 하고 나서 그 고객의 남편과 함께 그들의 피트니스 방에서 체력단련을 했죠."

서른세 살의 마르코는 이렇게 말했다. 그는 3주 휴가로 푹 쉬고 난 후의 내 모습보다도 더 편안한 모습이었다.

"자, 그럼 고객님의 몸 상태가 어떤지 한번 볼까요."

마르코가 나를 위해 세팅한 프로그램은 나와의 상세한 대화내용을 근거로 했다. 사전에 이미 내 목표에 대해 상의했고(규칙적인 트레이닝, 척추 통증과 뱃살 제거, 근육을 키우고 좋은 기분 갖기), 그는 현재 내 운동능력을 과학적 분석으로 체크했다. 엄청나게 많은 EKG 케이블을 몸에 붙이고 얼굴엔 산소마스크를 쓴 채, 하얀 가운을 입은 두 여성 앞에서 지칠 때까지 자전거 페달을 돌려야 했다. 맥박이 계속 상승하고 땀이 바닥에 떨어지는 동안 내 머릿속에는 자연스레 '록키'가 떠올랐다. 전설의 복서 네 번째 편에서 이 필라델피아 파이터는 이반 드라고라는 이름의 러시아 도전자를 만난다. 록키가 눈 덮인 숲에서 나름의 지옥훈련을 하는 동안 그의 경쟁자는 최신 기술로 가득 찬 삭막한 실험실에서 체력을 키운다. 냉전 시기에는 이런 게 전혀 클리셰가 아니었다. 하지만 하얀 실험가운과 모니터에 연결된 케이블과 호스를 몸에 감고 있자니, 어느 순간 힘이 빠져 트레이닝 기기에 주저앉아버린 그 러시아 복서가 된 듯한 느낌이 들었다.

여러 시간의 분석을 마친 뒤에 마르코는 내게 부족한 부분을 하나하나 정확히 짚어냈다. 사람들은 이런 부분을 간과하고 그냥 될 대로 되라는 식으로 묻지 마 트레이닝을 하는 경향이 있는데, 그는 나의 아킬레스건을 정확히 건드렸다. 이를테면 복근. 아니 정확히 말해 내게 전혀 없는 복근을 언급했다.

한 다스나 되는 기계를 놔두고 마르코가 내민 것은 넓은 나일론 밴드였다. 밴드의 양 끝단에는 손잡이가 달려 있었는데, 미국에서 건너온 TRX라 불리는 최신 피트니스 장비라고 그는 소개했다. 작고, 가지고 다닐 수 있을 정도로 가벼웠다. 처음에 이 장비를 과소평가한 나는 다소 건방진 표정으로 얼굴을 찡그리지 않을 수 없었다. 뭐 여유 있게 운동할 수 있고 가지고 노는 데에도 어려움이 없어 괜찮을 거라고 생각했다.

그러나 약 10분이 지나자 땀이 솟아오르더니 눈썹에서도 땀이 뚝뚝 떨어지고 내 근육들은 어찌할 바를 모르고 떨어대기 시작했다. 그때서야 나는 수많은 강의들 중에 첫 장을 배우게 되었다. 나 자체가 바로 무거운 추라는 것을. 그리고 이 훌륭한 트레이너는 가장 간단한 도구만으로 한 사람을 탈진 직전까지 보내버릴 수도 있다는 것을.

개인트레이너 중 과반 이상이 그런 것처럼, 마르코는 큰 소리 내거나 야단을 치는 지도자가 아니었다. 그렇다고 미국 하이스쿨 시리즈에서나 나올 법한 메스꺼운 타입의 코치도 아니었다. 오히려 그는 "아주 좋아요!"라든가 "대단해요!"를 남발하는 동기유발자로 보는 편이 맞다. 물론 그도 결정적인 순간만큼은 호락호락 넘어가지 않았다. 그는 매번 나를 교정해주었다. "엉덩이를 높이! 다리는 모으고! 또 팔자로 걷네요!" 그는 힘든 몸을 조금 편하게 해보려는 모든 시도를 차단했다. 그는 내가 편법으로 시도하는 각종 요령들을 이미 수백 차례나 봐온 터이기 때문이다.

이 외에도 그는 내 생각 자체를 읽고 있는 것처럼 보였다. 이제 더는 못할 것 같다고 생각할 때마다 항상 나에게 이렇게 외쳤기 때문이다. "한 번만 더, 한 번만 더"라거나 "마지막으로 세 번만, 그러면 끝이에요." 그러면 당연히 그 마지막 반복은 실제로도 성공했다. 만일 나 혼자였다면 절대로 그렇게까지 나 자신을 몰아세우지 않았을 거다. 시간 날 때나 운동하는 많은 이들처럼 나도 편안한 단계의 슬렁슬렁 모드에서 거의 벗어나지 않기 때문이다. 긴장을 해야 하지만 또 너무 해서도 안 된다. 당연히! 규칙에 맞게 해야 마땅하다.

인내심이 강한 개인트레이너는 자기가 요구하면 누구나 조금 더 할 수 있다는 사실을 잘 알고 있었다. 비록 그 후에 속이 안 좋아질지언정.

앵그리 버드 대신 복근 트레이닝

어제 저녁 술자리에서 4차까지 가지는 말았어야 했다. 지금 내 순환계가 제대로 작동하지 않고 있고, 식은땀이 이마에 맺혔지만 나는 그 어떤 것도 눈치 채지 못하게 하려고 안간힘을 쓰고 있었다. 그럼에도 물론 마르코는 다 보고 있었다. 이제 처음 뻐기 훈련으로 넘어간다. 그런 식으로 그는 내가 트레이닝 매트에 토하는 것만은 피해 가려는 것이다.

"나도 전혀 운동하고 싶지 않을 때가 자주 있어요. 그러나 그때마다 그런 자신을 이겨내야만 하죠." 탄력 있는 팔뚝과 넓은 어깨를 가진 그 남자가 덧붙였다. "때론 운동 후에 지치고 텅 빈 것 같은 느낌이 들기도 하죠. 하지만 곧바로 아주 기막힌 기분이 그 텅 빈 곳을 채

운답니다."

미국이나 브라질 같은 나라에서 개인트레이너를 두는 것이 일반화된 건 이미 오래다. 그런 유행이 독일에도 서서히 번지고 있었다. 일단 시간당 80유로에서 시작하는 개인 레슨비에 먼저 놀라면서도 말이다.

"운동할 수 있는 시간을 내기 어려운 사람들에게는 개인트레이너가 딱 좋습니다."

마르코가 맡고 있는 고객들은 생각보다 훨씬 다양했다. 한 주에 여러 번 그와 트레이닝 하는 장기고객부터 그냥 몇 차례 만나 가능한 한 노하우만 빼내려는 기회주의자들까지 각양각색이었다.

마르코와 몇 가지 운동을 하면서 나는 개인트레이너가 가져다주는 가장 큰 장점은 사회적 통제라는 점을 알게 되었다. 단지 트레이너가 있다는 것만으로도 내 안에 있던 비겁함이 당당함으로 바뀌어 밖으로 표출된다.

식사에서도 그것이 나타난다. 우리가 처음 만났을 때만 해도 마르코는 한 무더기 잎사귀들을 건네주고는 내가 앞으로 먹어야 할 것임을 알려주었다. 물론 그가 식습관에 대해 어떤 조언도 하지 않았더라도 이제부터는 좀 더 이성적으로 식사를 할 생각이었다. 기본적으로 맥립을 간식으로 먹는 것은 적당하지 않다는 걸 항상 느껴왔기 때문이다. 오후에 기차역에서 내가 그 메뉴를 흡입하는 광경을 목격한 사람이 있다면 아마 까무러칠 것이다.

또 나쁜 날씨, 피곤함, 밤샘 파티 등등 그동안 내가 즐겨 썼던 변명들도 이젠 끝이다. 트레이너에게 전화를 걸어 나 자신과 약해 빠진 의지에 대해 설명해야 한다는 생각만 해도 진눈깨비와 숙취를 더한 것보다도 더 불편한 기분이 들었다. 술집에 가서 남은 하루를 부끄럽게 만드는 대신 정신을 꽉 붙들었다. 그래서 남은 하루가 행복해지는 것이다.

물론 전에는 스스로를 적극적일 수 없게 만들었던 운동의 단조로움도 사라졌다. 재차 반복하는 운동과는 달리 개인트레이닝은 전혀 지루하지가 않았다. 항상 새로운 운동과 다양한 변화가 있었다. 그리고 혼자 러닝머신 위에서 달리기를 하거나 등 운동을 위한 고문 기구에 매달려 있었다면 결코 느끼지 못했을 아이디어들이 떠올랐다. 일례로 발아래에 스케이트보드를 놓고 팔굽혀펴기를 한 자세로 장애물을 피해가는 것은 앵그리 버드 게임만큼 재미나다. 그리고 복근 만들기에도 유리하다.

신선한 공기를 마시며 뛸라치면 지금까지 항상 거래를 제안했던 눈이라는 녀석도 내 개인트레이너에겐 그저 힘을 북돋게 하는 놈으로만 여겨지는 것 같았다.

"아침 8시 공원에서 만나요."

운동을 마치면서 나에게 길을 일러주었다. 물론 함께 뛰는 것이 혼자 조깅하는 것보다 기분전환이 더 잘 된다. 다양한 코스나 속도 조절, 적당한 휴식 말고도 자격증이 있는 개인트레이너와 영양사가 뛰는 동안의 내 팔 움직임이 무릎통증의 원인이 될 수 있는 이유를 설명해주기도 했다. 그리고 그것을 고치기 위해서는 어떻게 해야 하는지도 알려주었다.

그는 친근하면서도 사악한 표정을 지으며 나를 공원에 있는 눈 덮인 긴 계단으로 떠밀었다. 계속 떠밀었다. 처음에는 보통으로, 그러더니 빠르게, 그리고는 한 번에 두 계단, 이젠 세 계단.

"힘내요. 할 수 있어요." 내가 목표에 반밖에 못 미치는 움직임으로 사투를 벌이는 동안 그는 나를 격려했다. "그리고 이제는 허벅다리가 쑤실 거예요." 함께 꼭대기에 서서 도시를 내려다보면서 그는 스스럼없이 말했다. 이제 더는 어두운 하이테크 실험실의 이반 드라고 같은 느낌은 없어지고 필라델피아의 계단을 뛰어오르고 난 뒤의 록키가 된(매 영화에서 반복되는 극적장면) 기분이 들었다. 아주 행복했다. 비록 눈이 녹아 운동복 깃으로 흘러들어도 행복했다. 정말 내 안의 비겁함을 물리치고 그놈을 눈밭에 무릎 꿇게 만드는 데 성공했다. 물론 도움이 필요했지만 말이다.

눈을 헤치고 주차장으로 돌아가면서 마르코에게 개인트레이너라는 직업이 고객에게 행복과 만족을 줄 수 있다고 생각하는지 물어보았다.

"이 직업을 갖게 된 이유 중 하나가 그것 때문입니다." 그는 입김을 크게 내뿜으며 말했다. "나는 고객들이 기초 체력에 도달함으로써 그들의 삶이 어떻게 달라지는지를 늘 경험하죠. 운동성과를 통해서 나타나는 자신감의 상승은 행복과 만족감을 느끼는 데 많은 기여를 해요. 운동은 내가 내 몸을 다루는 걸 뜻하지만, 또 운동은 사회적 관계도 강화시키고 자기 스스로를 이해하는 데에도 큰 도움이 됩니다. 그리고 이 세 가지는 내가 볼 때, 지속적인 행복을 위한 중요한 전제조건입니다."

이런 트레이닝을 한 주 더 해보니 여러 면에서 긍정적 효과가 나타나는 것을 확인할 수 있었다. 운동을 통해서 그날 하루 동안만 기분이 좋아지는 것이 아니었다. 역설적 느낌이랄까, 몸은 지치는데도 불구하고 에너지는 더 넘치는 기분이 든다. 언제부턴가 앉은 자세에서 세 번 접히던 뱃살이 어느새 두 번 접히게 되면 그 변화가 행복레벨을 덤으로 상승시켰다. 또 지난 두 해 동안 입지 못하고 장롱 속에 처박아둔 바지를 갑자기 입을 수 있게 된 사실도 그렇다.

유일한 문제점이 있다면, 일주일에 두 번 개인트레이너와 함께 운동하는 것을 더는 재정적으로 감당할 수 없게 되었다는 거다. 그래서 결국 돈만이 인간을 행복하게 만들 수 있다는 건가? 올바른 일에 쓴다면 어쩌면 그럴지도?

물 건너간 책 읽어주기 봉사

양로원으로 가는 길, 여전히 근육통을 동반하고 있었다. 시설 원장이 과자와 미네랄워터를 가져다주고 내가 할 수 있을 봉사 활동에 대해 이것저것 물어보았다.

"스카트 게임(카드놀이의 일종—옮긴이) 할 줄 아시나요? 우리가 하는 스카트 게임에 도움을 줄 젊은이들이 몇 명 필요해요."

안타깝게도 나는 '스카트 게임'이나 '마우마우'와 '17대 4' 같은 카드놀이를 잘 못한다고 대답했다.

"뭐, 하면서 금방 배울 수 있을 겁니다."

이분 참 긍정적이시네! 이 말은 혹시 몇 명 타짜들이 나처럼 멋도 모르는 녀석의 판돈을 다 따먹고 나서 게임의 규칙이나 전략을 제대로 가르쳐주겠다는 뜻인가.

"저는 일단 책 읽어주기를 생각했는데요."

카드게임 같은 건 아예 생각도 말라는 듯이 나는 이렇게 말했다.

"이런, 책 읽어줄 사람은 벌써 구했어요."

원장은 이렇게 말하면서 나를 데리고 소위 주거구역으로 이동했다. 나의 첫 대代조부가 되실 분은 내게 전혀 관심이 없으셨다.

"이놈이 뭘 하겠다고? 글쎄. 나는 별로 필요 없는데……."

아니, 이건 뭐지! 지금 느껴지는 이 불신감의 정체는? 어쩌면 이분이 제일 좋아하는 방송은 〈서류번호 XY〉이고, 나를 마치 사기 상속인이나 특수 사기꾼으로 여기는 것 같았다.

그러나 다음번 시도는 성공적이었다. 92세의 크납 여사는 휠체어 생활을 하며, 눈이 잘 보이지 않는 분이다. 그러나 이분도 책 읽어주는 것은 원하지 않으셨다.

"그건 싫어! 그건 너무 지루해. 차라리 라디오를 듣지."

할머니는 분명하게 거절하고는 다른 제안을 했다.

"혹시 나와 슈퍼마켓이나 약국에 장보러 갔다 오는 일을 할 수 있겠는가?"

이 안에 우리는 서로 동의했다. 중요한 건 스카트 게임만 아니면 되니까.

행복해지는 데 필요한 것들

크납 여사와 나는 이제 서로를 알아가는 중이다. 더 정확히 말해서, 그분은 주로 이야기하고 나는 주로 들었다. 물론 그래야만 하기도 했다. 1년 반 전부터 이 양로원에서 생활하고 있는 할머니는 이전까지는 혼자 베를린의 베딩에 살았다. 남편과 정육점을 하다가 1988년에 홀로 된 이후 내내 혼자 살았다. 베를린에 아들 둘이 살고 있는데, 두 아들도 이미 나이가 지긋하다.

서로 예의를 차려 간을 보는 짧은 시간이 지나자 본색이 드러났다. 크납 여사는 아주 맛깔나게 욕을 하는 양반이었다.

"저 뚱땡이가 오늘은 내게 커피 한 잔도 안 줄 거야."

고개를 돌려 여직원 한 명을 째려보며 말했다. 또 크납 여사는 키 큰 원장을 항상 '껵다리'라고 부른다. 그녀는 다른 거주자나 자식들이 가져다 준 음식을 보면서 끊임없이 구시렁대며 말했다.

"난 투덜대는 게 아니야. 그저 사실을 말하는 거라고."

함께 커피를 마실 때는 양로원 생활에 대해 얘기하곤 했다. 다른 거주자들의 정신 상태부터("다른 노인네들은 다 노망났어. 나? 나는 아직 멀쩡하지!") 전에 입었던 모피 코트 사연까지("근데 그것들이 어디 있는지 모르겠단 말이야. 내 아이들이 그걸 다 어디다 치워둔 것 같기도 하고 말이야"). 그녀가 '이런 뜨내기 같은 놈들!'이나 '아무튼 수컷들이란' 하고 이야기를 할 때는 그저 웃고 넘어가야 한다. 무슨 생각으로 말하는지는 정확히 알 수 없지만, 그래도 난 그걸 다시 묻지는 않았다.

한 시간 정도 지나면 헤어질 때다. 크납 여사는 엘리베이터까지 따라와 나를 배웅했다. 복도에서 다른 할머니라도 마주치면 이내 중얼거리길 "이런, 저 할망구를 또!" 그러고는 얼른 뒤돌아서서 아주 놀라울 정도로 빠르게 두 손으로 휠체어 바퀴를 돌리며 도망갔다.

다른 할머니는 그것을 보면서, 크납 여사를 뒤따라가며 불러댄다.

"거기 좀 서봐!"

"나 화장실 가야 돼." 크납 여사가 어깨 너머로 대답했다.

"넌 항상 날 보면 화장실이라고 하지!" 기분 상한 답변이 돌아왔다.

"다시 나올 거야." 크납 여사가 무뚝뚝하게 외쳤다.

긴 복도 너머 휠체어 경주를 즐겁게 지켜보고 있노라면 곧 엘리베이터 문이 열린다.

집으로 돌아가는 길에 정말 행복감이 생겨난다. 태양이 미소 짓고, 거리 행인들은 나를 호의적으로 바라보는 것 같은 게, 춤추고 싶은 기분이다. 자원봉사중개소에 갔을 때 이런 넘치는 행복을 바랐던 것이고, 그것이 지금 실제로 이루어졌다. 이게 뭐 그렇다고 관용에 대한 고결한 느낌은 아니다. 난 그저 재미난 오후를 보낸 것에 기뻐할 뿐이다. 당연히 뿌듯함도 조금은 있다. 마치 내 한 몸 희생하자는 마음으로 방문했다는 생각이 들진 않았다. 크납 여사는 나를 괴롭히는 문제에서 기분전환 할 수 있게 해주었다. 휠체어 생활을 하며 시력도 거의 잃은 사람들을 상대했다고 하자, 지난번 통화에서는 '어딘가 건방졌던' 한 동료도 갑자기 진부한 말로 자원봉사에 대한 입장을 바꾸었다.

이것 말고도 나이와 노쇠함에도 불구하고 유머를 잃지 않은 분들을 보는 건 즐거운 일이다. 함께 웃을 수 있고 나이 먹는 것을 덜 두려워하게 된다.

두 번째 방문이 가까워 오자 이 모든 행복감이 다 사라졌다. 첫 번째 반응은 약속날짜에 대한 압박감. 정말 시간이 있나? 가는 것만 해도 얼마나 오래 걸리는데! 자원봉사가 나한테 뭔 이득이 있다고? 어떻게… 그냥 여기서 그만둘까?

머릿속을 스치는 이런 생각들이 부끄럽기만 하다.

마침내 길을 나섰다. 운동할 때와 비슷하다. 하러 가기는 힘들지만 하고 나면 기분이 좋아진다. 이번에는 트레이닝복을 장롱 속에 오래 처박아두지는 않을 거라고 결심하지만 시간이 지나면 모든 지식과 결심이 사라지고 걱정과 변명거리 찾기는 잦아진다.

분명 우리를 행복하게 해주는 일들을 도대체 왜 잘 기억하지 못하는 걸까?

어떻게 설명할 길은 없지만, 크납 여사가 앉은 휠체어를 길에서 밀어주고, 날씨와 모나코 왕가 그리고 헤르타 베에스체 팀 얘기를 나누는 일은 나를 행복하게 해준다. 어쩌면 첫 번째 것은 아주 조금만 이해하고 나머지 둘은 전혀 못 알아듣기 때문인지도 모른다.

우리는 서로의 만남을 곧 일상적으로 여기기 시작했다. "이런 제길, 망할 골목이잖아." 우리가 양로원 근처 빈 거리를 지나갈 때면 매주 하는 말이다. 약국에서 쥐오줌풀 추출액을 사고, 모퉁이 그릴 가게에서 반 마리 치킨 두 개를 주문한다. 하나는 크납 여사를 위해, 나머지 하나는 야간근무 간호사를 위해서다. 특별한 시장보기가 이어지는 날도 자주 있다. 크납 여사가 '중국 가게'라 부르는 여성상의를 파는 아시아 상점에서 블라우스를 사거나 '드러그스트'라고 발음하며 매번 그 상품재고에 머리를 설레설레 흔드는 드러그스토어에서 양말 몇 켤레를 사는 일이 그렇다. "전부 사실 거예요? 바다소금, 와인, 그리고 우산이요? 에이, 이건 안 돼요!"

가끔 우리는 크납 여사의 이웃을 위해 낱말퍼즐북이나 간병인들을 위한 담배를 사기도 했다. 때로 나는 여사에게 남들을 위해 쓰는 대신, 돈을 모아두라고 조언을 해볼까 생각하곤 했다. 하지만 그녀가 이 두 가지 일로 얼마나 기뻐하는지 깨닫는다. 자기 자신을 위해 무언가를 살 때와 이웃을 위해 쓸 때.

한편으론 양로원 방문이 즐거웠다. 크납 여사와 함께 웃을 수 있기 때문이었다.

"아직 침대에 있는지 아침에 간병인이 나에게 묻는 거야. 그래서 내가 말했지. 그럼 여기 말고 내가 어디 있을 수 있는데?"

하지만 동시에 이 방문은 인간이 나이를 먹으면 어쩔 수 없이 의존적으로 변하는 모습을 잘 보여준다. 휠체어를 벗어날 수 없고 혼자서 치킨 반 마리도 사러 갈 수 없더라도 우리는 행복할 수 있을까?

내 친한 친구이자 좋은 동료인 마티아스 이를레는 나이 든 사람들이 어떤 적응 능력을 보여줄 수 있는지를 책 한 권에 담았다. 그리고 점점 더해만 가는 몸과 마음의 불일치, 그 때문에 저하되는 삶의 질에도 불구하고 그들이 이런 적응을 통해서 만족이나 행복을 유지해 나가는 방법에 대해서도 소개한다. 《초보자를 위한 늙어가는 법》에서 심리학자이자 상담사인 내 친구는 이렇게 말했다. '이 외에도 (……) 나이 든 사람들에게서 따로 체득되는 새로운 전망과 특성들이 생겨난다. 예컨대, 노인들은 자유를 매우 크게 느낀다. 이는 많은 기대와 성과요구와 의무들이 사라지면서 나타난다. 그들은 부담이 없는 느낌을 체험한다. 인내심이 많아진다. 감탄할 수 있는 능력이 다시 살아난다. 어떤 일이 돌아가는 사정을 이전보다는 훨씬 더 침착하게 지켜본다. (……) 많은 이들이 사회적 관계, 특히 아이들과의 관계를 전보다 잘 즐길 수 있다. 그리고 특히 빈곤이나 걱정, 부족함을 고려해보아도 유머가 늘어나는 것을 체험한다.'

한 예로 그가 책에서 털어놓는 행복한 노후의 비밀 하나는 인생에서 소위 어떤 상위목표(예컨대, 여행가기)가 어떤 하위목표(오토바이 타기)로 도달될 수 있는지를 항상 주목하라는 것이다. 어느 순간 더는 오토바이를 탈 수 없는 때가 오면, 더 쉬운 걸 찾아서 상위목표(여행가기)를 실현하고 더불어 목표를 위해 건강을 유지할 수 있다. 예전에 여행가기 위해 오토바이 타기를 시작했던 사람이라면, 예컨대 오랜 시간 안장에 앉는 게 힘이 부치면 크루즈 여행으로 바꿔도 좋을 것이다. 상위목표인 '기술 배우기' 때문에 오토바이 운전의 매력에 빠진 사람이 더는 스스로 운전하는 게 여의치 않아졌다면, 크루즈 여행은 아마도 불행일 것이다. 어쩌면 자동차 박물관이나 오토바이 박물관에서 일하거나 작업장에서 직접 만들어보는 일이 그를 더 행복하게 해줄 수도 있다.

살면서 다양한 상위목표를 많이 가지면 가질수록, 언젠가 더는 목표에 도달하지 못하게 되더라도 그것이 그렇게 나쁘지만은 않다고 이를레는 말한다. 상위목표와 여러 하위목표 사이의 연결을 성공적으로 끊어내는 일, 그리고 가능한 한 추상적이고 융통성 있게 자신의 목표를 세우는 일도 종종 필요하다고도 한다.

'그런데 학자들의 추측에 따르면 겨우 노인의 5퍼센트만이 현명해진다고 한다. 그렇지만 나머지 많은 분들도 더는 도달 불가능한 오랜 목표들을 계속 붙잡고 늘어지진 않는다. 젊은 시절 느끼는 삶의 만족감을 최소한 80세 생일 때까지도 대부분 느낀다는 것은 주목할 만한 소식이다.'

여기서 우리 감정이 나이 들면서 바뀌는 것도 도움이 된다고 한다. 예컨대, 독일의 저명한 노인 의학 전문의인 우르줄라 슈타우딩어 Ursula Staudinger는 나이가 들면 부정적 체험을 하는 감정들이 수적으로 줄어들고, 반대로 긍정적으로 물든 감정은 늘어나며, 동시에 집약적인 긍정적 감정들은 그대로 남아 있다는 사실을 증명했다. 감정의 손익을 계산해보면 아주 반가운 결과다.

거의 움직이지도 못하고 눈이 어두운 크납 여사도 행복하시냐고 물을 때면 이렇게 대답했다. "난 만족하고 있어! 내가 불평할 게 뭐가 있다고? 그럭저럭 잘 살아가는 나에게 사람들이 상처를 줄 수도 있지. 매일 매일 투덜대는 사람들도 여기 많아. 하지만 그런데 그게 뭐? 난 라디오로 스포츠 방송을 들을 수 있고 때때로 치킨도 먹는다고. 더는 필요할 것도 없어." 그러고는 우린 길모퉁이에 있는 그릴 가게로 갔다. 그녀 혼자서는 복잡한 사거리를 건널 수 없을 것이다. 그녀는 자기 일을 보고 몇몇 사람들과 시간을 보내며 이어서 초콜릿을 샀다("원래 살 빼려고 했는데, 에이 그게 뭔 대수라고……"). 이것이 그녀만의 소박한 행복이었다. 행복해지는 데에는 생각보다 많은 게 필요하지 않은지도 모른다.

행복한 순간 열가지

① 여름 천둥번개가 몰아치는 밤, 침대에 누워서 열린 창문으로 밖을 바라볼 때

② 아주 고약한 고양이 한 마리가 어디론가 사라져서 오후에 처음으로 다시 입맛이 당길 때

③ 자동차에서 나는 이상한 소리가 아무 일 없이 스스로 사라질 때

④ 내리는 눈송이를 혀로 받을 때

⑤ 물건이 저절로 고쳐질 때

⑥ 계피와 설탕을 섞은 밀크라이스를 먹을 때

⑦ 아주 오래전에 잠깐 보았는데도 그 사람을 쉽게 기억해냈을 때

⑧ 주말에 베를린을 찾아온 손님과 관광객의 시선으로 내가 사는 도시를 바라볼 때

⑨ 아침에 모닝커피 한잔

⑩ 엘리베이터에서 잠깐의 곁눈질로 누군가 날 사랑하고 있음을 알아챌 때

행복의 열쇠는 무엇일까?
명상과 겸손? 아니면 돈과 시간?

처제의 남편보다 일 년에 백 달러 더 벌면 그게 잘사는 것이다.
―멩켄 H. L. Mencken

02

내 친구 토비에게서 자기를 기만하는 방법 하나를 배웠는데, 그것에 '붉은 날씨안경'이라고 이름을 붙일 수도 있을 것 같다. 토비는 이렇게 설명했다. "여행이나 비행 계획이 있거나 또는 그릴파티를 하기 위해 날씨를 알아보고 싶으면, 그냥 인터넷을 뒤져서 온갖 일기예보 사이트를 찾아보는 거야. 내가 원하는 일기 예보가 나올 때까지 말이야."

이런 걸 기술에 의지한 낙관주의, 혹은 선택적 인식이라고 부르거나 그것도 아니면 그냥 헛짓거리라고 부를 수도 있겠다. 하지만 나조차도 이런 예보 방식에 익숙해져서 이따금씩은 정말 날씨에 관해서는 복 받았다는 느낌이 들 때가 있다.

그러나 오늘은 열 번째 검색한 날씨 정보마저도 나에게 축복을 전해주지 않았다. 모두 하나같이 뉴욕에 눈보라를 예보했다. 몇 시간

내에 비행기 안에 앉아 있어야 하지만 가망이 없어 보였다. 사실 길을 떠나면서 이번만큼은 최고의 여행이 되기를 아무리 기도한다 해도 크게 달라질 건 없다. 결국에는 극단적으로 다른 각자의 방식으로 행복을 연습하는 두 사람을 만나고 말 테니까. 명상과 겸손만이 행복으로 이끈다고 믿는 사람과 돈과 시가만이 행복을 가져다준다고 믿는 사람. 그 두 사람을 만나보는 것이 이번 여행의 목적이다.

하지만 결국 행운이 찾아왔다. 우리 비행기가 이륙허가를 받은 것이다. 호텔로 가는 택시에 앉고 나서야 비로소 밖에 첫 눈발이 날리기 시작했다. 저녁시간에는 동화에 나오는 장면처럼 로맨틱한 거리의 모습이 펼쳐졌지만 밤이 깊어가면서 끔찍한 교통 혼잡으로 상황이 변했다. 뉴욕에서의 첫 날은 그렇게 학교들은 문을 닫고, 길들은 서서히 정리되어가는 모습으로 맞게 되었다. 텔레비전에서는 아나운서들이 북쪽 뉴잉글랜드에서 해안가까지 눈 속에 파묻힌 듯한 모습으로 등장했다. 경찰과 소방서, 자동차와 기차 운전수, 여행객과 주민 모두가 날씨를 욕하고 있었다. 날씨가 그들을 가로막고 그들의 계획에 차질을 빚게 만들었다. 다른 방안이 나오려면 아마도 시간이 좀더 필요했을 것이다. 눈은 그저 성가시고 거의 모두에게 방해물일 뿐이었다. 학교에 다니는 아이들 정도가 그 하얀 덩어리들을 반가워했다. 물론 아이들처럼 눈을 반기는 예외적인 어른 중에 애쉬리타 퍼먼 Ashrita Furman도 있었다. 그에게 전화를 걸어, 눈폭탄에도 만날 수 있는지를 묻자, 그는 기쁘게 대답했다.

"눈이 멋지지 않아요? 세상이 온통 하얗잖아요."

기네스북 최다 세계기록 보유자를 만나다

얼마 있다가 우리는 퀸즈 구역 맞은편에 있는, 무슨 비밀 단체의 이름 같은 '저세상의 미소'라는 카페에서 만났다. 애쉬리타 퍼먼은 기네스북의 최다 세계기록 보유자다. 내가 그를 만난 시점까지 총 326개의 세계기록을 세웠고, 그중 126개는 여전히 진행 중이었다(실제로 그중에 하나는 동시에 보유하고 있는 세계기록들에 대한 세계기록이다). 그 기록 중에는 일 분에 젓가락으로 요리 많이 먹기 같은 사소한 것들도 많지만 정말 감동하지 않을 수 없는 것들도 많다. "내 가장 오래된 기록이 장거리 재주넘기에요." 예순이 다 된 남자가 회고하듯 말했다. "그때가 1986년 4월이었어요. 난 옆으로 재주를 넘었고 그 거리가 20킬로미터나 되었죠. 그때 난 한참이나 토해야 했어요……. 아마 아무도 이걸 깨겠다고 도전한 사람이 더는 없어서 그런 것 같아요."

애쉬리타 퍼먼은 기능성 스포츠웨어를 입고 테두리 없는 안경을 쓰고 있었다. 그는 17대 1 싸움의 주인공처럼 강인한 체격을 가진 잘 웃는 사람이었다. 웃을 때면 목과 가슴의 근육이 돋보였다. 확실히 실제 나이보다 10년은 더 젊어 보였고 얼핏 더스틴 호프만과 닮아 보였다. 1954년 기네스북이 만들어지고 나서 4일 후에 그는 태어났다. 하지만 그건 그저 수많은 작은 징후들 중 하나였다.

그는 그곳 퀸즈에 있는 자메이카라 이름 붙여진 동네에서 젊은 시절을 보내면서 그냥 책이나 읽으며 지냈다고 말했다. 절대 스포츠 타입은 아니었다고, 오히려 학교에서는 안경 쓴 괴짜로 주변을 맴돌았다고 한다. 그러다가 그는 16세에 요가와 명상에 관심을 보이기 시작했다. 그는 헤세의 소설 《싯다르타》를 읽었고 이웃에 살았던 유명한 정신 지도자인 스리 친모이Sri Chinmoy를 만나게 되었는데 그 지도자가 그를 세계기록에 도전하게 했다. "센트럴 파크에서 있었던 24시간 자전거 마라톤에 참가하도록 격려한 분이 그분이었죠." 두부 라자냐를 전혀 명상가답지 않게 삼키면서 그가 말을 이었다. "원래는 별로 하고 싶지 않았어요. 그래서 대회 시작 열흘 전에서야 자전거를 샀고 건성으로 트레이닝을 시작했죠."

하지만 24시간 자전거타기 대회에서 650킬로미터를 달리고 난 후에 그는 자기 자신에게 놀라고 말았다. "그건 정말 대단한 경이로움이었어요. 그 순간 난 마치 소명을 발견했다는 것을 알았습니다. 그 이후로 다른 사람들에게 영감을 주기 위해 세계기록을 깨는 일에 도전하게 되었죠. 그저 믿기만 하면 우리의 가능성이 끝이 없음을 그들에게 보여주기 위해서 말이에요."

그는 1979년 8월에 그의 첫 공식 세계기록을 세웠다. 2만 7천 번의 팔벌려뛰기! 초기에 그는 50개의 세계기록을 세웠다.

그 이후로 300개가 넘는 세계기록이 이어졌다. 그중에는 골프공을 쉬지 않고 골프채로 튕기는 것처럼 솜씨를 필요로 하는 것들이 많았다.* 또 쉬지 않고 가능한 한 멀리 9파운드 무게의 벽돌을 나르는 것처럼 지구력이 관건인 기록도 있었다.** 통통 튀는 공 위에

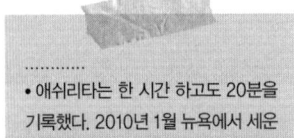

• 애쉬리타는 한 시간 하고도 20분을 기록했다. 2010년 1월 뉴욕에서 세운 기록이다.
•• 1999년 뉴욕에서 163킬로미터라는 정말 믿기 어려울 정도의 기록을 세운다.

앉아 있거나 물속에서 곡예를 부리는 기록을 세우는 건 일도 아니었다. 그런 성공의 열쇠는 명상에 있었다. "기록에 도전하다 보면 더 이상은 안 되겠다는 생각이 드는 순간이 오죠. 그때 저는 명상을 통해서 정신과 육체를 분리합니다. 그러면 모든 의심과 고통, 피로가 사라지고 오로지 내면의 평화만이 남게 되죠."

건장한 이 뉴요커는 통통볼 위에서나 곡예마라톤 같은 예외적인 상황에서만 명상을 하는 것이 아니라 매일 아침과 오후에도 명상을 했다. "명상은 삶에 리듬과 의미를 줍니다. 나를 행복하고 만족스럽게 만들어주고 다음 기록에 도전하는 데 힘을 주죠. 뼈가 쑤시고 발에 온통 물집이 잡혀도 말입니다."

기록에 도전하고 싶은 마음으로만 따지면야 나도 예외는 아니다. 그래서 도대체 어떻게 훈련하는지를 물었다. 그는 항상 동시에 여러 훈련들을 한다고 대답했다.

"이리 와보세요. 제가 많은 기록을 세웠던 장소를 보여드리죠."

우리는 길 너머 '파노라마 카페'로 들어갔다. 그는 작은 리폼하우스에 살고 있었는데, 카페는 그의 집 근처에 있었다. 게다가 카페의 주인은 기록 도전을 위해 훈련할 때 그를 돕는 친구이기도 했다. 현재 도전하고 있는 프로그램을 위해서 애쉬리타는 전우가 필요하다고 말했다. 정확히 말하면, 테이프를 두르고 벽에 붙어 있을 실험대상자가 필요했다.

결국 내가 그 실험대상자가 되었다. 얼마나 빨리 한 인간을 벽에다 붙일 수 있는지를 보는 세계기록은 57초다. 그리고 벽에 붙은 사람이 최소한 1분은 붙어 있어야 한다. 애쉬리타는 몇 년 전에 이 기록을 세웠다. 당시 기록은 2분을 넘겼는데, 나중에 이웃의 한 교회단체가 기록을 깨트렸고 현재는 캐나다의 한 그룹이 기록을 보유중이다.

"그들은 유튜브에 동영상을 올렸어요." 그는 흥분해서 말했다. "그들은 아주 다른 기술을 이용했어요. 그 방법으로 기록을 1분 아래로 떨어뜨릴 수 있었죠."

애쉬리타는 그 문제의 동영상을 보여주었다. 캐나다의 기록보유자는 많은 접착용 테이프로 팔과 다리를 힘들게 벽에 붙이는 대신 많은 테이프를 붙일 수 있게 만든 큰 U자형 고리 세 개를 벽에 붙이고는 사람의 주먹과 다리를 걸었다. '붙이기'라고 하기엔 장황한 설명이 필요하지만 기네스북 심사위원은 이 방법을 인정해주었다.

"이거, 기발하지 않아요?" 애쉬리타가 물었다. 드디어 나도 기록 도전에 열이 올랐다. 무모한 공명심이 나를 감쌌다. 우리가 해내지 못하면 웃음거리만 되겠지만!

내가 바로 벽에서 떨어지자 평상시 미소가 떠나지 않던 뉴요커의 얼굴에서 짜증이 배 나왔다. 누구라도 알 만한 정도였지만 그는 나에게가 아니라 자기 자신에게 화를 냈던 것이다. 그래도 그의 입에서 부정적인 단어가 나오지는 않았다. 그 대신 이렇게 말했다. "지금까진 좋았어요. 하지만 테이프를 더 빨리, 더 단단히 붙여야 해요."

57초는 아주 깨기 힘든 기록이었다. 애쉬리타가 빨리 못하든지, 아니면 서 있던 의자를 빼자마자 내가 벽에서 바로 쿵하고 떨어져버리거나 둘 중 하나였다. 처음에는 그저 아이들 생일날 놀이처럼 보이던 것이 계속 시도하다 보니 진짜 긴장감이 돌았다. 최소한 테이프를 돌리고 벽에 붙어 있어야 하는 사람에게는 그랬다. 결국 테이프가 동이 나자 오늘은 그만하기로 결정했다. 우리는 스리 친모이가 그린 그림을 다시 걸었다. 충분한 공간을 확보하기 위해 벽에서 떼어놓았던 그림이었다. 그리고 마찬가지로 명상의 스승으로 보이는 사진들과 넬슨 만델라, 무하마드 알리, 요코 오노의 사진들을 다시 걸었다.•

• 장거리 육상선수이자 영적 지도자였던 스리 친모이(1931~2007)는 1985년 이후로 인간존중사상을 표현하기 위해서 사람을 높이 들어 올리는 것을 자신의 트레이드마크로 삼았다. 친모이는 자신이 만든 플랫폼 아래에 서고 그 위에는 학자들이나 국가원수들이 어느 정도 위엄 있게 서 있을 수 있었다. 그는 두 손으로 그 플랫폼을 짧게 위로 밀어 올렸다. 인도 태생의 남자는 '한마음으로 세상을 받들어라'라는 프로그램을 하면서 8천 명이 넘는 사람들의 추앙을 받았다. 비판자들은 착시라고 하거나 엄청난 무게가 일부 지렛대 원리로 움직였을 뿐이라고 폄하하기도 했다.

독특한 깡충뛰기

다음날 우리는 애쉬리타의 집 앞에서 만났다. 그곳은 어제 들렀던 두 카페와 그의 리폼하우스 바로 근처였다. 집 벽에는 엄청나게 큰 훌라후프가 세워져 있었다. 둘레만 15.8미터나 되었다. 애쉬리타는 그것을 몇 년 전에 직접 만들었고 지금도 1분여 동안 허리로 돌렸다. 이런 것들을 만들거나, 자루 속에 들어가 달려오는 야크를 향해 뜀뛰기를 한다거나 아니면 하루에 한 시간을 바람 불어 우표 멀리보내기를 하면서 즐거워하는 사람들이 꽤 많다. 하지만 애쉬리타처럼 그것을 정말로 현실화시키는 사람은 몇 안 된다. 대부분은 이런 애들 같은 장난을 하기에는 너무 늙었다고 느끼는 것 같다.

"한가지에만 집중하면 정말 금방 지루해져버려요." 애쉬리타는 다양한 트레이닝 기구들과 사무라이 검이 있는 정원을 사과꼭지로 가리키면서 말했다. "그래서 동시에 다양한 기록을 위해 꾸준히 훈련할 수 있고 그렇게 삶을 다채롭게 할 수 있어서 다행이죠. 그냥 조깅만 한다면, 그건 지옥이나 다름없을 거예요. 난 무언가 특별난 미친 짓을 해야만 해요."

오늘의 프로그램으로는 깡충뛰기가 있었다. 아이들이 기분 좋을 때 길을 따라 뛰는 것처럼 깡충깡충 뛰는 것이다. "먼저 상상해봐야 해요." 애쉬리타가 머리를 흔들면서 말했다. "50년이 넘도록 기네스북이 존재해왔건만 기네스북에 뛰기에 대해서는 어떤 카테고리도 없어요." 그로서는 그게 이해할 수 없는 모양이었다.

당연히 그는 기네스북 사람들에게 깡충뛰기가 고유 카테고리로 만들 만한 가치가 있음을 증명했고, 즉시 깡충뛰기 마라톤 기록(5시간 55분)을 세웠음을 보여주었다. 하지만 벌써 7년 전 일이었다. 이제 그는 누군가 가져가버린 10킬로미터를 넘긴 기록을 탈환해오기 위해 다시 훈련해야만 했다.

다 큰 남자가 트레이닝복 차림으로 인형을 선물 받고 좋아서 날뛰는 어린 소녀처럼 추운 길을 깡충깡충 뛴다는 게 이상해 보일 수 있다.

"여봐요, 늙은 양반." 공원에서 빈둥거리는 젊은 양아치들이 성을 돋우며 불렀다. "기분이 좋아서 그런 거요, 아니면 뭐요?"

"어, 이렇게 하면," 애쉬리타가 숨에 차서 외치지만 성을 내지는 않았다. "얼마나 좋은데."

두꺼운 재킷을 입은 젊은 애들은 그가 진실을 말하고 있음을 알았다. 그가 다시 평온히 계속 뛰도록 내버려두었기 때문이다.

후원금 대신에 아이들 같은 열광을

한 차례 트레이닝을 마치고 우리는 '파노라마 카페'로 돌아갔다. 그가 기록 갱신에 도전한 또 다른 프로그램은 밸런스보드 위에서 무릎 구부리기였다. 밸런스보드는 스케이트보드처럼 생겼는데 바퀴 대신에 커다란 실린더 위에 판이 놓여 있었다. 10초간이라도 그 위에 서 있으면 대단한 것인데, 애쉬리타는 그 위에서 1분 안에 52회 이상을 무릎을 구부렸다 폈다를 반복했다. 이것이 현재 그의 기록이었다.

그의 야심은 늘 그렇듯 자기 자신을 향했다.

"누군가 내 기록을 깨면, 나도 기쁘죠."

후원금도 이 뉴요커에게는 문제가 되지 않았다.

"나를 재정적으로 지원하겠다는 회사들이 항상 어떤 제안을 해왔어요. 하지만 전혀 관심이 없습니다. 돈을 위해 기록에 도전한다는 것은, 나로서는 도전의 의미를 훼손하는 일이니까요."

생소하거나 별나다고 비웃는 기록들을 위한 훈련 때문에 여가시간을 희생하는데 그럼 그것 말고 무엇으로 동기부여를 하냐고 그에게 물었다.

"나는 일곱 살짜리의 감성을 가진 큰 꼬마나 마찬가지입니다."

애쉬리타가 잠시 생각에 잠기더니 대답했다.

"그리고 그럴 수 있는 것에 너무 감사하죠."

왜?

"아이처럼 끝도 없는 판타지와 꿈이 넘쳐나기 때문이죠. 무조건적으로 부모님을 신뢰하고 신을 믿습니다. 미래를 크게 걱정하지도 않아요. 우리 같은 이들은 아이처럼 순수하고, 세상일에 찌들지 않고 작은 일에도 즐거워하기 때문이죠. 그런 것들이 어른들인 우리가 잃어버린 것들이에요."

비디오카메라와 스톱워치를 가지고 애쉬리타의 오랜 친구가 들어왔다. 기네스 기록의 과정은 무척이나 진지하다. 각 기록이 최대한 정확히 기록되어야 하고 도전자와 무관한 증인들이 확인해야 한다.

어제는 내가 벽에 붙어보았고, 오늘은 증인 자격으로 기네스 기록 과정에 참여했다. 더군다나 기록 도전을 신청한 사람은 누구나 각 경기 종목을 위한 정확한 규칙들을 받는다. 애쉬리타가 오늘 도전을 위해 가져온 수많은 페이지의 책에는 예를 들어 밸런스보드의 규격(22.8센티미터에서 27.9센티미터)이 어떻고, 무릎 구부리기는 어떤 것인지(허벅다리가 바닥과 평행을 이룰 때) 그리고 어떤 도구들이 허용되는지 기재돼 있다.

처음 일곱 번의 시도는 다 실패했다. 애쉬리타는 분명 밸런스를 유지하는 데는 성공했지만 무릎을 너무 느리게 구부렸다 폈다 했다. 끙끙대며 숨을 몰아쉬는 그를 보면서 과연 성공할 수 있을지 확신이 서지 않았다. 이미 지칠 대로 지친 허벅다리로 얼마나 힘을 낼 수 있을까? 그런데 애쉬리타는 다시 한 번 마지막 시도를 하고자 했다. 그는 뒤돌아 1분 동안 카페를 거닐었다. 그 안에는 오후에 우리 말고도 몇 명의 학생들이 호기심 가득 우리를 지켜보고 있었다. 그가 다시 흔들거리는 보드 위로 올랐다.

"준비됐어요?" 카메라맨이 손에 스톱워치를 들고 물었다.

"네!" 애쉬리타가 대답했다. 그리고 시작했다.

60초 이내에 그는 55회의 무릎 구부리기를 성공했다. 현 세계기록보다 3회나 더한 기록이었다.

"다 괜찮나요?"

그는 비디오카메라에 촬영된 화면을 보고 자신이 매번 무릎을 충분히 낮게 구부렸는지 확인했다.

이제 그는 대략 4주 후에 기네스북 관계자에게서 편지를 받게 될 것이다. 거기에는 동영상과 나의 증인 서약이 들어 있고 그의 327번째 세계기록을 확인한다는 내용이 담겨 있을 것이다. 무릎 구부리기 54회 성공. 한 회는 실제로 충분히 구부리지 못했다.

애쉬리타의 지구력은 매우 인상적이었다. 단순히 그런 기록을 세우는 것만 생각한다면 그건 잘못 생각하는 것이다. 진기한 분야에서의 경쟁은 엄청나기 때문이다.

다음번에 애쉬리타는 두 개의 기록을 깨고자 했다. 이미 하나는 다른 사람이 그의 기록을 깼다. 바로 5킬로미터가 넘는 깡충뛰기와 검지 위에 야구방망이 세우기가 그것이다.

"난 절대 그만두지 않을 거예요."

언제가 되면 쉬겠느냐는 나의 질문에 그는 이렇게 대답했다. "나는 마지막 기록 도전을 하다가 죽을 거예요. 기네스북에 천 개가 넘는 기록들을 세우게 되겠죠. 그럼 이렇게 주장할 겁니다. 충분한 시간을 두고 시도할 수만 있으면 못 깰 기록은 없다고 말이죠. 물론 뭐 위대한 사람이니 뭐니 하는 그런 것과는 상관없이 말이에요."

세상에서 가장 행복한 사람?

사실 애쉬리타 퍼먼 같은 사람은 많은 이에게 매우 낯선 인상을 풍긴다. 우리 사회가 그리는 충만하고 행복한 삶의 구체적 모습이 있다. 좋은 직업, 화목한 가족, 꾸준히 늘어나는 복지. 이와는 완전히 다른 길도 있다고 생각하기란 참으로 쉽지 않다. 극동 지역 사원에 있는 수도승들에게서 우리는 아주 색다른 관심을 발견하고 그들을 휴가사진에 담는다. 하지만 서구 대도시에 우리와 같이 사는 애쉬리타 같은 사람도 우리와 완전히 다른 삶을 살까? 그는 가족을 이루지도 않고 자기 직업을 자아실현이 아닌, 영적 지도자가 일정 부분 정해준 밥벌이로 생각할까? 그는 단순히 자신의 구루를 존경하고 타인에게 영감을 주기 위해서 가능한 한 오랫동안 움직이지 않고 피트니스 공 위에 서서 여가시간을 보내는 걸까? 그런 사람이 정말로 우리보다 더 행복할까? 믿고 싶지 않아서이기도 하지만 믿기 힘든 이야기다.

나는 그에게 자신이 행복하다고 여기고 있는지를 물었다. 그러자 그는 일초도 머뭇거리지 않고 대답했다. 마치 생일이 언제인지, 눈 색깔이 뭐냐고 질문을 받은 사람처럼 쉽게. "어, 그럼요. 난 아주 행복해요." 그의 억양은 겸손과는 거리가 멀었지만 그렇다고 자랑하는 투는 아니었다. 어찌 보면 사무적으로 보이기까지 했다. "내 주변의 많은 사람들은 내가 자기가 아는 한 가장 행복한 사람이라고들 말하죠. 하지만 난 행복해지려고 노력하지는 않아요. 행복과 만족감은 내 목표가 아닙니다. 그저 일종의 동기부여라고 할 수 있을 것 같아요. 행복은 내 방식대로, 내 기록과 명상으로 살다보면 자동적으로 뒤따르죠." 하지만 그도 아주 가끔은 아내와 가족이 있었으면 하지 않을까?• "자주 그러죠. 그런 생각이 얼마나 강한가에 따라 명상이 됐다 안 됐다 해요. 명상이 잘 되면 아무 생각도 안 납니다. 그리고 정신적 부담을 더는 방법으로 배우자나 가족은 방해될 수도 있다고 생각하곤 하죠."

애쉬리타는 아주 호감이 가는 사람이고, 그의 세계기록 사냥도 아주 재미있어 보인다. 하지만 그런 긍정적인 묘사에도 불구하고 그의 구루 스리 친모이의 세계는 나에겐 매우 낯설다. 어쩌면 이보다 더 위험한 종교집단이나 파벌들이 있을지도 모르지만 역도와 원시 회화, 엄격한 성별분리 같은 것들이 행복으로 가는 참된 길인 것 같지는 않았다.

물론 명상 그 자체는 기본적으로 좋은 방

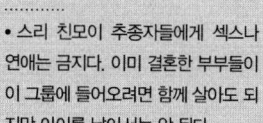

• 스리 친모이 추종자들에게 섹스나 연애는 금지다. 이미 결혼한 부부들이 이 그룹에 들어오려면 함께 살아도 되지만 아이를 낳아서는 안 된다.

법인 것 같다. 명상의 긍정적 효과들은 수많은 여러 연구에서 경험적으로 증명되고 있다. 명상은 아주 간단해 보인다. 가만히 앉아서 하나에만 집중하는 것이니 거기에는 자신만의 호흡이나 그림 또는 단어가 있을 수 있다. 물론 성물이나 묵주도 된다. 학술연구의 결과에 따르면 장기간 매일 명상을 하는 사람은 자기 삶에 더 만족하며 자신감이 넘치고 두려움은 덜 느낀다고 한다. 또한 기억력과 감정이입 능력이 향상된다고 한다.

더욱이 명상을 통해서 면역체계가 강해진다. 이는 우연의 법칙에 따라 지원자들에게 명상 그룹과 대조 그룹으로 나누어서 실험한 위스콘신 대학의 연구에서 밝혀졌다.* 8주 후에 두 그룹은 독감 예방주사를 맞았고 혈액에 항체가 생겨났다. 그러나 8주 동안 명상을 했던 사람들에게서는 예방접종 효과가 확실히 더 잘 나타나 명상을 하지 않은 대조 그룹보다 더 많은 항체가 생겼다. 미국 심리학 교수 조너선 헤이트는《행복 가설》에 이렇게 적었다.**

'하루에 한 번 복용으로 두려움은 줄어들고 만족은 커지는 약이 있다고 상상해보세요. 그런 약을 복용하시겠습니까? 이 약에는 각종 부작용이 있지만 그 부작용들은 다 좋은 것들입니다. 더욱 자신감이 넘치고 다른

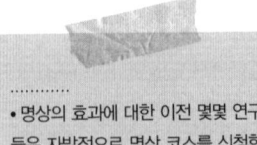

• 명상의 효과에 대한 이전 몇몇 연구들은 자발적으로 명상 코스를 신청한 사람들을 명상을 하지 않은 사람들과 비교하는 실수를 저질렀다. 이는 명상에 관심이 있고 명상을 하는 사람이 명상을 하지 않는 사람들보다 종종 다르면서도 더 건전한 생활 스타일을 가지고 있음을 보여준다. 하지만 그동안 여러 연구를 통해서 명상의 긍정적인 효과들은 확인되었다. 그 연구들은 테스트 그룹을 무작위로 나눠서 어떤 성향도 알 수 없고 생활스타일에서도 큰 차이가 없게 했다.

•• 독일어판 제목은《행복 가설: 우리를 정말로 행복하게 만드는 것. 고대 지혜와 현대 행복 연구의 진수》(VAK Verlags GmbH, Kirchzarten bei Freiburg 2007).

사람들과 자기 자신을 더욱더 신뢰할 수 있게 되며 정신력도 더 더욱 향상된다고 생각해보세요. 이 외에도 이 약이 완전 천연성분이며 공짜라는 점을 주목하세요. 그렇다면 이제 복용하시겠습니까? 이 약은 실존하고, 그 이름은 바로 명상입니다.'

제발, 호흡에만 집중하란 말이야

헤이트뿐만 아니라 많은 학자들이 명상의 효과를 증명했다. 명상에 대해 깊이 파면 팔수록, 더 확실해지는 게 있다. 바로 행복 추구자로서 내가 명상을 하지 않을 이유를 도저히 찾을 수 없다는 거다. 명상은 아주 간단하다. 그래도 배우긴 해야 해서, 며칠 더 뉴욕에 머물기로 하고 인터넷으로 초보자를 위한 명상코스를 찾았다.

이 도시 어디에선가는 거의 매일 이런 코스가 열리고 있었다. 초저녁에 나는 숙소 근처에서 개설되는 한 과정에 참여했다. 지하철 라인 F가 맨해튼을 지나면서 흔들거렸다. 흔들리는 와중에도 나는 지하철 안의 광고를 읽었다. 광고 곳곳에서 행복을 약속하고 있었다. 이 자동차를 사라, 이 맥주를 마셔라, 재고정리 바겐세일 하는 우리 백화점으로 와라. 그러면 너는 아주 면밀하게 기획된 것처럼, 또는 여기 사진 속 뽀샵된 모델들처럼 기뻐 웃게 될 것이다.

카리브 해 섬 아루바가 '행복한 섬'이라는 슬로건으로 광고를 하고 행복주의를 담은 플래카드 시리즈, 그러니까 '행복격언들'을 시작했다.

'사람들은 항상 행복하다고 말합니다. 그리고 우리는 그것을 간단히 아루바라고 부릅니다.'

대신 아루바에 있는 사람들처럼 행복해지고 싶은 사람은 먼저 돈을 많이 벌어야 한다. 일단 그곳으로 여행을 가야 하니까.

지하철 안에 있는 단 하나의 플래카드만이 소비를 자극하지 않는 광고였다.

'이 포스터는 이 지하철 안 어떤 포스터보다도 당신을 더욱 행복하게 해줄 수 있다'라고 쓰여 있다. 이 포스터는 '철학은 작동한다!'라는 제목의 철학워크숍 광고였다. 그곳에서 행복 찾기와 좋은 삶을 함께 다룬다는 것인데, 이거야말로 나에게 안성맞춤이었지만 안타깝게도 워크숍은 내가 떠나는 날 시작되는 일정이었다.

뭘 기대하고 왔는지 잘 모르겠지만, 나는 일단 명상코스가 열리는 커다란 오피스 건물 앞에 서 있었다. 돌을 깔아놓은 바닥과 철제 우편함이 있는 다른 건물의 텅 빈 로비와는 달리 이곳에서는 약간 종교적인 분위기가 풍기는 게 은근히 뭔가를 기대하게 만드는 분위기였다.

엘리베이터를 타고 6층으로 올라가보니, 정말 집 같은 분위기였다. 사람들은 양말만 신고 양탄자 바닥을 끌면서 걷거나, 작은 테이블에서 차를 마시며 낮은 목소리로 대화를 나누고 있었다. 문틈으로 복도와 응접실로 가는 공간 중 하나를 들여다볼 수 있었다. 사람들은 이미 명상에 들어가 있었고 얼핏 모두 전문가들 같아 보였다. 다리를 모아 마치 브레첼 과자 같은 가부좌 자세를 한 걸 보니, 바라보는 것만으로도 내 무릎이 저려오는 것 같았다.

어떤 친절한 여자가 우리 초보자들을 환영하는 인사를 했고, 나는 금붕어 어항 같은 큰 유리잔에 10달러 기부금을 냈다. 그리고 그녀를 따라 작은 방으로 들어갔는데, 그 방은 금방 들어차서 나는 왼편 뒤쪽 작은 구석에 자리를 잡았다. 옆에 아주 낡은 히터가 있었는데, 이 놈이 거친 열을 뿜어낼 뿐만 아니라 미친 듯이 쿵쾅대고, 두드리고, 쉿 소리를 냈다. 내 주변으로 쿠션 위에 착석한 약 스무 명의 사람들은 하나같이 개성이 넘쳤다. 맨 앞줄에 문신을 하고 얼굴을 수염으로 도배한 힙스터(1940년대 미국에서 쓰였던 말. 유행 등 대중의 큰 흐름을 따르지 않고 자신만의 고유한 패션과 음악, 문화를 좇는 부류—옮긴이)가 젊은 히피 한 쌍과 분명 푸들 한 마리쯤은 키우고 있을 법한 나이 지긋한 아줌마와 함께 아주 진지하게 집중하고 있었다. 마지막 줄에는 뚱뚱한 아프리카계 미국인이 의자에 앉아 자리를 잡고 있었다.

명상 강사는 우리가 책상다리로 앉아서 '긴장을 풀고 수직자세'를 취해야 한다고 말했다. 최악의 자세를 가진 나 같은 사람들에게는 첫 마디부터 어긋나기 시작했다. 이런 방식의 명상에서는 두 눈은 뜨고 입도 마찬가지로 벌려야 한다. 이것은 내게 맞았다. 나는 코로 충분히 숨을 들이쉬지 못하기 때문에 입을 벌리고 있으니 어느 순간 숨이 가빠 그르렁거리며 실신할 걱정이 전혀 없기 때문이기도 하다.

우리는 짧게 5분에서 10분까지 계속되는 연습을 시작했다. 쿵쿵대는 히터 때문에 집중을 할 수가 없었다. 그러다가 쑤셔오기 시작하는 등과 누군가 바늘로 콕콕 찌르는 듯한 느낌의 저려오는 발에 생각을 집중했다. 첫 번째 시간이 끝나고 이어진 대화에서 다른 사람들도 나랑 완전 똑같다는 것을 알았다.

두 번째 시간이라고 더 나아진 건 없었다. 원래 호흡에만 집중해야 하는데 내 생각은 에스프레소 더블을 마시고 난 후의 핀볼처럼 우왕좌왕했다. 근데 몇 시에 비행기가 뜨지? 이런 누가 방귀를 뀌었잖아! 오늘 저녁은 어디서 먹지? 오, 경찰 사이렌 소리네! 바로 앞에 남자 티셔츠에 뭐라고 쓰여 있는 거야? 정말 저놈의 쿵쿵대는 히터가 신경 건드리네! 아직도 10분이 안 지난 거야? 이런 제기랄, 제발 네 호흡에만 집중하란 말이야!

안 좋은 건 내가 지금 어떻게 딴생각에 빠져드는지 전혀 눈치 채지 못하고 있다는 거였다. 대신에 몇 분을 샛길로 새면서 대여섯 가지 주제로 빠져들었다. 그렇게 계속된 내 영혼과의 대화에 어느덧 익숙해져서 그런 사실 자체를 의식하지 못했고, 그래서 더 딴생각을 멈출 수도 없었다.

내가 이 어려움을 얘기하자, 여선생이 나를 진정시켰다. 처음에는 다 그렇다면서. "한 가지 생각에만 집중하는 것에 적응이 안 되어서 그래요." 규칙적인 연습만이 능력을 향상시킬 수 있는 최선의 방법이라고 말한다. "여러분에게 딴생각이 들면 여러분의 눈앞에 코끼리가 한 마리 지나가고 있다고 한번 상상해보세요. 여러분은 시야에서 코끼리가 사라지는 순간에서야 코끼리가 지나간다는 걸 보게 될 겁니다. 결국 여러분은 꼬리 뒤에 달려 있는 작은 붓만을 보았을 겁니다. 그러나 명상을 더 많이 연습할수록, 여러분은 점점 더 일찍 코끼리를 보게 될 것이고 어느 순간 시야에서 코끼리의 코가 분명히 보이게 됩니다. 그러니까 딴생각이 들면 그 생각에 매달리는 대신에 옆으로 제쳐놓을 수 있다는 것을 깨닫게 되죠."

나에게는 마치 코끼리들이 줄줄이 사탕으로 내 시야에서 쿵쿵대며 시끄럽게 지나가는 것 같았다. 마지막으로 작은 아기 코끼리들이 뒤를 이어 터벅터벅 따라온다. 하지만 어쨌든 나도 열심히 노력해볼 생각이다. 왜냐하면 고백컨대 그곳에서 인도를 건너온 잡동사니 물건을 판 것도 아니고 어떤 종파의 회원증을 받은 것도 아닌데, 명상을 끝낸 후 눈보라를 뚫고 지하철로 돌아가는 길에 내 기분은 극도로 좋아졌다. 내 주변에 있는 사람들은 모두가 출퇴근, 날씨, 세금문제, 아니면 자기 생활 문제로 특별히 신경이 쓰이는 모양이다. 하지만 난 편안하기만 했다. 계단에서 사람들에 치였지만 화가 나지도 않았다. 승강장에 다다르자 지하철도 바로 왔다. 그 이후로도 나쁜 일이 일어나지 않았다.

좌석에 앉으니 정신이 또렷해지고 에너지가 넘치는 기분이었다. 마치 오늘 세계기록을 기록한 기분이랄까. 어쨌든 명상이 무언가 효과가 있는 것 같았다. 코끼리 행진이든 통통 튀는 핀볼이든.

불행한 인터넷 백만장자

세계기록 보유자를 만나고 명상 워크숍을 찾으려고만 뉴욕에 온 것은 아니었다. 행복을 찾아 나서는 길에서 나는 명상을 하는 겸손한 성향의 애쉬리타와는 완전히 다른 인생을 선택한 사람과 약속을 했다. 이른바 돈과 명성의 길이다.

다음날 내가 만난 조쉬 해리스Josh Harris는 도시 한 구역인 윌리엄스버그에 있는 스파르타식의 예술가 맨션에 살고 있었는데 그의 말에 따르면 그는 수중에 정확히 60달러를 갖고 있었다. 한때는 8천만 달러가 있었다는데 말이다.

현재 51세인 이 남자는 90년대 초에 뉴욕에 왔다. 그는 자신의 낡은 콤비자동차를 판 900달러의 초기자본으로 주피터 커뮤니케이션즈Jupiter Communications라는 회사를 차렸다. 통행요금, 통계자료, 인터넷 광고 및 오늘날 수십억 규모의 산업으로 성장한 분야에 종사했던 선구자 중 한 명이었다.

"그 당시 사람들은 오늘날엔 누구나 공짜로 알 수 있는 통계자료들을 엄청난 금액으로 구매했지." 그는 머리를 흔들면서 회상했다. 자료 검색이 지겨워졌을 때, 해리스는 세계적으로 첫 인터넷 TV 방송국인 수도닷컴Pseudo.com을 세웠다. 2백 명이 넘는 직원들이 소호에 있는 창고에서 여러 개의 웹캐스트 방송을 보냈다. 힙합과 스포츠 방송, 시낭독, 펑크 방송. 해리스의 개인 시장 가치는 그 시점에 약 8천만 달러에 달했고 누구나 그에게 더 많은 돈을 주려고 했다. 해리스가 앞날을 잘 내다보는 것처럼 보였기 때문이었다. 그는 '다음 대박'을 위한 남자였다. 그가 동료들과 함께한 파티들은 전설이었다. "가벼운 옷차림의 톱모델들이 공놀이로 도박을 하는 괴짜들의 무릎 위에 앉았죠." 그 당시 TV수신료를 담당했던 한 사람은 기억을 떠올리며 말했다.

그런데도 해리스는 행복해 보이지 않았다. 샴페인에 취하던 시기에 찍은 수많은 사진과 비디오에는 그의 웃는 모습이 전혀 보이질 않았다. 대신에 해리스는 둘도 없는 친구 루비보다도 점점 모습을 덜 드러냈다. 과장된 옷차림 때문에 성별 구별이 불가한 인물로 수영 모자와 깃털 목도리를 두르고, 이는 검게 물들인 사람이었다. 그렇다고 어릿광대는 아니었다. 루비의 모토는 "사랑을 사랑해야 한다!"였다.

그런데 남을 사랑하기에는 조쉬 해리스의 인생엔 자리가 없는 것처럼 보였다.

조쉬 해리스는 7남매 중에 막내로 태어나 부모의 관심이나 편애 없이 혼자 자랐다. "나를 교육한 건 텔레비전이었지"라고 해리스는 말한다. 그는 특히 '길리건 섬'이라는 시리즈를 좋아했다고 한다. "어머니는 항상 너희들은 스스로 알아서 챙기라고 말했어. 아버지는 비밀정보기관에서 일하셨고 그래서 우리는 계속 이사를 다녀야 했어. 그래서 집에는 짐도 별로 없었어."

해리스의 아버지는 공식적으로는 국제 무역에 종사했고, 조쉬가 15세일 때 심장수술 중에 돌아가셨다. 예전의 조쉬 해리스 같은 아이에게는 상황에 따라 아스퍼거 증후군이라는 진단이 내려졌을 것이다. 약한 자폐증세가 있고, 가까운 사람들과의 감정적 교류와 비언어 신호에 대한 인식이 약하다. 하지만 높은 집중력과 기억력이 동반되는 경우가 잦기도 하다.

딱 한 번 조쉬 해리스는 자신의 인생에 한 여자를 받아들였다. 타냐 코린이었다. 그는 자신의 인터넷 방송국에서 아나운서로 일하는 그녀를 처음 알게 되었다. 인생을 담은 기록들로써 오래된 컴퓨터에 저장된 수많은 비디오 클립들이 두 사람이 행복했음을 보여주었다. 장난처럼 사랑에 빠지고, 이불 속에서 섹스를 하고 식사를 나누는 행복을 볼 수 있었다. 하지만 해리스는 그 옛 추억을 피하는 것처럼 보였다. "내가 그녀를 직접 캐스팅했지." 그가 덤덤하게 말했다. "여자 친구로선 완벽하지. 그런데 나와 사랑에 빠진 건 그녀의 불운이었어."

한때 우린 스타

타냐와 조쉬가 함께 보낸 짧은 행복한 시절은 조쉬 해리스를 유명하게 만든 실험 중 하나가 진행되는 동안이었다. 어쩌면 그 시기가 오히려 악명이 높아졌을 때인지도 모르겠다. 그의 마지막 유별난 파티는 경찰에 의해서 중단되었다. 새천년이 시작되는 해에 그는 브로드웨이 아래에 있는 지하벙커에서 한 달 동안의 파티를 열어 백 명의 사람들을 초대했고 그 파티를 카메라들이 계속 찍었다.

후에 해리스는 좀 더 친밀한 환경에서 스스로 테스트를 해보고 싶었다. 사람들이 만들어내는 모든 움직임이 공개되면 어떻게 될지 알고 싶었던 것이다. 그는 자신과 타냐를 위해 370평방미터 크기의 럭셔리 맨션을 빌렸다. 그곳에는 32개의 움직이는 카메라들이 설치되어 구석구석을 촬영했다. 카메라 영상은 웹사이트 위리브인퍼블릭닷컴weliveinpublic.com에서 방송되었다. 이 한 쌍은 화장실도 촬영하게 했고, 키스하는 것, 싸우는 것, 세탁하는 것, 일하는 것도 보여주었다. 시청자들은 이를 보기 위해 돈을 내야 했고, 조쉬와 타냐와 채팅을 하거나, 숨겨놓은 열쇠가 어디에 있는지(방송 초기에 있었음)를 그들에게 알려주거나, 또는 재미로 상대에게 약을 올릴 수도 있었다(나중에는 없어짐).

"처음에 우린 스타가 된 기분이었지." 해리스는 회상한다. "시청자들은 우리 생활의 한 장면 한 장면을 주문해서 그 당시 비디오테이프에 녹화를 했어." 그런데 언제부터 압박이 심해졌다. 닷컴 거품이 뻥 터져버리면서 오는 부담 그리고 조쉬 해리스의 분별력에 대한 압박도 있었다. 은행과 전화할 때마다 수도닷컴과 주피터의 그의 지분은 전보다 몇 백만 달러씩 떨어졌다. 타냐는 그를 무시하기 시작했고, 악의적인 시청자들은 그녀가 밤에 그를 거실 소파로 쫓아내게 했다.

"더욱이 어딘가 조금만 소리가 나면 언제나 윙윙대는 카메라들이 그곳을 응시하지. 그건 지옥이었어!"

주식등락과 평행을 이루며 위브인퍼블릭닷컴 시청자 수도 등락을 거듭했다. "처음에는 수천 명이 봤는데, 끝에는 뭐 한 열두 명 정도 되었지." 해리스가 덧붙였다. "언젠가 내 정신도 무너져버렸고 타냐는 집을 나갔어." 공개 생활 실험은 81일 동안 진행되었다. 해리스는 둘만의 개인적 행복을 명성에 대한 욕망을 위해 희생했다. 어쩌면 그의 연구 욕심이었는지도 모른다.

여자 친구도 없이, 거의 돈도 없이 해리스는 뉴욕을 빠져 나와 시외곽에 있는 사과농장으로 들어갔다. 사과농장은 돈을 탈탈 털어서 장만한 곳이었다. 거기서 그는 5년 동안 익명성을 회복하기 위해 노력했다. 공식적으로는 없었던 실망스러운 사랑을 다시 회복하려고 애를 쓴 것이었다. 8천만 달러를 얻고 유흥으로 탕진한 지식을 가지고 다시 일어나기 위해서였다. 약, 파티, 비즈니스모델에서 벗어나기 위해, 또 어쩌면 루비에게서 벗어나려고 말이다. 2008년 그는 결국 에티오피아로 도망쳤다. 많은 사람들이 국세청 때문에 도망간 것이라고 말하지만, 그는 9.11 테러 이후 그를 좇는 FBI를 벗어나기 위해서라고 말했다.

에티오피아의 더위 속에서 해리스는 어린이 야구트레이너로 일하며 보냈다. 대마초를 피우며 어떤 확실한 미래는 없었지만 그래도 만족스러운 나날을 보냈다. 자신의 장비로 벙커 실험에 참여해보았던 여성 영화제작자인 온디 티모너Ondi Timoner는 거기서 그를 찾아내어 〈We Live in Public〉이라는 그의 삶을 다룬 다큐멘터리를 방송했고 2009년에 그는 유명한 미국 선댄스 페스티벌에 초대되었다. 조쉬 해리스는 다시 에티오피아로 가는 비행기 티켓을 이용하지 않았다.

그 대신에 그는 윌리암스버그에 있는 그의 맨션에서 인터넷비즈니스를 한 번 더 제대로 버무려보고자 한다. 새 회사를 세우고 잃어버린 돈을 되찾아올 참인 것이다. 그러나 누구도 덥석 무는 이는 없었다. 그저 수많은 투자자들이 커피만 마실 뿐이었다. 그가 사는 5층의 방들은 비어 있다. 침대와 책상 말고 가구라고는 건강을 유지하기 위해 마련한 모래주머니와 샌드백이 전부였다. 종이박스에 고양이 그린버그가 살고 있고 두꺼운 책 두 권, 링컨 전기와 미래 연구가인 레이 커즈와일Ray Kurzweil의 책이 있다.

그는 겉으로는 확신에 차 보였다. "이제 몇 달 안에 내 두 번째 능력을 보여줄 거야. 난 세상이 뭘 원하는지 안다고. 할리우드가 뭘 필요로 하는지 알지. 난 기계가 어떻게 돌아가는지 잘 알고말고." 하지만 자세히 들여다보면, 그 모든 게 그를 어떻게 지치게 하는지 알게 된다. 누구도 그의 새로운 구상을 이해하지 못하기 때문에 그는 신경질이 나 있고, 늙은 여자 친구가 들러 식사를 가져다주는 일도 그의 신경을 건드렸다. 친구인 빈털터리 예술가가 그의 집을 아틀리에로 이용하는 것도 그를 신경 쓰게 만들었다. 모질게 내치지 못하고 그저 가끔 불평만 늘어놓을 뿐이다.

"왜 이렇게 냄새가 나는 거야, 이 친구야!"

돈이 행복을 가져다주지는 않는다고들 한다. 하지만 돈을 가진 해리스는 확실히 지금의 해리스보다 더 행복하진 않았을까? 아니면 돈은 행복을 가져다주지는 않지만 한번 소유했다가 다시 잃어버리면 불행해지는 걸까?

"당연히 난 돈을 그리워하지." 해리스가 말했다. "난 매일 돈을 그리워해. 부 그 자체를 그리워하는 게 아니야. 그 부가 가져다주는 독립성. 자유를 그리워하는 거지." 그러고는 슬며시 다른 이야기로 새 버렸다. 그런 일은 종종 있는 일이기도 했다. 어느 날 밤 몰래 월드 트레이드 센터 전면에 있는 발코니를 오스트리아 예술 컬렉트로 꾸몄던 일, 그가 즉흥적으로 빌린 헬리콥터 얘기를 시작으로, 호텔 스위트룸에서의 파티, 최상류층의 삶에 대해서도 이야기를 늘어놓았다.

다음 날 나는 그를 다시 한 번 찾았다. 여자 친구가 들러서 그에게 피자와 콜라 몇 캔 그리고 여섯 개들이 맥주 팩을 가져다주었다. 한편으로는 즐겁다가도 복지혜택이나 적선으로 이렇게 남들에게 의지하는 자신이 싫어 괴로워하고 있다는 것을 눈치채기는 어렵지 않았다.

부자가 더 낫다

"한 번은 부자였고, 한 번은 가난했지. 날 믿어요. 부자가 낫소."

이 말은 영화배우 매 웨스트Mae West부터 코미디언 필즈W. C. Fields까지 수많은 사람들이 한 말이다. 조쉬 해리스도 분명 이 말에 동의할 것이다. 그렇지만 그에게 돈이 부족해서라기보다는 그 돈이 가져다주는 명예가 부족하다는 인상을 받는다. 그가 투자자들과 마신 커피 한 잔 한 잔이 ("그리고 난 그 순간 많은 사람들과 커피를 엄청 마셨지.") 그에게는 새로운 희망을 의미했다. 하지만 그의 야망 찬 프로젝트가 거부될 때마다 자존심에 심한 상처만 새겨진다.

일하는 사람들보다 무직자가 덜 행복하다는 연구 결과들이 많다. 이런 결과들이 '공공장소에 있는 저널'에는 넘쳐난다. 좀 더 흥미로운 연구 결과가 있다. 한 사회의 행복수준을 위해서는 높은 실업률보다는 높은 인플레이션이 더 낫다. 물론 누구도 인플레이션을 좋아하진 않지만 말이다.

그러나 보다 더 흥미로운 점은 사람들이 소득을 중요시 하지 않는다는 사실이다. 직장인처럼 똑같은 재정수단을 가지고 있는 실업자의 경우, 확실히 삶의 만족도가 낮고 일을 가진 사람들보다 더 자주 우울증에 빠지는 것으로 드러났다. 이탈리아 연구에 따르면 불필요한 존재라거나 삶의 기쁨을 빼앗아갔다는 느낌 말고도 뭔가 구성이 빠진, 부족한 하루 일과 자체가 무직자들을 불만족스럽게 한다고 한다. 더욱이 봉급이 적은 직장에 다니는 사람들은 그 일에 스트레스를 받지만 일 없는 사람들보다도 더 만족해한다. 알려진 바에 따르면 직업이 없는 사람은 최소한 규칙적으로 하루 일과를 보내고 각 시간대에 행할 행동들을 정해놓으면 우울증이나 불만을 예방할 수 있다.

  조쉬 해리스와 헤어지면서 나는 그의 프로젝트가 잘 되길 진심으로 빌고 그 꿈을 실현시키도록 도움을 줄 수 있는 누군가를 빨리 만나기를 바랐다. 하지만 그의 두 번째 능력을 보여주지는 않았음 한다. 조쉬 해리스가 무언가 설계하고 무언가 만들 때만 행복하다는 것을 느꼈기 때문에 그가 그런 일을 하기 바랄 뿐이다. 그가 실험적 세상을 펼치고 미래에 대한 자기 생각을 이야기할 수 있다면, 그것만으로 사람들은 그에게 찬사를 보내거나 비판할 수 있고, 미래예언가로 찬양하거나 사기꾼이라고 욕할 수 있다. 이 모든 게 무관심보다는 더 나을 것이다.

행복한 순간 열 가지

① 우산 없이 집에 가는데 집에 도착하자마자 비가 오기 시작할 때

② 감기에 걸려 일하러 가기에는 아프지만 아무 귀찮은 소리 들을 필요 없이 DVD 세 편을 연속으로 볼 수 있을 만큼은 체력이 될 때

③ 우연히 누군가를 위한 이상적인 선물을 찾았을 때, 그리고 생일이 아니어도 그걸 사서 선물할 수 있을 때

④ 일요일 저녁, 새로운 한 주가 두렵지 않고 기다려질 때

⑤ 계속 혀 속에 맴돌던 여배우나 감독 또는 도시의 이름이 마침내 떠오를 때

⑥ 안 튀겨진 옥수수 낱알만 남았다고 생각한 봉지에서 튀겨진 팝콘을 발견했을 때

⑦ 가을에 큰 낙엽더미를 넘어 다닐 때

⑧ 따로 살 필요 없이 케이블과 어댑터, 배터리가 이미 다 갖춰진 기계를 살 때

⑨ 아침에는 피자로, 저녁에는 콘플레이크로 간단히 끼니를 해결할 때

⑩ 먼지를 뒤집어쓰면서 노는 천진난만한 아이들을 바라볼 때

명상: 아무것도 생각하지 않아보기

시기심의 극복법: 부러움의 대상은 다 그만큼 희생이 따른다는 것을 목격하는 것

엔터테인먼트 산업은 끊임없이 진화하고 있다.
그 안에서 웃음이란, 행복을 가장한 사기 수단이다.
―막스 호크하이머Max Horkheimer와 테오도르 아도르노Theodor W. Adorno

03

뉴욕에서 명상수련 과정을 이수하고 집으로 돌아와서도 나는 매일 명상을, 적어도 시도는 하고 있다. 그러나 전혀 진전이 없는 상태다. 아마도 명상은 아주 많은 노력이 필요한 일인 것 같다. 뭐든 그렇겠지만 규칙적으로 하는 것이 성공의 열쇠라고들 한다.

"가스레인지를 켜는 것과 같아요. 불을 붙이기 위해 조절스위치를 여러 번 눌러야 합니다."

뉴욕에서의 수련 과정 여선생은 우리에게 이런 말을 각인시켰다.

"몇 번을 눌러도 불이 언제 붙을지 장담 못하죠. 하지만 불이 붙기 전에 포기하게 되면 언제 불이 제대로 붙을지 영원히 알 수 없게 될 지도 몰라요."

그래서 매일 아침, 작정하고 구입한 요가쿠션 위에 책상다리를 하고 앉아서 손은 편안히 허벅지 위에 내려놓고 아무것도 생각하지 않는다.

 이때 아무것도 생각하지 않기란 절대 쉬운 일이 아니다. 주방에서는 식기세척기 소리가 윙윙거리고, 방금 잠에서 깬 윗집 아이들이 쿵쿵대는 소리도 들린다. 코스에서 하던 대로 입을 살짝 벌린다. 하지만 코스에서와는 달리 집에서는 입 안에 침이 너무 고여서, 혹시나 나도 모르게 침 흘리는 새로운 명상 포즈를 만들어내는 건 아닐까 걱정된다. 역시 교육받은 대로 부릅뜬 눈은 서서히 불타오르고 눈물이 나오기 시작한다. 눈을 깜빡이고, 침을 삼키고, 차라리 막고 있어야 할 귀로 소리를 들으면, 딴생각이 들거나 느슨해지거나 그것도 아니면 전혀 새로운 자의식 단계로 접어들 수도 있다. 도대체 이도저도 안 된다.

후르츠Hurz 명상

 그렇게 며칠이 지나갔다. 매번 핸드폰 알람이 울리고 명상시간으로 계획했던 30분이 지나고 나면, 일단 명상을 해야 한다는 부담에서는 해방이다. 그러나 오늘도 해냈기 때문에 기쁜 것이지, 명상은 오히려 귀찮은 의무가 되어 행복과는 거리가 멀어졌다. 어쩌면 사상적으로 도약하기 위해 다시 한 번 명상수련코스를 방문해야 하는 건 아닌가 생각될 정도다. 아니 그 정반대일지도 모른다. 내 정신을 안정된 길로 인도할 누군가가 필요하다.
 내가 좋아하는 카페 건너편에 내걸린 플래카드에 '초보자를 위한 명상 워크숍에 여러분을 초대한다'고 적혀 있었다. 공교롭게도 장소가 베를린 쉐네베르크Schöneberg에 있는 스리 친모이 센터다. 그걸 보고 있자니, 나에게 정말 만족스럽고 한결같은 인상을 심어준 세계기록 보유자 애쉬리타가 떠올랐다. 그에게 받은 감동이 최악의 행복추천서는 아닌 게 확실했다.

그래서 비 내리는 목요일 저녁에 혹시나 명상의 행복을 찾을까 싶어 도시를 가로질러 간다.

워크숍은 낡은 큰 주택에서 열렸다. 신발은 현관에 벗어놓고 들어가야 했다. 큰 명상실 창문에 길고 하얀 커튼이 쳐져 있었는데, 내가 좀 일찍 온 모양인지 아직은 사람이 적었다. 이케아에서 구입한 것으로 보이는 접이식 의자가 30개 정도 있었는데 그중 하나에 자리잡고 앉아 방 안이 서서히 사람들로 들어차는 동안 주위를 둘러보았다. 약 30명의 사람들이 플래카드의 초대 문구에 이끌려 이곳에 왔다. 20세에서 50세 정도 연령대의 사람들이 누구는 혼자서, 누구는 두서너 명이 짝을 지어서 왔다. 몇 명은 하얀색으로 도배를 한 차림으로 들어왔다. 그들은 서로 인사를 나누고 있고, 다른 사람들은 가만히 그 광경을 지켜보았다. 혹시 이 옷이 오늘이 처음이 아닌 상급생 표식은 아닌지 의심도 해보았다. 하얀 옷의 사람들은 이미 행복을 발견했고 이해한 사람들이었다.

애쉬리타가 흰 옷을 입은 걸 난 본 적이 없다. 그는 항상 스포츠 복장을 하고 있었다. 내가 뮌헨에 살 때, 숙소에서 몇 집 건너에 히피코뮌인 라이너 랑한스가 살았는데 슈퍼마켓이나 전철을 타러 가는 길에 보면 그는 항상 흰색만 입고 있었다. 물론 그런 그가 특별히 행복해 보인 적은 결코 없었지만.

의자들 앞바닥엔 명상쿠션 몇 개가 놓여 있고 맨 앞에 제단이 있고, 그 위에 스리 친모이 사진과 양초 두 개가 있다. 왜 그런지 정확하게 설명할 길은 없었지만 모든 게 마음에 안 들었다. 이런 개인숭배도 그렇고 한 개인을 떠받드는 것도 그렇다. 어쩌면 내가 어렸을 때 너무 사모해서 벽에 포스터를 붙인 마지막 인물이 보리스 베커 Boris Becker여서 그런지도 모르겠다. 이건 아이돌에 대한 사랑이 식어가는 것을 보여주는 좋은 예다.

제단 옆에 놓인 대형 휴대용 카세트플레이어에서 명상음악이 조용히 흘러나왔다. 그걸 명상음악이라고 해야 할지 모르겠다. 현대적인 무조양식의 바이올린 연주도 어디선가 들렸다. 차분한 분위기에서 두 번째 시간을 맞은 한 초보자가 내 옆에서 연습을 하고 있었다. 잠시 후에 엉터리 바이올린 연주가 멈추더니 바로 30대 후반의 금발 곱슬머리의 여자가 방으로 들어왔다. 그녀 역시 빨간색 무늬 양말과 색깔이 있는 수건 말고는 전부 하얀색으로 치장했다. 손에는 악기를 하나 들고 있는데, 어쩐지 자기가 직접 만든 것처럼 보인다. 현이 하나인 일종의 미니 지타르(기타 비슷한 인도의 현악기—옮긴이) 같았다.

전에 어디선가 들은 듯한 소리의 주인공이 누군지 이제 이해가 가기 시작한다.

그녀는 명상 CD를 끄고 제단 옆 의자에 앉아서 활을 현에 얹어 연주를 시작했다. 끼익 소리를 내면서 머뭇거리기도 하더니 간신히 그

악기를 단조로운 톤으로 연주할 수 있었다. 연주는 아주 형편없었다. 안타깝지만 그 말 외에 다른 말은 할 수가 없다. 잠시 후 그녀는 노래를 시작했다. 노래는 그나마 좀 낫다. 하지만 악기의 배경음악과 어울리지는 않았다. 내 주위로는 담대한 표정에서 감동받은 표정까지 다들 아주 진지한 얼굴을 하고 있었다.

최선을 다해 열심히 노력하는 콘서트 관객들을 전설의 '후르츠Hurz' 입장으로 조롱했던 하페 케르켈링Hape Kerkeling이 떠올랐다. 그 이후로 난 그런 상황이면 혹시 어딘가 몰래카메라가 숨어 있는 건 아닌지 더 많이 의심하게 되었다. 아니다, 이건 변장한 하페 케르켈링이 아니다. 하지만 난 이게 좋은 소식인지 아니면 나쁜 소식인지 확신할 수가 없다.

어찌 되었든 그 시간은 지나갔다.

"여러분들을 위해 연주하는 일에는 큰 자제력이 필요합니다." 그녀가 발표를 시작했다. "그리고 저 스스로도 제 연주가 아직 모자람을 알고 있습니다."

무장 해제시켜버리는 그녀의 진심에 곧바로 악의적인 생각을 한 내가 부끄러워졌다(그 연주는 이를테면 낑낑거리는 강아지와 녹슨 문이 열리는 소리에 다름없었다. 난 이것을 기꺼이 경청했어야만 했다).

"하지만 저는 여러분에게 무언가 시작하고 무언가 새로 배우는 일이 항상 힘들다는 것을 참으로 보여주고자 했습니다." 그녀는 부드러운 목소리로 말을 이었다. "참으로 명상을 배우려고 결심한 여러분처럼 말이죠."

나는 사악한 생각을 치워버리고 호의적인 분위기로 바꾸려고 노력했다. 하지만 그것도 쉽지는 않았다. 그녀의 연설 때문이었다. 그녀는 최고의 연사는 못 되었다. 게다가 '참으로'라는 말을 발표 중에 계속 내뱉었다. "참으로 내면의 세계와 외면의 세계가 존재한다고 말할 수 있겠네요" 아니면 "참으로 건강한 보통사람이 되기로 결심하고 참으로 극단주의를 피하시면 참으로 더 좋습니다." 그런데 더 심각한 것은 사람들이 어떤 동기로 여기 왔는지를 자신이 알고 있다고 믿는 것이었다. "여러분도 역시 무언가를 찾는 사람들이며 외면의 세계에서 여러분을 참으로 실망시킨 무언가를 체험했습니다. 여러분은 여러분을 행복하게 만드는 것들을 샀지만 갑자기 그것들이 망가지거나 사라져버립니다."

여기요! 자매님! 자신을 근거로 남을 평가하지 마세요! 그녀 앞에다 대고 크게 외치고 싶은 심정이다. 하지만 그 순간에도 나는 며칠 전부터 커피는 나오지 않고 그르렁대는 소리만 내뿜는 내 커피메이커에 대해서 그녀가 혹시 뭔가 아는 게 있을까 하는 생각도 들었다.

나의 첫 번째 명상 워크숍은 이곳의 워크숍과 비교해보면 기교적인 면에서는 편안한 느낌이었다. 거기에선 눈꺼풀을 반쯤 덮은 시선이 자꾸만 향하는 구루의 사진이 없었고, 아무도 나에게 불행한 사랑이나 고독, 또는 불만족스러운 삶의 기운 등을 전가하지 않았다. 그저 명상이 어떤 효과가 있는지만 설명해주었다. 호흡법과 앉은 자세를 배우는 것이 여선생의 인생사를 경청하는 일보다는 훨씬 더 나았다.

주제에 맞는 내용은 없고 끝날 듯 끝나지 않는 기나긴 모노드라마가 이어지고 나서 우리는 마침내 첫 명상을 연습했다. 다행히도 구루의 사진에 집중할 필요는 없게 되었다. 대신 그 옆에 있는 양초에 집중해야 했다. 명상은 아주 좋았다. 하지만 잠시 후 내 생각은 지금 쓰고 있는 구텐베르크의 칼-테오도어Karl-Theodor에 대한 기사로 다시 향한다. 집으로 어떻게 가야 하나, 몇 분간 기사로 빠졌던 내 생각은 또 딴 길로 새기 시작했다.

짧은 연습 후에 이 여주인은 다시 장광설에 빠져들었다. 그녀는 처음에 '참으로 회의적이었던' 자기 가족의 반응에 대해 이야기하기 시작했다. 난 가능한 한 눈에 띄지 않게 방을 빠져나왔다. 현관에서 서둘러 신발을 신고 조심조심 문을 바라보았다. 누가 날 따라 나와 왜 가냐고 물어볼까 봐 걱정하면서 말이다.

두어 집을 지나쳐 작은 케밥 판매점에 멈춰 섰다. 천장 밑에 달려 있는 텔레비전에서는 축구를 중계방송하고 있다. 지금 경기가 어찌 되어가고 있는지 주인에게 물으며 맥주를 마셨다. 그러고는 케밥 하나를 먹으며 맥주 한 병을 더 마셨다. 무거운 부담으로부터 속 시원하게 해방되는 방식은 아닐지 모르지만 최소한 그때만큼은 거의 최고조로 행복한 기분이었다.

행복에의 걸림돌

워크숍이 실망스러웠다고는 하지만 그래도 명상의 긍정적 효과에 대해서는 이전과 다름없이 확신할 수 있었다. 난 애쉬리타에게 이메일을 썼다. 어쩌면 내가 명상 중에 보다 잘 집중할 수 있도록 조언을 해줄지도 몰랐다. 물론 워크숍에서 도망쳐 나온 일에 대해선 절대 함구하기로 했다.

그의 대답은 간단해서 이해하기 쉽다.

'그냥 하던 대로 계속하세요. 특별한 요령이나 지름길은 없어요. 꾸준한 연습보다 더 좋은 기술은 없죠.'

내가 아는 사람의 남편인 칼은 꽤 오래전부터 명상을 해온 분인데, 그도 똑같은 조언을 한 적 있다. "당연히 코스를 꾸준히 다니고 명상을 주제로 하는 책들을 많이 읽어요." 내가 인도 레스토랑에서 행복을 찾아 나선 이야기를 하니 칼이 한 말이다. "하지만 난 현명한 강사가 언젠가 한 말을 명심하고 있어요. 명상에 관한 책들은 그 위에 앉기에 아주 좋다는 거죠!" 그는 반복과 규칙성이 그에게도 가장 중요한 거라고 말했다. "아침에 일어나서 이 닦는다고 생각하고 한번 습관을 들여봐요." 또 이런 조언도 했다. "그것에 대해 심각하게 생각하지 말고 잠시 다른 일로 집중해봐요. 이를테면 당신이 행복해지는 걸 가장 자주 방해하는 감정이 뭐라고 생각하세요?"

그동안 정말로 많이 생각해보지 않았던 좋은 질문이다. 불만족스럽거나 기분이 별로인 날, 뭐 때문에 이런 건지 정확히 말할 수 없던 때가 종종 있다. "그런 날 중에 하나가 기억나네요." 그날을 떠올리자니

몇 해 전에 읽었던 기사 하나가 기억났다. 어떤 사람이 남자에게도 기분에 영향을 미치는 월경이 있다고 주장하는 내용이었다.* 나도 날씨를 탓하는 때가 종종 있다.

* 회고해보니, 오래전 한 낚시 기사에 속은 것을 알았다. 남자들도 그날에 기분이 들쭉날쭉 한다는 그 이론은 지지받고 있지는 않다. 분명 남자들에게도 호르몬 수치가 일정 부분 기분에 관여하긴 하지만 고정적인 주기로 영향을 주는 건 아니다.

"내 생각에, 그 일을 그냥 쉽게 접근해봐요." 헤어지면서 칼이 한 말이다. 그때 내 입술은 매운 빈달루식 닭 요리 때문에 화산이 폭발한 것처럼 타오르고, 이렇게 말하고 싶어 미칠 지경이었다. '행복으로 가는 내 여정의 가장 큰 방해물이 바로 당신이 고른 이 레스토랑이야.' 대신에 난 망고 주스 빅 사이즈 한 잔을 다 마시고 나서 그에게 이 주제로 한번 깊게 생각해보겠다고 약속했다.

하지만 이런 일은 삶에서 다반사다. 생각은 접어두고 집에 와서 제일 먼저 컴퓨터를 켰다. 점심시간 동안 이메일 두 개가 새로 와 있었다. 아주 좋은 징조다. 다음으로 난 아마존에서 내 책들의 순위를 살펴본다.

사람들은 내가 매일 아마존 순위를 체크할 거라고 믿지 않겠지만 사실이 그랬다. 하나님께 맹세한다. 유감스럽게도 사정은 훨씬 더 나쁘다. 난 아마존이 아니라 노벨랭크닷컴 novelrank.com 이라는 웹사이트를 찾았다. 그곳에선 시간 단위로 아마존 순위를 그래프로 나타내준다. 하지만 더 흥미가 가는 건 오늘 또는 어제, 지난달에 몇 권의 책이 팔렸는지까지도 계산해준다는 거였다. 이런 내가 조금 부끄럽긴 하다. 마치 열세 살 꼬마가 화장실에 속옷 카탈로그를 갖고 들어가 느끼는 것 같은 부끄러움이랄까. 그런 일을 하는 게 좀 겸연쩍긴 하지만 친구들도 똑같은 짓을 하는 걸 언젠가 알게 되는 식이다.

사실 책을 썼던 친구, 동료, 지인들 거의 모두가 시인한다. 자신이 아마존에 미쳐 있다고 말이다. 다음번에는 속옷 카탈로그에 대해서도 물어봐야겠다.

그럼에도 불구하고 이 날 통계를 쭉 클릭하자 기분이 영 찜찜했다. 내 책뿐만 아니라 친구, 지인, 그리고 동료의 수치도 보이기 때문이다. 누가 얼마나 팔았고, 누가 나보다 더 팔았고, 누가 어떤 독자 서평을 받았는지 등등. 별 숫자에서 발행 부수까지 이 웹사이트는 경쟁거리를 찾는 사람들에게 각종 수치들을 보여준다. 여기 저기 클릭하며 비교하는 동안 별안간 내 행복의 가장 큰 걸림돌이 무언지 떠올랐다. 나도 그렇지만 아마도 다른 여러 사람들도 마찬가지일 것이다. 바로 시기猜忌다.

수십 년 동안 급여가 인상되어왔다. 하지만 평균적으로 사람들은 이전보다 더 행복해하진 않는다. 거기에는 시기의 탓이 크다. 나보다 더 버는 사람은 항상 있게 마련이고 우리는 현재 가진 것에 기뻐하지 못하고 그 사람과 비교하기 때문이다. 시기는 자신의 강점이나 성공을 떠올려 행복을 느끼게 하는 대신, 남들이 자기보다 더 잘하는 어떤 것에 매달리게만 만든다.

플레이모빌 기사와 편편한 뱃살

질투의 화신이 된 내 커리어의 시작은 어느 생일날이었다. 그리고 그날 난 이상하게도 말 그대로 비열했다. 내 유치원 친구인 올리버가 다섯 살이 되었고 그에게 주려고 난 엄마랑 경주용 말을 탄 기사 두 명이 있는 플레이모빌 세트를 골랐다. 선물세트를 들고 집에 왔을 때, 미래 주인에 대한 시기심이 너무 큰 나머지 나는 박스에서 몰래 기사 하나를 꺼낸 후 거리낌 없이 다시 박스를 풀로 붙였다. 올리버의 실망한 표정을 보고도 어린 나는 후회나 걱정을 하지 않았다. 내 질투가 더 강했던 것이다. 그리고 질투로 인한 그런 일들이 종종 계속되었다.

그 사이 물론 나는 생일선물에서 플레이모빌 기사를 슬쩍하는 나쁜 버릇을 고쳤다. 허나 지금도 여전히 다양한 이유로 시기심이 발동하는 때가 종종 있다. 술자리에서 우연히 알아챈 친구의 예상월급을—한 번도 맞은 적이 없는 듯하다("그 자식 얼마나 받는데? 그래도 그거 세금 포함한 거지? 뭐?!?! 그럼 그게 두 번째 보너스야?"). 그냥 미국으로 이민 가겠다는 한 지인의 대담함을("그러기에는 그 양반이 영어를 잘 못하는데! '데젠트dezent'를 뜻하는 거면 무조건 '디슨트decent'라고 말하는데. 내가 볼 때, 그 단어가 항상 다 들어맞지는 않을 텐데……"). 어느 일요일 여름 해변에 같이 놀러 간 친구의 편편한 뱃살을("저 자식, 방금 고기를 한 덩어리나 먹었는데. 운동을 많이 하지 않으면 다시 도로 아미타불 될 거야. 일단 티셔츠는 입고 있는 게 낫겠어. 날씨가 아직 선선하잖아").

시기심은 빨리, 소리 소문도 없이 다가와서는 이때까지 맑았던 하루를 제대로 흐려놓을 수 있다. 남을 시기했다고 솔직하게 고백하는 사람은 드물다. 하지만 내가 뭘 밝혀야 하나? 난 시기심 없는 후덕한 사람은 거의 없다고 본다. 시기심이 나쁘다는 건 어릴 때부터 주입받았다. 당연히 엄마는 내가 문제의 플레이모빌 기사를 갖고 노는 걸 보고 엄청 화를 내셨다. 내가 낯선 친구에게서 그걸 훔쳤다면, 심하게 꾸지람을 들었을 게 뻔하다. 그리고 정당한 도덕적 비난이 이어졌다.

"친구가 가진 걸 시기해선 안 돼."

매번 이렇게 간단하기만 하면! 낯선 기업간부가 집 앞에 리무진 세대를 세워놓았다면 우리는 대부분 비교적 무관심할 수 있다. 하지만 가장 친한 친구가 내 것보다 더 좋은 자동차를 한 대 뽑으면 우리는 갑자기 사흘 동안 배가 아파진다. 그리고 묻지도 않았는데 '겨자색이나 그 비슷한 색깔'은 당연히 자동차로는 완전히 바보 같은 색깔이라며 확신하듯 여러 번 말한다.

하지만 우리는 하필 왜 진심으로 가까운 사람들을 시기할까? 왜 격려에 삐치고, 카리브 해로 휴가를 떠나는 일에 왜 신경질이 날까? 그러지 말고 친구들과 함께 기뻐할 수는 없을까?

사회심리학자인 롤프 하우블Rolf Haubl은 독일에선 질투의 교황과도 같다. 그의 저서 《시기심》은 까다로운 주제를 이해하기 쉬우면서도 훌륭하게 저술한 책이다. 《타즈taz》(독일 베를린 지역신문— 옮긴이)를 구독하는 80년대 교육학자들의 전형적인 콧수염을 한 친근한 이 남자는 프랑크푸르트 지그문트 프로이트 연구소의 소장을 맡고 있다. 그는 친한 친구들에 대한 시샘이 어디서부터 나오는지를 인내심을 갖고 나에게 설명해준다. "우리가 정말로 진실하다면 친구들을 항상, 무한하게 좋게 여겨서는 안 됩니다. 가장 가까운 친구라 해도 반대 감정이 병존하는 태도가 있습니다. 아주 커다란 시기심과 양심에 찔려 벽을 치는 순간들 사이에 말이죠."

그런데 나를 질투의 화신으로 이해하는 누군가가 꼭 있다!

하지만 하우블은 멈추지 않고 계속 이야기한다. "가장 강한 시샘은 소위 동등한 기본조건에서 상이한 체험들이 나올 때 발생합니다. 두 친구가 서로 똑같이 노력했지만 시험 점수가, 월급이, 또는 아내에서 차이가 납니다. 그 이유를 설명할 수 없을 때, 거기서 시기심이 생겨납니다."

그러면 설명할 수 있으면 뭐가 되지? 이를테면 주말에 파티를 하는 대신 책만 들이팠기 때문에 친구가 더 좋은 성적으로 더 많은 월급을 받고 어쩌면 더 나은 아내와 결혼하게 되었다고?

"그건 시기심을 억누르는 작용에 불과할 수 있죠." 하우블은 말한다. "하지만 시샘이 완전히 사라지지는 않습니다. 시기심은 이성적으로 설명할 수 없고 토론으로 해결될 수 없는 감정이니까요."

그건 나도 증명할 수 있다. 시샘을 이성으로 극복하는 것보다는 차라리 비행 공포증 환자에게 비행 통계수치를 보여주는 게 더 쉽다. 부모가 이혼하는 바람에 기숙학교에 보내진 초등학교 친구 하나를 오랫동안 시기한 적이 있다. 내 이성이 그가 더 불행한 상황이라는 것을 나에게 말했는데도 말이다. 내 시샘의 원인은 바로 내가 《슈레

켄슈타인 성》이라는 어린이 전집에 심취했던 터라, 기숙사에서의 삶이 유일한 모험이라고 여겼기 때문이다.

지루하기만 한 시립 김나지움에서도 다시 친구들을 시샘했는데, 그들은 언젠가 자신만의 인생을 무엇으로 시작하고 싶은지를 정확히 아는 녀석들이었다. 그들은 명백한 계획을 갖고 있었다. 계획이란 게 약학이나 기계공학이라는 것이긴 했지만 말이다. 이 모든 게 나에게는 내 미래의 불투명함보다는 더 나아 보였다.

대학에 있는 동안 싱글이었을 때는 여자 친구를 사귀어 행복해 보였던 친구들을 부러워했다. 그들도 어쩌면 그들의 커플행복, 커플데이트, 또한 오래도록 미소 지을 수 있는 커플시절에 대해 뭔가 다르게 얘기할 수도 있었을까?

그때의 시샘은 당연히 나에게 여자 친구가 생기고 나서 사라졌다. 그땐 솔로인 친구들의 자유를 부러워했기 때문이다.

그렇게 자주 시샘하면서도 그 시샘을 인정하는 일에는 얼마나 인색한지, 경험으로 알 수 있다. 일례로 한 설문조사에서 응답자 50퍼센트가 우리는 시샘사회에 살고 있다고 응답했으면서도 7퍼센트만이 스스로 시샘이 많다고 인정했을 뿐이다. 하우블이 저서에서 확인했던 대로 시샘이란 찌질한 감정은 내겐 없고 남들에게만 있는 거다.

하지만 사실 우리 자신도 시샘이 많다는 것과 특히나 친구들을 상대로 그렇다는 것을 그라나다 출신의 두 스페인 게임이론 연구가들이 실험으로 증명했다. 나탈리아 히메네즈Natalia Jiménez와 라몬 코보 레이에스Ramón Cobo-Reyes는 두 친구들과 두 낯선 사람들에게 각각 가상의 돈을 상이한 규칙에 따라 서로에게 나누어주게 했다. 간단히 말해서, 두 명이 똑같이(하지만 총액은 더 적게) 받게 되거나 아니면 총액은 더 많지만 동등하지 않게 나눠주어야 하는 가능성이 있다. 놀라운 결과가 벌어졌는데, 그건 낯선 사람들은 100퍼센트 개인이 아닌 단체를 위한 최선의 선택을 했던 반면, 친구들은 60퍼센트만이 그런 선택을 했던 것이다. 좀 더 복잡한 공동작업 버전에서 친구들은 공동작업을 효율적으로 조정하는 일에 46퍼센트가 실패했고 낯선 사람들은 28퍼센트만이 실패했다.

연구자들은 그 원인을 친구 사이에서 오는 보다 더 강한 시기심에서 찾았다. "시기심은 효율성에 매우 부정적인 영향을 미친다. 이 외에도 이런 효과는 낯선 사람들보다는 친구들에게서 더 높다."

켄터키 대학의 리처드 스미스Richard Smith와 김선희의 심리 연구에서 시기심은 심각한 심리장애로 나타난다. 그 연구에 따르면, 시기하는 자는 스트레스를 받고 지나친 요구를 받는다고 느낀다. 또한 형편없는 자존감을 갖고 있으며, 적대적이며 꽁하고 성을 잘 내는 편이다. 결과적으로 그들은 친구가 없거나, 있어도 나쁜 친구들이고 결국엔 기껏해야 무의미하게 욕이나 하는 알코올 중독자로 삶을 시궁창으로 빠뜨린다.

마지막 건은 어쩌면 내 멋대로 해석했는지 모르겠다. 하지만 그들의 분석 결과에서 발췌해서 읽은 것이었다.

순위 대신에 실업급여, 그래도 행복할까?

난 내 시샘은 긍정적인 효과도 있다고 생각했다. (내가 친한 여성 저널리스트의 표창이나 책 계약 또는 좋은 평들을 부러워한다면) 시샘이 나를 더 나은 실적으로 격려한다거나 (내가 친한 쇼퍼홀릭의 신발이나 손목시계, 아이폰을 부러워하면) 적어도 국내 내수시장을 활성화시키는 데 기여를 한다는 데서 그렇다. 우리 솔직해지자. 나 같은 바보들이 일초도 생각해보지 않고 '나도 저거 갖고 싶다'라고 말하는 게 우리 자본주의 시스템을 차지하는 큰 부분이지 않을까.

그러나 내 시샘이 파멸한 국민 경제를 긴급 처방하긴 하지만 실제로는 나 자신을 가로막고 마비시키며 어리석은 결정을 하게 한다면 어떨까?

시기심이 어떻게 느껴지고 그걸 극복하는 방법은 무엇인지 정확히 아는 누군가로부터 조언을 들을 필요가 있다.

내겐 앤디 에어하드란 친구가 있다. 그는 한때 '스틸러(위로자들)'라는 밴드에서 활동을 했고, 뮌헨 교외지역의 청소년센터에서 많은 사람들 앞에서 공연을 했다. 그때가 1996년이었다. 1년 후에 그는 밴드에서 나왔다. "난 다른 사람들과 완전히 새로운 걸 해보고 싶었어. 새로운 길을 여는 거지. 그래서 결정해야만 했어." 그는 조용한 목소리로 말했다. 새 베이스 연주자가 왔고, 그 밴드는 '스포르트프로인데 스틸러(스포츠를 좋아하는 위로자들)'라는 이름으로 바꿨다. 그리고 매년 조금씩 성공을 이루어 나갔다. "오랜 밴드 동료들은 축구찬가로 어떤 음악 순위 프로그램에서 '54위에서 74위' 사이에 있었던 걸로 기억해. 내가 노동청에 가서 실업급여를 신청했을 때 말이야." 그 굼뜬 34살 사내는 말한다.

그런 순간에 시기심은 그를 얼마나 괴롭힐까? 성공, 명예, 돈, 모든 게 넉넉한 태평에 대한 시샘은 어떨까? 앤디의 대답은 빠르고 확실하다. "난 하나도 안 부러워. 정말이야."

요제프 아커만Josef Ackermann이 공개적으로 얘기한 것처럼 돈은 인생의 전부가 아니라는 말은 분명 매우 믿을 만하고 올바른 것 같은 느낌을 준다. 하지만 앤디와 얘기를 나누면 나눌수록 더 분명해지는 건 그게 정말 진실이라는 것이다. 그는 나중에 아비투어(독일 대학입학시험— 옮긴이)에 대해 자랑스러워하고 독문학 전공으로 중세 문헌을 얘기하면서 느끼는 감동에 대해 이야기했다. 말하자면 이 남자는 시기로부터 해방되었다. 그의 만족감은 바로 전염된다. 나 역시도 금세 행복해지는 걸 느꼈다. 내 안에 더 많은 행복이 깃들었다— 앤디가 시기심이 없는 것을 내가 시기하는 것을 인지하기 전까지는 마치 마술에 걸려든 듯했다.

어떻게 시기심에서 해방되었는지 묻자 앤디는 잠시 생각하더니 말했다. "나는 박사논문 때문에 여러 해를 어두침침한 고문서실에서 수도사 문학들과 보냈어. 그 안에서 단순한 삶을 꾸준히 세뇌 당했고 소유에 대해서 태연해지는 설교에 빠져든 거야." 그러고는 이어서 말했다. "그런 것을 읽으면 매우 신앙심이 고취되지. 재정적으로 걱정이 많으면 더 그래. 그게 분명 도움이 되었어."

나의 다음 대화 상대자도 믿음의 힘을 보여주었다. "나도 평생을 시기해왔지. 커리어와 돈의 세상에 빠져들었기 때문이네." 클라우스 볼자노Klaus Bolzano가 전화로 들려준 얘기다. 73세인 이분은 의사이자 철학자이며 《시기하는 사회》라는 책의 저자이기도 하다. "열여섯 살에 심장에 심각한 이상이 있는 걸 처음으로 알았을 때, 난 신으로 가는 길을 찾았고 시기심을 내려놓을 수 있었다네." 이는 모든 세계 종교가 창시되는 신념이다. 행복으로 가는 길은 신으로 통한다.

콘서트나 결혼식이 없는 한 교회를 가까이하지 않다 보니, 내 신앙의 행복을 나는 우선 인터넷에서 찾아보았다. 익명으로 자신의 죄악을 고백할 수 있는 웹사이트가 있었다. 거기에 시기심을 표제로 삼은 페이지가 있다. 아주 좋았어! 난 영혼에 대한 나의 실망을 썼다. 그리고 거기가 아주 좋은 모임이라는 걸 느꼈다. 아이를 낳을 수 없는 남자가 친구들의 가족을 시기하고, 한 소녀는 부모님이 모든 걸 사주는 친구를 질투한다. 한 남자가 시기심 많은 어린 시절에 친구의 거북이를 죽였던 것을 고해한다. 어떤 남자는 신문배달로 돈을 벌었던 친구의 급료에 질투가 나 고의로 방해했던 걸 참회한다.

고해 – 시기심을 고백하다

내 온라인 고해는 친구들에 대한 악행은 빼고 나왔다. 난 아무에게도 어떤 걸 빼앗으려고 하지 않는다고 솔직히 썼다. 대부분의 경우에 그걸 그냥 나도 가지려 들 뿐이다. 난 보내기를 눌렀다. 그런데 잠시 후 디지털 경고문이 이어졌다. '안타깝게도 당신의 참회를 우리는 받아들일 수 없습니다.' 이 사이트는 무미건조하게 말했다. '당신은 규칙에 동의해야 합니다. 당신의 참회는 너무 짧습니다. 좀 상세하게 적어주시기 바랍니다.'

'당신은 규칙에 동의해야 합니다'라는 고약한 문장은 일단 빼고라도, 140자 쓰는 트위터 시대에 몇 문장으로 된 내 고해가 너무 짧다는 건 이치에 어긋나 보였다. 내 글은 나를 부담에서 제대로 덜어주지도 못했다.

여기서는 내 시기심 문제의 이성적 해결책을 기대할 수 없음을 깨달았다. 진짜 고해 의자로 가야만 하나!

함부르크 성 마리엔 성당에는 개인 램프와 전문적인 방음장치를 갖춘 매우 세련된 고해실이 있다. 난 대기자 줄에서 세 번째로 서 있고 조금 긴장한 상태다. 신교도인 나는 여태껏 살아오며 고해를 해본 적이 없었다. 여기 어떤 규칙들이 있는 거지? 어떻게 진행되는 거야? 개신교 신자가 고해실에 몰래 들어온 걸 신부님은 바로 알아챌까? 예의범절을 모르는 주일학생을 교회 밖으로 끌어내는 것처럼 그는 고해실에서 내 귀에 대고 나가라고 할까? 아니면 그냥 버튼을 눌러서 지옥문을 열어 나를 바로 연옥으로 떨어뜨릴까?

불안은 점점 커져만 갔다. 내 바로 앞에 고해를 기다리던 사람은 특히나 시간이 더 오래 걸리는 것 같았다. 그 사람은 뭘 그렇게 뒤가 켕기는 일들을 저질렀을까!

마침내 내 차례다. 안에 있는 고해 의자가 라디오 방송국의 현대적인 녹음실처럼 보였다. 성당은 시기심을 죽을죄로 여기지만 거기서 더는 진지하게 나아가지 않는다. 불안하게 번쩍이는 빛 속에서 신부님에게 내 시기심을 고백했을 때, 나는 로사리오 기도의 형태로 주어지는 속죄 과제도 받질 못했다. 고해는 그저 가볍게 영혼을 위로해주는 대화에 가까웠다. "당신만의 강점을 생각하세요." 신부님은 말했다. "그리고 당신이 가진 것을 위해 신께 감사하세요."

집으로 돌아가는 길에 난 특별히 더 예민하게 시기심을 느꼈던 여러 상황들을 생각해보았다. 하우블 교수와 앤디 에어하드, 스페인 게임이론가들, 그리고 내 고해성사 시도를 생각해본다. 그러자 분명해지는 게 있었다. 바로 시기심에 대한 신부님 처방은 아무것도 없다는 것. 누구나 시기심을 기계 버튼 누르듯 그냥 꺼버릴 순 없다. 왜냐하면 해당 회로가 마음속에 있기 때문이다.

하지만 시기심은 자주 묘사되는 것처럼 역겹고 부패한 감정인 것만은 아니다. 시기심은 정상적이다. 시기심은 인간적이다. 시기심은 우리를 격려할 수 있다. 하지만 주의를 기울이지 않으면, 우리를 어렵게 만들 수도 있다. 우리가 할 수 있는 게 있다. 바로 우리의 부러움을 사는 것들은 다 그만큼 남들의 희생이 따른다는 것을 눈앞에서 목격하는 것이다. 좋아, 대학친구 하나가 회사차를 끌고 온다고 하자. 그 차 시트엔 마사지 기능이 있지만 유지비가 많이 드는 좋은 차다. 하지만 친구는 그런 차를 유지하려고, 좋아하지 않는 사람들과 계속 저녁을 먹어야 할 수도 있다. 그리고 책상 위에 놓인 끔찍한 컴퓨터 모니터로만 자기 자식들이 어떻게 생겼는지 확인할지도 모르는 일이다.

아니면 모든 걸 부모님이 계산해주는 여자 친구가 있다. 대신 그 친구는 자유를 잃어버릴 것이다. 돈을 내는 사람이 일일이 참견할 것이기 때문이다.

'시기하는 자는 화단만 보고 삽은 보지 못한다'라는 오래된 격언이 있다. 이는 분명 축구장 잔디는 한쪽 면이 점점 더 짙어진다는(축구 생방송이 중단될 만큼의 깨달음은 아니지만) 통찰과 비슷하다. 하지만 이런 생각들이 행복을 찾아 나서는 길에 조금 도움되는 경우가 여러 번 있었다. 다시 숨을 차분히 고르고 어깨의 긴장을 푼 후, 최소한 절반까지는 양심적으로 말하는 걸 돕는다.

"축하합니다. 난 당신이 해낼 줄 알았어요."

첫 중간 점검

내가 행복을 찾아 떠난 지 거의 반년이 지났다. 실제로 성과가 있었나? 난 그렇다고 본다. 시기심 문제에 관해선 아마도 연구를 계속해야겠지만, 이제까지 느낌으로 봐선 확실히 5개월 전보다는 더 만족스런 삶을 살고 있다. 더군다나 여전히 봄이 오진 않았지만, 그래서 비록 수영장에서 선탠을 할 수 없는 상황임에도 불구하고 나는 일상에 만족하며 살고 있다.

정신적인 행복의 레벨이 느낌만이 아니라 실제로 훨씬 더 높아졌다는 증거는 바로 급감한 나의 초콜릿 소비량이다. 초콜릿이 다운된

• 그 이유는 일반적으로 이렇다. 초콜릿에는 트립토판과 테오브로민이란 성분이 들어 있는데, 이 두 성분이 행복하게 만들거나 또는 신체 내에서 분해되면서 이른바 행복호르몬이라는 세로토닌이 생성되기 때문이다. 분명이 두 성분이 초콜릿에 포함된 건 사실이지만, 실제로 효능을 발휘하기에는 그 양이 너무 적다. 그런데도 초콜릿을 먹으면 좋은 기분을 느낄 수 있는 건 어쩌면 초콜릿 회사들의 광고와 더 관련이 있을지도 모른다. 광고들이 행복했던 어린 시절의 기억을 불러일으키고 높은 당성분을 통해서 에너지를 높여주는 게 그렇다.

기분을 상승시켜 인간을 행복하게 만든다는 사실은 아마도 신화에 가깝다. 그럼에도 나는 지금까지 기운이 빠지거나 슬프거나 스트레스를 받을 때면 으레 초콜릿을 입에 넣었었다. 그런데 두세 달 전부터 초콜릿 소비량이 거의 제로로 떨어진 것이다. 자신이 사다 놓은 초콜릿을 밤에 내가 몰래 먹어치운 다음날이면 하루 종일 불만을 터뜨리던 제시카가 특히나 이 사실에 기뻐했다. 한 번에 죄다 먹어치우는 나와는 반대로 제시카는 초콜릿 하나를 사면 이틀에 두 조각씩 2주를 넘게 먹기 때문에 늘 손해를 보고 있었다. 나는 적어도 한 번에 세 개는 사서, 슈퍼마켓에서 집으로 돌아오는 길에 하나는 먹어치우고, 두 번째, 세 번째는 글이 안 써지고 기분도 엉망인 오후에 해치운다. 정말 운이 좋으면, 세 번째 초콜릿의 존재는 잊힌 채 며칠 동안 냉장고에서 생존해 있다가 뒤늦게 발견돼 공격을 당한다. 그렇게 한동안 나를 미치고 환장하게 만들었던 초콜릿이 정말 나를 가만히 내버려둔다.

그런데 내 삶이 왜 이렇게 나아진 거지? 그동안의 실험으로 변한 부분이 몇 퍼센트고, 바뀐 생활태도가 차지하는 부분이 어느 정도인지, 정확히 수치로 말하기는 물론 어렵다. 안타깝게도 행복이란 게, 설문의 문항이 얼마나 길든 상관없이, 꼭 집어서 측정할 수 있는 게 아니지 않은가. 그런데도 5개월 전보다 더 행복해진 삶에 기여한 것을 전혀 모르겠다고 한다면 그건 좀 내숭이라 생각된다. 일단 첫 번째로 결혼생활이 행복에 기여했다고 할 수 있겠다. 사실 나 스스로도 꽤나 놀랐다. 왜냐하면 이전에는 이런 혼인증명서 하나가 삶을 송두리째 바꿔놓을 거라고는 생각하지 못했기 때문이다. 우린 전에도 함께 살고 있었고, 서로를 믿는 만큼 서로에 대해 '잘 안다고' 느꼈다. 그렇지만 라스베이거스에서 혼인서약을 한 이후로는 무언가 달라졌다. 뭔가 더 나아진 것이다.

또 여전히 종종 나 자신과 싸우고 극복해내야 하는 숙제가 남은 일이긴 하지만, 규칙적으로 양로원을 방문하는 일도 행복에 기여한 것으로 느껴진다. 더군다나 어쩌면 양로원 방문이 일종의 희생과 연결되어 있기 때문에 날 행복하게 만드는지도 모른다.

반면에 명상에 관해서는, 난 여전히 어떤 성공적인 체험을 기다리고 있다. 애쉬리타 퍼먼이 그 효과를 얼마나 장담했건 안 했건(그는 내게 자기 기록을 보여주고 증명하기까지 했다) 그건 개의치 않는다. 아침마다 얼마나 자주 명상 쿠션에 앉든지 간에 내가 발전하고 있다는 느낌이 전혀 없는 것이 문제다. 물론 의식하지 못하더라도 명상에 도전하는 시도만으로도 긍정적인 기분이 되는지도 모르지만. 하지만 솔직히 말해서 이런 조급한 성과를 의미 있게 받아들이고 싶지는 않다. 지금까지는 명상을 제대로 한 게 아니라고 치고, 이제부터 좀 더 인내심을 가지고 진지하게 시도해봐야겠다.

행복한 순간 열가지

① 동료가 이렇게 말할 때,
"너를 위해 벌써 처리했어. 네가 할 게 많은 것 같더라고."

② 손편지를 받았을 때

③ 내키지 않았지만 꼭 누군가의 마음에 들고 싶어 오래 공을 들였는데, 갑자기 더는 그가 중요하지 않은 걸 깨달았을 때

④ 모두 실패했는데, 나만 유리병 뚜껑을 돌려 열었을 때

⑤ 지루한 운전 중에 라디오에서 좋아하던 노래가 나와 크게 따라 부를 때

⑥ 이웃이 벨을 누르고는 이렇게 말할 때,
"티라미수 케이크가 있는데 드실래요?"

⑦ 벼룩시장에서 내가 어릴 때 잘 가지고 놀던 똑같은 장난감을 찾았을 때

⑧ 우편엽서로 만들 정도의 완벽한 사진을 찍고, 확대해서 벽에 걸어놓았을 때—그리고 방문자들에게 항상 그 사진에 대해 이야기할 수 있을 때

⑨ 즐겨 찾는 레스토랑에서 마지막 남은 한 자리를 차지할 때

⑩ '비싼 접시'나 '특별한 와인'이 장식장에 영원히 잠들어 있는 건 쓸 데없는 일이라고 결심할 때

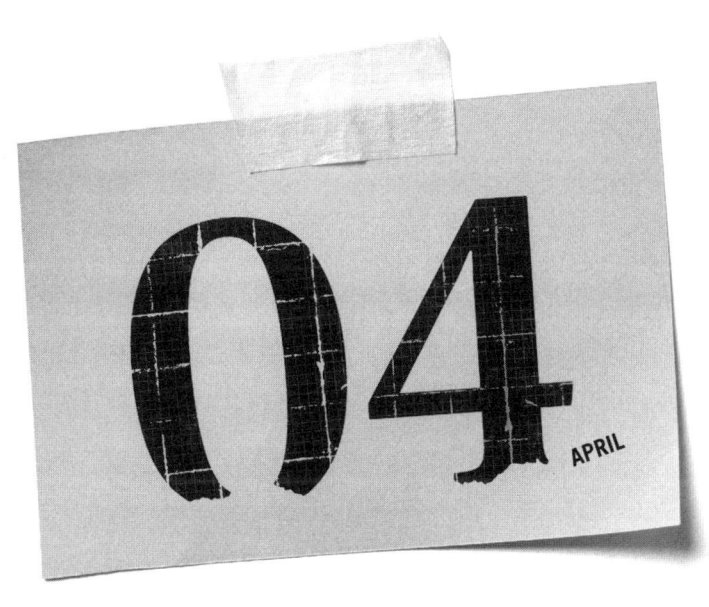

작은 화단이 불행의 탈출구가 될 수 있다면?

'식물을 심고 물주는 일은 인간을 정말 기쁘게 만든다'

울지 마. 일 해.
−라이날트 괴츠 Rainald Goetz

04

때는 1913년. 헨리 포드가 디트로이트에 자동차 대량 생산 시설을 도입한 건 1913년이었다. 전설의 모델 T와 같은 새로운 자동차들이, 한 대씩 만들던 수작업 대신 컨베이어 벨트에서 생산되었다. 차가 한 대 생산되는 데 걸리는 시간이 750분에서 93분으로 줄어들었다. 28명이 175개의 피스톤 자루를 생산하던 것을 얼마 지나지 않아 7명이 약 2,600개를 만들게 되었다. 이 엄청난 생산성 향상과 그로 인한 경제적 파급효과는 곧 대중적인 복지로 이어질 것처럼 보였다. 혹자는 백 년이 넘도록 미국 독립선언문이 보장해온 기본권인 '행복추구권'을 이제 이 도시의 모든 주민들이 성공적으로 누릴 수 있을 거라고도 말했다. 속을 가득 채운 냉장고가 있는 개인 주택을 소유한다는 것이 소수 엘리트뿐 아니라 누구에게나 가능한 일이 되고, 더불어 편리한 자동차도, 보트도, 이리 호 근방의 주말 별장도 소유할 수 있을 것만 같았다.* 쉐보레와 캐딜락은 그 당시 마법에 다름 아닌 이름이었다. 그 이름은 오늘날까지도 복지, 자유, 안녕을 이뤄줄 마법의 고귀한 이름으로 여겨졌다.

불행한 도시

그로부터 약 70여 년이 지나면서 상황은 너무 많이 달라졌다. 세계화, 극동 지역에서의 값싼 경쟁, 그리고 수많은 자체 결함들이 미국 자동차 산업의 중심을 무릎 꿇게 만들었다. 80년대의 디트로이트는 높은 범죄율로 '살인자 수도'이자 미국 대도시 중 가장 위험한 도시로 악명이 높았다. 그로 인해 인구 감소가 본격적으로 진행되었다. 50대를 필두로 해서 그 당시 2백만이던 시민들의 약 3분의 2가 도시를 떠나버렸다.** 그래서 결국은 어차피 다른 곳으로 간들 더 나은 미래를 찾기는 어려운 노인, 병자, 약물중독자들만이 이 도시에 남았다.

헨리 포드가 이 도시로 가지고 온 창조정신은 넓고 화려한 거리와 높이 솟은 마천루를 낳았지만, 결국은 이 도시에 행복이 아니라 극심한 황폐화를 안겨준 것이었을까?

가장 행복한 도시와 가장 불행한 도시를 꼽는 정기적 순위 리스트에서 디트로이트는

• 포드는 직원들에게 평균 이상의 임금을 보장했다. 물론 그의 비판가들이 이의를 제기하는 것처럼 그는 인간을 사랑하는 사람이 되지 못했지만 사람들이 충분한 구매력을 갖출 수 있게 해주었고 자동차를 실제로 대량 생산할 수 있게 했다.

•• 2010년 인구조사에 따르면 713,000명의 사람들이 아직 디트로이트 지역에 살고 있다. 더불어 공식적으로 약 5만 마리의 주인 없는 개들이 있다. 그 개들 중 난 겨우 두 마리만 봤을 뿐이다.

지표상 아주 낮은 순위에 놓여 있다. 경제적 생활기반을 잃어버린 도시에 그치지 않고 자부심과 희망마저도 상실한 도시로 평가받는다. 그런데 그게 정말로 사실일까? 아니, 디트로이트 사람들은 우울증에서 해방될 방법을 찾아보지도 않았을까?

제시카는 최대한 좋은 말로 '도시 정원' 문화가 꽃피고 있다고 설명했다. 이 도시 곳곳에서 새로운 녹색지대가 생겨나고, 도시 정원을 만들기 위해 디트로이트 주민들은 남겨진 콘크리트 사막을 아름답게 조성했고, 더불어 채소들을 직접 키워 먹는 사람도 점점 더 늘고 있다.

중국 격언이 생각난다. '하루를 행복해지고 싶으면 술에 취하라. 일 년을 행복해지고 싶으면 결혼을 해라. 평생을 행복해지고 싶으면 정원을 가져라.' 지금까지 내가 해온 것들을 한번 살펴보았다. 술에 취해보았던가? 행복실험을 하기 오래전에는 여러 번, 취하도록 마셨음을 양심에 따라 고백한다. 결혼은? 음, 한 지 얼마 안 됐다. 그런데 정원은? 이건 어림없는 소리다. 대도시에서, 그것도 임대아파트 단지 4층에 사는데 어떻게?

그래서 나에게는 당장 디트로이트 시 도시 정원의 도움이 필요했다. 작은 화단이 불행의 탈출구가 될 수 있다면 당장 그것을 확인하러 가야 했다.

디트로이트 공항에 내렸을 때, 내가 통과해야 했던 첫 관문은 당연히 미국이라면 누구나 상상할 수 있는 활달해 보이는 입국조사원의 테이블 앞이었다.

"방문 목적이 무엇입니까?"

그는 내 여권을 조사하면서 질문을 던졌다.

"휴가요." 난 짧게 사실만을 대답했다. 실은 행복레시피를 찾아서 디트로이트의 도시 정원을 보러 왔노라고 말하면 이 사람을 혼란에 빠트릴 게 뻔해 보였기 때문이다. 미국을 여행해본 사람은 잘 알 텐데, 이미 서면으로 내게 정신질환이 없음을 증명하기도 했지만, 팔에 커다란 무기 문신을 한 유니폼의 남자는 내가 행복한 정원사들 때문에 여기 왔다고 말해도 그 말을 믿을 것처럼 보이지 않았다.

"잠깐 휴가 온 거예요."

나는 가능한 한 공손하게 미소 지으며 반복했다.

"휴가라……, 여기 디트로이트에서 말이지요?"

이 사람, 실로 믿을 수 없다는 듯이 말꼬리를 잡고 늘어진다. 지금 나는 울퉁불퉁한 근육질 팔뚝에 새겨진 무기 문신이 아마도 그의 할아버지에게 바치는 것이리라 상상해보았다. 어쩌면 그의 할아버지는 제2차 세계대전에 참전한 미국 육군이었을지도 모르겠지만, 그가 내 여권을 보는 순간 식은땀이 흐르며, 희망컨대 그분의 주둔지가 독일이 아니라 진주만이기를 바랐다.

"이곳을 잠시 둘러보려는 것뿐입니다." 서둘러 몇 마디 덧붙였다. "10년 전에도 여기 근처에서 공부했고 그 지역을 다시 둘러보려는 거죠."

계속해서 의심스러운 시선이 한동안 차갑게 느껴졌지만 그는 여권을 덮고 나에게 건네주었다.

"알았어요. 당신이 정 그렇다면야"라고 말하고는 갑자기 얼굴에 미소를 띠고 이렇게 덧붙였다. "그런데 조심하십시오."

주유소 음식의 변화

다음 날 밝은 대낮에 도시를 드라이브하면서 처음으로 이 도시의 쇠퇴가 어느 정도인지를 제대로 알게 되었다. 어느 거리를 가더라도 두 집 건너 한 집꼴로 창문이 떨어져 나갔다. 더욱이 많은 건물 중 절반이 불타버렸고 누구도 검게 그을린 기둥을 복구하려고 하는 사람이 없는 것 같았다. 커다란 공장과 사무실 건물은 비어 있었다. 소유자들도 포기한 듯, 입구와 일층 창문을 걸어 잠근 녹슨 골조들이 보였다. 절반이 이미 잡초로 뒤덮인 건물 대지 위에서 나는 합판 쓰레기더미와 매트리스 사이에서 녹슨 작은 요트를 하나 발견했다. 과거에 부를 상징했다면, 나중에 몇몇 마약쟁이들의 노략질에 몸살을 앓고, 지금은 너구리나 주머니쥐들의 집이 되어버렸다.

이런 곳에서 멀리 떨어진 소수의 몇몇 블록에만 작은 식당이 있는 어스워크Earthworks 농장이 있을 뿐이다. 여기 4월의 아침은 여전히 추웠고, 공기는 축축하고 무거웠다. 입구에 서 있는 몇몇 남자들이 김이 모락모락 나는 커피잔에 언 손을 녹이고 있다. 그 안에는 대략 100여 명의 사람들이 큰 탁자에 둘러앉아서 식사를 하고 얘기를 나누기도 하고 책을 읽기도 했다. 몇몇은 눈을 감고 꾸벅꾸벅 졸고 있었다. 얼핏 보니 내가 거의 유일한 백인 같았다. 구석자리에서 방 전체를 살피는 경찰관 한 명이 내게 친절하게 인사를 하고는 어스워크 직원인 쉐인에게 데리고 갔다. 나와 미리 약속이 돼 있던 쉐인은 반갑게 잠깐 인사를 나누고 이곳저곳을 보여주었다.

"2천 명분의 식사가 여기서 매일 나가고 있죠." 필리핀 태생의 남자는 이렇게 설명하며 나와 함께 입구를 지나갔다. 입구 뒤에는 많은 자원봉사자들이 식판에 음식을 담고 뜨거운 차와 커피를 붓고 있다.

이 음식물에 필요한 식자재 중 많은 부분이 여기 어스워크 단지의 총 8천여 제곱미터 대지와 온실에서 충당된다. 우리는 마당을 지나 한 온실로 들어간다. 그곳에는 또 다른 자원 봉사자들이 빨간 수염의 패트릭이라는 남자의 지시에 따라 각기 식물들에 맞게 물을 주고 있었다.

"이 조직은 프란치스카 수도사인 릭 새민Rick Samyn이 1997년에 세웠습니다."

쉐인이 말하며 그 이후 어떻게 여기까지 오게 되었는지를 설명해 주었다.

"이 조직을 창시하게 된 계기는 여기 이 지역에 있는 한 젊은이와의 대화 때문이었습니다. 그 젊은이가 어떤 주유소에서 음식을 사와야 하는지 묻자, 새민은 요리에 맞는 재료 리스트를 적어주었습니다. 전자레인지용 피자, 감자칩, 초코스틱과는 다른 음식이 있을 수 있다는 사실이 그 친구에게는 상상이 가질 않았던 거죠. 더군다나 그가 적어준 음식들은 주유소에서는 살 수 없을 것이기도 했고요."

지난 몇 해 동안 실제로 디트로이트 시 전체적으로 슈퍼마켓 체인들이 줄어들었다. 2007년에 파머 잭의 마지막 두 체인점마저 문을 닫았다. 식료품과 아시아 식품을 취급하는 개별적인 작은 상점과 시내에 열리는 주말시장 정도가 있긴 했지만 디트로이트 주민들에게는 포장된 칼로리 폭탄들이 주유소 상점 진열대에 일일 양식으로 마련되어 있었다. 아니 칼로리 폭탄으로 말하자면 KFC의 닭다리 튀김이나 맥도날드와 버거킹의 버거도 있긴 했다. 도처에 널린 패스트푸드가 대개는 직접 요리해 먹는 것보다 훨씬 싸게 먹혔다.

"도시가 쇠해가자 사람들은 제일 먼저 식탁을 버렸습니다."

어스워크 농장 직원인 윌리 스피비가 지적했다.

스피비는 56세로 푸근하고 친근한 얼굴에 양털 모자를 쓰고 있다. 그는 오랫동안 비정규직으로 일했지만 어느 날 그나마도 일자리를 잃었다. 디트로이트에서 실업률은 다른 미국 도시들에 비해 세 배인 20퍼센트가 넘는다.

"처음에는 여기 식당에 들어가서 음식을 공짜로 먹는 일이 부끄러웠죠."

그는 농장과 온실에서 자원봉사자로 일하다 1년 전부터는 어스워크에 정규직으로 채용되었다.

"하지만 나에겐 새 직업 그 이상이었어요. 마침내 다시 공동체의 일원이 된 거죠. 다시 업무가 생기고 내 삶은 다시 의미를 갖게 되었습니다."

공동으로 하는 농장 일이 그를 행복하게 만들었기 때문에 그는 그사이 집에도 작은 정원을 가꾸었다.

"그곳에서 내 먹을거리를 손수 경작하죠. 재미있기도 하지만 누구한테 의지하지 않는다는 기분이 들어서 좋기도 해요."

그리닝 오브 디트로이트Greening of Detroit나 가드닝 엔젤스Gardening Engels 같은 유사 단체들과 함께 어스워크는 약어로 GRPC(Garden Resource Program Collaborative)라는 이름의 우두머리 조직 밑에서 몰락하는 디트로이트를 개선해보려고 노력하고 있다. 그들은 가난한 사람들을 위한 식당 말고도 예를 들어 청년프로그램도 제공한다. 그 프로그램에서 학생들은 감자를 키우는 걸 배운다고 한다. 그 감자로 감자튀김을 해먹기도 한다. 그 사이 GRPC의 지원 아래 1234개의 개인 또는 공동 정원이 생겨났다. 2010년에만 5만 5천 개의 무료 씨앗 봉지와 24만 개의 어린 싹이 배분돼 디트로이트를 초록색으로 물들이고 사람들의 생활의 질을 높이고 있다.

행복하게 나무 심기

미시건 주립대학에서 근무하는 식품영양학자인 캐서린 알라이모Katherine Alaimo가 도시의 정원과 인간의 정신이 어떻게 서로 연관되어 있는지 설명한 적이 있다. 갈색 곱슬머리에 기품 있어 보이는 이 여성은 디트로이트에서 차로 약 두 시간 정도 떨어진 이스트랜싱에 사무실을 두고 있다. 작은 사무실이 물건으로 가득했다. 대학에서 그녀는 GRPC의 일을 학문적인 면에서 지원하고 있다. 폐오일로 오염되지 않은 대지를 골라 채소 정원으로 변모될 수 있도록 보호하는 일을 맡고 있다. 다른 일로 알라이모는 그런 공동체 정원이 인간의 삶과 정신에 어떤 영향을 미치는지도 연구한다.

"이와 같은 정원들은 식재료를 제공하기도 하지만 그 지역을 긍정적으로 더 아름답게 보이게도 하죠. 더불어 고향에 있다는 느낌을 주고 더 안정적이게 만들기도 합니다."

알라이모는 자신의 연구에서 공동체 정원으로 가꿔진 지역의 대지 가치가 상승할 뿐 아니라 거주자의 기분도 고양시킨다는 것을 증명할 수 있었다.

"사람들이 갑자기 협력하고 다시 현관문을 나서기 시작하며 서로 인사를 나누고 이웃을 알기 시작하죠."

젊은 사람들이 생산적인 일을 하고 그로 인해 생겨난 공동체 의식은 도움을 주며 각자의 사회적 개인적 능력이 향상된다고 알라이모는 설명했다. 더 건강한 식단을 가질 수 있음은 말할 것도 없다. 이와 더불어 공동체 정원은 디트로이트의 전직 여성 경찰서장인 엘라 불리-커밍스의 말처럼 범죄율을 낮추는 데에도 기여했다. 이는 지금까지는 단순히 특수한 경우들에만 해당되었다. 하지만 황폐화, 마약 거래, 불법 쓰레기 투척 같은 위반이 줄어들고 녹색 지대의 주민들이 분명 더 안전해졌다고 느끼는 것은 이론의 여지가 없다.

디트로이트에서의 첫날 나는 식물을 심고 물주는 일이 인간을 정말로 기쁘게 만들 수 있음을 관찰할 수 있었다. 더군다나 여성학자가 그걸 공식적으로 확인도 시켜주었다. 그렇다면 내 몸뚱이를 사용해 직접 시험해볼 수 있는 아주 좋은 기회였다. 다음 날 나는 어스워크

농장에 자원봉사자를 신청했다. 붉은 수염의 진중한 남자인 패트릭은 이미 나를 기다리고 있었다. 멜빵바지를 입은 이 남자의 눈썹 사이에 뚜렷한 세로 주름을 보니, 첫인상으로 봐서는 그리 행복한 것처럼 보이지는 않았다. 도시 농장에서의 삶이 그리 녹녹하지만은 않아서겠지.

"지난 몇 주 동안 세 번이나 도둑질을 당했죠." 그는 12명의 봉사자 그룹에게 설명했다.

"우리는 연중 내내 문을 잠그지 않았습니다. 그래야 원하는 사람은 누구나 들어와서 함께 일할 수 있으니까요." 그런데 안타깝게도 낯선 사람들이 이 초대를 잘못 이해했고, 세 번의 도둑질로 온실을 폐허로 만들었다고 했다. 새싹들은 땅에서 뽑혔고 화분들은 빈 채로 내팽개쳐져 있었던 것이다.

"그것도 모자랐는지 그들은 온실 중앙에 두 번씩이나 똥을 싸놨지 뭡니까."

패트릭은 한숨을 쉬었다.

그런 녀석은 성질이 더러운 놈일 거라고 나는 생각했다. 온실 파괴 사건에 내가 다 화가 치밀어 올랐다. 그런데 패트릭은 완전히 다른 반응으로 나를 새파랗게 놀라게 했다. "한 사람이 얼마나 고통을 참고 있고 무능한 자신을 얼마나 탓하고 있는지를 우린 상상해볼 수 있다고 봐요." 그는 이렇게 덧붙였다. "온실은 결국 매일 문단속을 해야 할 겁니다. 하지만 우리는 또한 다함께 그가 곧 더 나은 사람이 돼서 영혼의 평화를 찾을 수 있기를 기도해야 합니다."

체! 하는 반응을 당연히 예상할 수 있을 것이다. 나에게는 정신적 평화와 남을 용서할 수 있는 능력이 부족하다는 걸 나도 안다. 하지만 어쩌면 여기서는 뭔가를 배울 수도 있겠구나 싶다.

난 장갑을 꼈다. 패트릭은 우리를 여러 그룹으로 나누었다. 다른 도우미들이 땅을 갈고 있는 동안, 그는 온실에 있는 토마토와 배추 새싹에 각각 빛을 얼마나 쬐어주어야 하는지를, 그리고 그 때문에 수백 개의 작은 화분이 있는 팔레트들을 층층이 옮겨주어야 한다고 내가 속한 그룹에 설명했다. 곧 다른 새싹들이 또 들어와야 한다. 이 모든 게 전체 공간이 부족한 탓에 벌어지는 일들이다. 이 외에도 앞으로 올 자원봉사자들이 어떤 화분에 어떤 식물이 자라는지 알 수 있게 각 화분에는 이름이 새겨진다.

이어진 시간 동안 우리는 팔레트들을 끌어다가 엉덩이 높이의 책상 아래로 들어가서는 화분들을 층층이 서로 옮겨 놓았다. 식물에 이름붙이기는 긴장이고 뭐고 할 필요도 없는 일인데도 습한 온실 공기로 이마에는 연신 땀이 맺혔다. 그래도 이 일이 그룹 전체를 즐겁게 만드는 모양이었다. 꼼꼼히 매니큐어를 바른 손톱에 껌 좀 씹었을 것으로 보이는 여학생도, 파랗게 반들반들 닦아놓은 웨스턴부츠에 멋진 장식을 붙인 중년의 힘센 흑인들도 모두 즐거워했다.

나치를 무릅쓰고 나무 심기

오후 경에 온실은 정리되었고 새로운 새싹들을 맞을 준

비가 끝났다. 헬스클럽 장비로 몸을 운동시키고, 더불어 먹을거리를 만들기까지 하는 딱 그런 좋은 느낌이다. 살 빼려고 땀을 흘리는 게 아니라 공동으로 무언가 만들기 위해 땀을 흘리고 있음을 본다. 그런데도 무언가 눈에 보이는 확실한 성과가 부족한 듯했다. 전에는 없던 무언가를 새롭게 창조하는 그런 것 말이다.

나는 여기 와서 빌린 렌터카를 타고 디트로이트의 다른 구역의 놀이터로 향했다. '그리닝 오브 디트로이트'의 자원봉사자들이 오늘 180여 그루의 나무를 심는 곳이다. 그중에 몇 그루를 내가 직접 삽질해서 땅에 심을 작정이었다.

큰 축구장 잔디가 깔린 놀이터에 도착하자, 제일 먼저 훌륭한 모임에 깊은 인상을 받았다. 150명이 넘는 사람들이 모여서 자원봉사자 명부에 등록하고는 삽과 장비를 갖추고 나무심기를 하고 있었던 것이다. 더욱이 물병들도 이미 준비되어 있었고 기분은 최고였다. 넷에서 여섯으로 구성된 대부분 그룹에서 웃음소리가 숲 너머로 울려 퍼진다. 내가 늦게 온 것에 양해를 구하며, 오전에는 어스워크에서 일했다고 말하자 모두들 기뻐했다. 여러 단체들 사이에 라이벌의식이나 경쟁 같은 것은 신경 쓰지 않는 모양이다. 오히려 계속 잘 되도록 서로 도와주었다. 나는 날쌔게 삽 하나를 들고 소그룹에 끼어들었다. 건강한 나무 하나를 심으려고 큰 구멍을 만드는 그룹이었다.

"여기 있는 사람이 베리입니다. 20년 넘게 자원봉사자로 우리와 함께하고 있지요."

자원봉사자를 관리하는 메리-앤이 말했다.

베리는 은퇴한 지 얼마 안 되는 백발의 영국인이었다. 오래전부터 디트로이트에서 살았고 내가 어디서 왔는지 알기 전까지는 나에게 무척 친절했다. 10초쯤 지나자 그가 이렇게 질문했다.

"안녕하세요. 당신이 와서 참 좋네요. 어디서 왔어요?"

내가 독일인이라고 말하자 그의 표정이 갑자기 어두워졌다.

"그럼 당신은 나치?"

이런 논리를 10년 전 남아메리카에서 어린 툭툭(동남아 국가에서 흔히 보는 세발 오토바이―옮긴이) 운전수에게서 마지막으로 들었을 때만 해도 약간 당황했지만, 지금은 이 사람이 그냥 농담한 거라고 생각했다. 그런데 그는 진지했다. 그에게 '나치'는 여러 영국인이나 미국인이 흔히 '크라우트(독일 사람을 비웃는 말―옮긴이)'라고 말하듯이 웃자고 한 소리가 절대 아니었다. 30분 뒤에 그는 자신을 임신했던 엄마가 독일이 쏜 포탄에("…… 너희들 포탄에") 어떻게 다쳤는지를 자꾸만 반복했다. 그는 그 말을 하면서 충분한 휴식을 취하는 것처럼 보였다. 다른 사람들과는 달리 그는 큰 제스처로 세계를 이야기하면서 삽으로는 자기 몸을 지탱하고 있었다.

보통 같았으면 나도 뉘우치며 나치 정부의 잔혹 행위를 비판하고, 유감으로 생각하며, 모든 독일 전후세대와 마찬가지로 특별한 책임을 인정하는 것에 문제 될 게 전혀 없었다. 하지만 미국 아이들에게 놀이터를 아름답게 가꿔주려고 다른 세계에서 와서 땀을 흘려가며 똥을 나르는 나를 처벌하려 하는 건 정말 지나친 매너라고 생각했다. 베리가 자기 의견을 말하기 바로 직전에 나는 패트릭이 오늘 아침에 온실 침입자에 대해 한 말을 다시 떠올렸다. 개인에게 어떤 고통이 숨어 있고, 무엇으로 고통받고 있는지, 안에서 스스로 어떤 싸움을 감내해야 하는지 남들은 절대 그의 전부를 이해할 순 없다.

그래서 나는 웃으며 계속 거름을 날랐다. 그러고는 베리가 '독일인은 모두가 범죄자' 장광설을 늘어놓으려고 할 때 그에게 물었다.

"또 얘기해주세요. 어떻게 디트로이트로 오시게 된 거예요?"

첫 나무가 마침내 건강히 땅 위에 바로 서고, 나무 주위에 원형으로 얹은 건초가 찬 오후 공기에 김을 내뿜자, 베리의 흠잡기에도 불구하고 고귀한 기분이 들었다. 베리 스스로도 18번 테마를 잠시 멈추고 사람들에게 나무는 시각적 기능 말고도 공기를 정화하고 이 지역 지하수를 위해 매우 중요하다고 설명했다. 나는 그 말을 한쪽 귀로 듣고 흘려버리면서 대신 다른 생각을 했다. 이 나무가 세월을 어떻게 견디고, 사람들에게 어떻게 기쁨을 가져다주고, 얼마나 멋진 그늘을 선사할지를 상상했다. 어쩌면 이 나무는 내가 죽고 없는 세상에서도 여전히 매년 새 꽃을 피울 것이다.

우리 그룹은 그런 식으로 다섯 그루를 더 심었고, 어느 순간 주위를 둘러보니 모두가 얼추 자기 일을 마쳐가고 있었다. 가족들은 다시 자기네 자동차에 올라타고 학생들은 카드에 참가 여부를 확인받았다. 한 그룹은 삽과 갈퀴를 트럭에 싣고 있었다. 그리고 180그루 나무들이 놀이터 길을 따라 늘어서 있다. 봉사자들이 많은 덕분에 일은 반나절로 족했다. 그러나 책임자 중 한 명이 나에게 이르길, 이것만으로는 충분치 않다고 말했다. 약 만 달러의 기금이 추가로 명에 직원들에게 필요하다고 했다. 그만큼 나무와 건초, 장비, 물류비 등이 들 거라는 얘기다. 특히나 이렇게 가난한 도시에서 이 금액은 큰돈이다.

막 그 자리를 떠나려고 할 때, 넉넉한 한 아주머니가 축구 재킷을 입고 우리 그룹으로 다가왔다. 론다는 이 놀이터 근처에 있는 쓰러져 가는 집들 중 하나에 살고 있었고 나무 심기를 같이 돕는 이였다. 노쇠한 뼈들이 허락하는 한 그녀는 일을 계속 해줄 분이었다. 머리가 헝클어진 채로 그녀는 우리 손을 잡고는 큰 소리로 기도했다.

나무들과 그 나무를 심은 사람들을 위해 또박또박 말했던 기도 내용을 지금은 전혀 기억하지 못하지만, 의심 많은 나 같은 사람에게도 한 문장 한 문장이 마음에 와 닿았고 그녀의 얼굴에 흐르는 눈물이 기쁨의 눈물이었음을 느꼈던 것만은 기억한다.

일주일 중 하루는 행복할 수 있는 공간

토요일에 나는 며칠 동안 했던 힘든 일과 베리 같은 거슬리는 캐릭터에게 보여준 천사 같은 인내심에 대해 스스로에게 보상을 주기로 결심했다. 야구장으로 가서 봄의 따사로운 햇볕을 받으며 디트로이트 타이거즈의 게임을 보기로 한 것이다. 맥주와 땅콩 그리고 크게 '#1'이라고 쓰여 있고 검지가 치켜세워져 있는 스티로폼 장갑. 감명 깊은 체험이랄 것도 없이 4시간 동안의 스포츠에 옆에 앉은 사람들은 소리를 지르고 있었다. 7이닝 스트레치 같은 좋은 시간도 있다. 스타디움에 있는 사람 전부가 일어서서 백 년도 넘은 '테이크 미 아웃 투 더 볼 게임'이란 노래를 불러 젖혔다. 작은 행복의 순간이었다. 선수들을 위한 이벤트도 마찬가지였다. 원하는 아이들은 모두 경기장에 들어와서는 2분 동안 프로선수들 주변으로 몰려들 수 있는 것이다. 타이거 마스코트가 앞에서 달리고 수백 명의 아이들이 뒤를 좇는다. 아직 어린 아이들은 엄마나 아빠의 손을 잡고 뒤따랐다. 선착순 경쟁에서 어쩔 수 없이 큰 아이들이 승리를 거머쥐었다.

스타디움에서 호텔로 돌아가는 길이 기분을 더 좋게 만들었다. 난 시내를 가로질렀다. 이곳은 미국의 여느 대도시와 같은 활기찬 중심이 아니라 도시의 황량한 구석 중의 하나였다. 주말엔 사무실 건물들에 움직이는 건 아무것도 없고, 여기 디트로이트에는 대부분 건물이 여전히 비어 있었다. 높은 건물들의 그늘에 가린 형형색색 창문의 낡은 유대교당을 발견했을 때 내 놀라움은 더 커졌다. 그리고 그 옆에 작은 카페가 있었다. 카페는 닫힌 듯 보였다. 문 앞에 몇몇 사람들이 서서 카페의 문이 열리기를 기다리고 있었기 때문이다. 거기서 왜 기다리고 있는 건지 물어보려던 참에 문이 열리고 문 뒤에서 잿빛의 머리를 뒤로 넘긴 나이 지긋한 아프리카계 미국인이 나왔다. 꼼꼼히 손질한 수염과 환한 미소를 띤 얼굴로 이렇게 말했다.

"망고의 스픽이지Speakeasy 카페에 오신 걸 환영합니다."

그는 손님들에게 인사하며 문을 활짝 열었다.

"이제야 문을 열게 되어 죄송합니다." 그러고는 그는 목소리를 두 배나 크게 높여 덧붙인다. "여러분 모두에게 한 잔씩 돌립니다. 추운데 밖에서 기다리게 했으니까요."

카운터 뒤에서 여자 세 명이 장난스럽게 눈을 부라렸다.

"바로 이렇게 첫 잔을 돌릴 순 없어요. 래리!"

그중 한 명이 외쳤다. 그녀는 나이에 맞지 않게 과감하게 호피무늬 탑을 입고 있었다. 손님 중 어느 누구도 래리가 약속한 걸 요구하지 않았지만 그의 호탕함에 즐거워했다.

난 일곱 개 테이블이 놓인 자리에 있는 가죽 소파에 앉는다. 벽에는 오래된 마이크와 기타, 여러 악기가 걸려 있고 금색으로 도색된 레코드판이 있었다. 거기에 다닥다닥 붙어 있는 수많은 사진들은 음악이 있는 디트로이트의 과거를 이야기해주는 것 같았다. 마빈 게이Marvin Gaye, 스티비 원더Stevie Wonder, 잭슨 파이브The Jackson Five를 배출시킨 전설의 모타운 사운드Motown Sound를 예로 들 수 있다.

가게는 사람들로 금방 들어차고 바로 왁자지껄 대화들이 오갔다. 시간이 갈수록 나는 이곳에 대해 더 많은 것을 알게 되었다. 그는 오로지 토요일에만 문을 열고, 메뉴는 딱 두 가지만 있고, 들어와서 30분도 채우지 않는 사람은 나중에는 들어올 수 없게 된다는 거다. 그리고 래리 망고가 여기 사장이라는 것도.

이 주인은 언제부턴가 내 테이블에 와서는 독일, 중국, 그리고 전 세계를 여행한 이야기를 하고 있었다. 얼마나 오랫동안 이 바를 운영했는지 물었더니, 래리는 웃기만 했다.

"1988년에 여기를 열었지. 하지만 1993년부터 15년 동안 문을 닫았다네. 이 지역이 그냥 너무 폭력적이었거든. 오로지 마약과 욕설만

난무했지."

상황이 나아진 걸 깨닫고 그는 바를 다시 열었다. "난 카페 앞 인도에 의자를 놓고 자주 앉아 있었지. 어느 날 젊은 백인 여자들 몇몇이 길을 따라 달리는 게 보였어. 낌새가 이상해서 경찰을 부르려고 했네. 아무도 그 여자들 뒤로 따라오는 사람이 없었거든. 그런데 그들은 그냥 조깅하는 거였지 뭐야!" 래리 망고는 킥킥거렸다. "시내에서 조깅을? 이전에만 해도 그건 말도 안 되는 일이라고 생각했기 때문이지."

용감한 조깅녀들을 본 그날 래리 망고는 카페를 다시 열기로 결심했다고 한다.

"디트로이트에서도 무언가 발전시킬 수 있음을 보여주고 싶었어. 더는 주저해선 안 된다는 걸 보여주고 싶었던 거지. 난 광고도 하지 않았는데 사람들이 갑자기 몰려들었고 그들 중 대부분이 매주 다시 찾아오더군."

그는 일어서더니 주방으로 가서 내가 주문한 그릴 치킨을 가져왔고, 거기에다 바이에른 맥주를 내어주었다. 여기서 그는 항상 디트로이트에서는 보기 힘든 진귀한 것들을 조달했다.

"한번 맛보라구." 그는 친근한 표시로 어깨를 치며 말하고는 다시 문으로 돌아갔다. 거기서 더는 자리를 찾지 못하는 손님들을 맞으며 카운터 사이 좁은 곳에 테이블을 놓아주었다.

나는 이 즐거운 아저씨와 이분의 흥미진진한 과거에 대해 점점 더 많은 것을 알게 되었다. 벽에 걸려 있는 많은 사진들, 수많은 손님들,

그리고 자신에 대한 많은 것들을 이야기한다. '카페 드 망고'에서의 식사는 오랜 친구인 80세 슬리피와 래리의 아들 중 한 명이 교대로 요리한다. 요리는 옛날 백인 주인의 부엌에서 노예로 일해야 했던 래리의 증조할머니의 비밀레시피 그대로다.

래리는 누군가에게 술을 주려고 항상 이유를 찾았다("자네들 택시 타고 왔나? 이 첫 잔은 날 위해서야!").

그는 1967년 디트로이트에서 폭동이 일어났을 때, 경찰에게 돌을 던졌던 그 당시의 마이클 잭슨을 기억했다("여기 어딘가 우리 둘이 찍은 사진이 있어").

예전 사진 중에 아내 다이앤과 둘이 찍은 게 보인다. 아레사 프랭클린Aretha Franklin과 닮았다. 70대 때의 사진에서 긴 가죽코트 때문에 그는 아주 부유한 마약딜러처럼 보였다("다행히도 내가 그 사이 예전과는 다른 사람들과 어울리고 있지").

한때 래리는 중국에서 2년 동안 수감생활을 했다는 소문이 나기도 했다("그저 누구랑 혼동한 거지. 그뿐이라고").

일주일에 하루가 아니라 여러 날을 열면 그는 많은 돈을 벌 수도 있을 것이다. 하지만 다른 이유가 있었다("카페는 무언가 특별한 곳이어야 해").

그는 계속 손님 한 명 한 명에게 팔을 벌리며 친근하게 맞이한다. 돈은 그에게 중요하지 않았다. 그와 손님들이 일주일 중 하루를 행복하게 보낼 수 있는 장소 하나를 마련했다는 게 오히려 더 중요했다.

디트로이트에서의 마지막 날에 나는 지난주 매일 아침과 같이 주차장 차단기를 통과했다. 자동계산기 대신에 여기에는 작은 집이 있고 그 안에 나이 든 주차관리인이 앉아 있었다.

"나는 당신 알아요."

주차증과 돈을 창문 너머로 건네자 그녀는 반가이 외친다.

"지난 며칠 동안 이 도시를 돌아다녔죠. 오늘은 어디 가나요?"

대도시에서 있을 수 없을 일이 내 피부색 때문에 여기서는 더 눈에 잘 띤다는 걸 깨닫는다. 아쉽게도 집으로 가는 길이라고 대답했다.

"그럼 안전하고 좋은 여행 되세요. 그리고 디트로이트가 마음에 들면 다시 한번 들러주세요."

공항으로 가는 프리웨이를 달리다가 한때는 자랑이었을 공장 건물의 쓰러져가는 골격을 지나면서, 몇 년 뒤에 다시 이곳을 찾기로 굳건히 마음먹었다. 내가 심은 나무들이 어떻게 자랐는지 보고 싶은 것도 있지만 멋진 수염의 정원사들부터 래리 망고 그리고 친절한 주차관리인까지 디트로이트에 사는 사람들 대부분이 열악한 환경과 경제적 쇠퇴 속에서 굴복하지 않고 있음을 알았기 때문이다. 그들은 낙천주의와 삶의 기쁨을 여전히 잃어버리지 않았다. 부정적인 것밖에 없는 암울한 통계수치에도 불구하고 말이다.

헨리 포드, 자동차 산업, 슈퍼마켓 체인의 철수가 있기 오래전 1805년에 디트로이트는 거의 불에 타 소실된 도시였다. 그때에 사람들에게 깃발을 흔들며 읽게 한 모토가 '우리는 더 나은 시대를 희망한다—그 시대는 잿더미 속에서 일어설 것이다'였다. 200년이 지나서도 여전히 디트로이트에 중요한 희망의 말이다.

우리만의 정원 만들기에 도전

다시 베를린의 집으로 돌아왔다. 시차로 인해 정신은 몽롱해도 디트로이트의 체험에서 얻은 유일한 교훈만은 또렷했다. 바로 내 정원을 만드는 일. 그런데 사람들로 빽빽한 백만 도시의 임대아파트에 사는 상황에서 그걸 행동으로 옮기기는 말처럼 쉽지 않다. 더욱이 우리에겐 럭셔리한 발코니가 있지만 웬걸, 파, 나륵, 로즈마리가 심어져 있는 작은 화분들이 고작이다. 그놈들은 우리가 휴가를 떠날 때면 매번 말라 죽는다. 삶 속에서 행복의 손익계산서에 개인 정원을 포함시키기는 거의 어렵다.

"어쩌면 우리가 정원을 그냥 만들어야 할 것 같은데." 제시카는 집 뒤에 있는 공터를 가리켰다. 우리 발코니에서 보이는 곳이다. 거긴 활용되지 않는 땅으로 우리 임대아파트 뒤편과 오래된 수영장 사이에 있고, 20년 넘도록 아무도 사용하지 않는 땅이었다. 큰 플라타너스 나무 한 그루가 중앙에 서 있고 한쪽 구석에는 카 셰어링 회사의 자동차 세 대가 있으며 다른 구석에는 커다란 벽돌이 많이 쌓여 있었다. 한때는 고풍의 신르네상스 양식이었던 수영장 전면부를 장식했던 벽돌이라는 것만 알고 있다. 그 외에 그 땅은 비어 있었다. 안타깝게도 베를린 같은 도시에서 공간이 비어 있다는 건 쓰레기장으로 활용됨을 의미했다. 여기에 누군가 '쓰실 분 가져가세요!'라는 메모와 함께 망가진 텔레비전 받침장을 비웃듯 버렸다. 녹슨 자전거가 있고 비닐봉지들이 바람에 한 번은 왼쪽으로 한 번은 오른쪽으로 휩쓸렸다. 그리고 그 구석에는 빈 페인트 통들이 앙상블을 이루고 있었다.

《란트루스트LandLust》나 《나의 아름다운 정원》 같은 잡지들에 나오는 사진들과는 완전 딴판의 모습이다. 그래서 어쩌면 도전의식이 생기는지 모르겠다.

새벽에 몰래 들어가 머리부터 발끝까지 검은 닌자복으로 감싼 채 표창으로 무장하고는 삽으로 일하는 모습을 상상해본다. 아무리 게릴라 정원사라고는 하지만 그래도 나름 스타일이 있으니까.

"미쳤어?" 제시카가 웃긴 듯 물었다. "우리가 그런 밤중에 삽질하고 있으면, 소음 때문에라도 이웃 중 누군가 바로 경찰을 부를걸."

결혼하면 좋은 점 하나 더. 결혼 전처럼 내가 바보 같다는 느낌이 종종 들어도, 이러면 누군가 똑똑한 사람과 결혼한 게 되니까.

난 닌자복을 다시 내 마음속 옷장에 걸어두었다. 언젠가 그 옷을 꺼내 입을 날이 올 거다! 대신에 우리는 다음 날 토요일 오후에 완전히 신뢰할 만한 복장으로 그 공터로 나갔다. 낡고 비바람에 상한 마름돌들로 막힌 대략 4제곱미터 됨 직한 땅을 갈기 시작했다.

우리는 지금 도시를 개간하고 있지 않은가

디트로이트는 땅이 딱딱하지 않아서 나무심기가 애들 장난이었는데 여기는 고문 수준이었다. 낙엽과 똥이 켜켜이 쌓여 있는 바닥은 너무 딱딱해서 잠시 콘크리트가 아닌지 의심하기도 했다. 하지만 오랜 세월 동안 밟혀서 단단해진, 그냥 땅이다. 두 삽에 한 번꼴로 벽돌, 유리조각, 비닐봉지, 쇠파이프, 여러 쓰레기들이 출토되었고, 그 바람에 이런 것들이 섞여 있는 땅이었다는 걸 알게 되었다. 땀방울로 눈이 따끔거리고, 그냥 썩은 것들만 있구나 하는 생각만 들었다. 그렇지만 우리는 지금 도시를 다시 개간하고 있지 않은가!

한두 시간 지나서야 우리는 그 터를 일굴 수 있었고 대충 쓰레기들은 거의 다 처리했다. 이제 곧 그 땅은 진짜 정원 주인을 함박웃음 짓게 만들 것이다. 우리는 미개척시대 서부에 깃발을 꽂은 두 명의 개척자처럼 뿌듯해했다.

터가 작았어도, 오전에 낑낑대며 끌고 온 흙 두 포대가 사라져버렸다. 그 흙 안에는 국수 삶은 물 한 바가지에 소금 한 줌 같은 게 들어 있었다.

토질이나 순도를 확신할 수 없어서 처음에는 꽃과 몇몇 허브들만 심었다. 정원이 사람을 행복하게 하는 것도 잠시, 건전지에서 나온 수은이랑 폐오일에서 자라난 토마토를 먹게 된다면 분명 기쁘지만은 않을 것이기 때문이다. 그렇지만 오래된 수영장 담벼락 옆에 있는 녹슨 쓰레기통들은 빗물을 받아서 흙에 뿌려주기에 딱 좋았다.

여기서 뼈 빠지게 일하는 동안 누군가 창밖으로 우리를 지켜보지 않나 자주 둘러보았다. 수위 아저씨나 수영장 관리인이 저 구석에서 나타나거나 아님 누군가 우리 행위가 법적으로 적합한지 묻지나 않을까 기다려도 봤다. 하지만 그런 일은 전혀 일어나지 않았다. 하마터면 살짝 실망할 뻔했다. '개인 소유지 의무사항'이라는 주제로 열변을 토하고 싶었는데, 우리가 모은 고철로 가득 찬 쓰레기 봉지 두 개에 대해, 아무 말도 못해보고 집으로 갖고 와야 했기 때문이었다.

나는 이것들을 아무 앞에나 가져다놓고는 그가 나에게 묻기를 바랐다. "지금 뭐하시는 거예요?" 이렇게.

어쩌면 우리 비밀 정원에 아무도 신경 쓰지 않는 게 차라리 더 나은 건지도 모르겠다. 샤워로 땀을 다 씻어내고 손톱에 낀 흙도 빼낸 후 발코니로 가서 우리의 비밀 정원을 내려다보았다. 가까이서 보다 떨어져서 보니 우리의 작은 공터가 훨씬 더 옹색하고 신통치 않아 보였지만, 나머지 버려진 땅과 비교해보면 눈에 확실히 두드러져 보였다. 작은 석벽으로 저 터를 나누어서 좀 더 질서 정연하게 만들어야겠다고 속으로 다짐했다.

"바람에 흙이 날리지 않기 위해서라도."

나는 서둘러 큰 소리로 약속했다. 겉으로는 제시카를 겨냥한 말이지만 사실 내 자신에게 한 말이다. 정원이 끝나기도 전에 울타리부터 칠 생각을 하니 좀 찔리기도 했지만 이건 본능일 것이다. 어쨌든 우리의 영토가 시작되고 더는 주인 없는 땅이 아님을 분명하게 표시한다는 느낌을 가질 수 있어서 난 좋았다.

'정원사들은 항상 자연에 저항해서 싸운다'라는 명언이 있다. 한 번이라도 잡초를 솎아냈거나 달팽이들을 없애보려고 했던 사람이면 누구나 곧바로 수긍할 수 있는 말이다. 우리의 경우엔 도시, 방치, 주인 없는 쓰레기에 저항하는 싸움이란 표현이 더 맞았다. 그래도 최소한 우리는 작은 승리는 거머쥐었고 행복 수치도 상승했다. 다음 날 일어나서는 한걸음에 발코니로 달려갔다. 내 시선은 바로 우리의 작은 정원을 향했고 아직 그곳이 무사히 거기 있음을 본 순간, 심장이 뛰었다. 그 다음 허리에 지독한 통증을 느꼈다. 그날 하루, 나는 계속 끙끙대고 조금이라도 자세를 바꿀라 치면 매번 신음소리를 내야 했다. 남편은 아내 하기 나름이라면 정원일은 등이 협조해야 하는 일이다.

행복한 순간 열 가지

① 이베이 옥션에서 재미 삼아 제시한, 말도 안 되는 가격에 물건을 낙찰받았을 때

② 봄에 처음으로 새소리 듣고 잠에서 깰 때

③ 공원 쓰레기통에 갇힌 쥐가 기어 올라올 수 있도록 막대기를 넣어 풀어주었을 때

④ 하루 종일 미루고 미루던 내키지 않았던 통화를 끝내 해치웠을 때

⑤ 주문한 걸 깜박한 물건을 택배 직원에게서 받았을 때

⑥ 많은 것들이 전에 생각했던 것보다 훨씬 더 대수롭지 않게 여겨질 때

⑦ 지쳤다고 생각하는 순간 잠시 진심으로 웃음이 나올 때

⑧ 썰렁한 농담도 받아주는 친구가 있을 때

⑨ 미용사가 "먼저 목 마사지 좀 받으시겠어요?"라고 물을 때

⑩ 처음으로 서핑보드 위에서 또는 요가 자세로 일어설 때

웃음요가 캠프 참가기
'행복하기에 웃는 것이 아니라
웃기 때문에 행복한 것이다'

영원한 행복이라니!
어차피 죽을 수밖에 없는 인간에게는 도달할 수 없는 꿈일 뿐!
산다는 것이 지옥인 것을.
－조지 버나드 쇼

05

　인도 방갈로르(인도 남부 카르나타카 주에 있는 주도—옮긴이)에 있는 공항 밖에서 자유롭게 걷는 일은 마치 오스카 시상식에서 레드 카펫을 걷는 것과 같았다. 차이가 있다면 차단벽 뒤로 카메라 팀이나 사진사들이 서 있지 않다는 정도랄까. 피켓을 들고 있거나 들지 않은 젊은 남자들이 마치 팬인 양 둘러서서 "손님, 택시, 손님" 혹은 "손님, 호텔이요, 손님" 하며 외쳐댔다. 그건 그렇고 청바지와 스웨터 차림으로 냉난방 시설을 갖춘 공항을 빠져나온 지 30초 만에 온몸이 땀범벅이 돼버렸다.

　나는 피켓 줄을 찾아 나서며 소리쳤다. 그들의 피켓에는 이름이 쓰여 있거나 야후나 지멘스 같은 세계적인 회사들의 로고가 새겨져 있었다. 방갈로르는 활기가 넘쳤다. 물론 내가 일자리를 구하기 위해 이곳에 온 것은 아니다. 아니, 혹시나 이곳에서 일자리를 구하는 행운이?

마침내 내 이름이 적혀 있는 피켓 하나를 발견했다. 그 피켓에는 내 이름과 함께 이렇게 쓰여 있었다.

'호호! 하하하!'

기대했던 대로다.

피켓을 들고 있던 젊은 남자는 사람 무리를 헤치고 작은 자동차로 안내하더니 내 짐을 트렁크 속에 차곡차곡 쌓고 뒷좌석에 나를 앉혔다. 그가 나를 내 목적지인 1주짜리 웃음요가캠프로 데려다줄 것이다. 웃음 전도사인 마단 카타리아Madan Kataria가 주장한 것처럼, 행복하기 때문에 웃는 것이 아니라 웃기 때문에 행복하다고 한 말이 맞는지 확인하고 싶어서 나는 이곳 인도까지 찾아오게 된 것이다.

킥킥 구루

다음 날 아침에 나는 약 25명의 다른 참가자들과 함께 방갈로르 외곽에 있는 '고대의 지혜 스쿨'이라 적힌 큰 명상 강당으로 들어갔다. 보통은 대학에서 명상 워크숍이나 문화 워크숍이 개최되는데 웃음 구루는 여기 망고 나무와 부갱빌레아(연보라 꽃의 덩굴 식물—옮긴이)가 있는 녹색 오아시스에서 한 해에도 여러 차례 자신의 웃음요가캠프를 개최한다.

예쁜 강아지 세 마리가 동네를 돌아다니고, 스파르타 양식으로 꾸며진 내 숙소 뒤에는 소 세 마리가 거룩한 분위기를 연출하며 평화롭게 풀을 뜯고 있었다. 나무들 사이에서 이름 모를 새들이 하루 종일 지저귀고, 밤에는 귀뚜라미 소리가 울려 퍼졌다. 말 그대로 행복을 찾기에는 이만한 장소가 없을 듯싶었다.

일주일 동안 큰 웃음을 기대하며 이 캠프에 모인 사람들은 피부색깔이 매우 다양했다. 참가자들은 일본, 대만, 캘리포니아, 영국, 우루과이 등에서 온 사람들이었다. 인도 사람도 몇몇 있었는데 나는 유일한 독일인이었다. 사람들의 연령대는 25세에서 45세 사이였고 희한하게도 남녀 비율이 딱 맞았다. 참석자 대부분은 이미 고향에서 웃음 요가를 경험해본 적이 있어 나처럼 완전한 생초보는 아니었다. 그러면서도 경험이 전혀 없는 나를 환영하며, 초보라도 괜찮으니 아무 염려 말라고 안심시켜주었다.

영어권 신문에 종종 등장했던 '킥킥 구루'인 마단 카타리아는 알려진 것처럼 킥킥거리며 우리를 맞이했다. 반짝반짝 빛나는 민머리의 50대 중반쯤으로 보이는 그는 율 브린너의 성격 좋은 아우처럼 보였다.

"이번 주는 여러분의 삶에 있어서 전환점이 될 겁니다."

그는 우리에게 이런 약속을 하고는 등록을 시작했다. 일주일, 정확히 말해 단 5일 코스에 795달러. 거기에다 숙식비용으로 등록비의 절반 정도가 추가되었다. 여기에 인도까지 날아온 항공비를 포함하면 거의 2천 유로가 되는 셈이다. 무엇보다도 웃음이 원래는 공짜이고 절대로 배우기 어려운 행위가 아닌 점을 고려하면 이는 적은 돈이 아니다. 그러나 이제부터 내 삶을 통째로 바꾼다고 생각하면, 뭐 그건 절대 공짜로 될 수는 없는 일이었으므로 나는 웃으면서 친절하게 그 돈을 지불했다.

베에에리굿, 베에에리굿, 예!

참가자 전원이 등록을 마친 후, 우리는 의자로 원형을 만들어 자리에 앉았다.

"제 이름은 마단 카타리아하하하하하입니다."

구루가 독특한 자기소개로 수업을 시작했다.

"저는 의사이며 웃음요가를 창시했습니다. 호호호호오오오!" 계속 이어서 말했다. "저는 방갈로르에 삽니다. 인디히히히히히아에 있죠."

도쿄에서 온 여성 건축학자, 캘리포니아에서 온 상점주인, 우루과이 출신의 여학생, 런던에서 온 회사원들이 차례차례 한 명씩 이런 방식으로 자기를 소개했다. 한 문장 말하면서 함께 웃는 것이 이론상으론 낯선데, 실제로는 놀랄 만큼 잘 먹혔다. 이런 소개 자리에서 종종 지배하는 일반적인 편견도 처음부터 없었고 분위기는 제법 신이 났다. 함께 웃는 일이 즉각적 효과를 보고 있는 셈이었다. 모든 걸 그렇게 중요하게 보지도 않고 진지하게 생각하지도 않게 된다. 아무도 자신의 직업이나 영어발음 때문에 다른 사람들이 자신을 이상하게 쳐다볼까 하는 두려움을 가질 필요도 없었다. 왜냐하면 매 소개마다 듣고 있던 사람들이 큰 소리로 "베에에리굿, 베에에리굿, 예!" 하며 마치기 때문이다. 팔을 뻗어 엄지손가락을 위로 치켜세우며 하는 이런 외침이 웃음요가의 기본원리였다. 이와 함께 모든 것을 좋게 말해주면 되었다. 그곳에 있는 일주일 동안 나는 이 말을 분명 천 번 정도 들었던 것 같다. 그런데도 그 말이 지겹기는커녕 여전히 즐겁기만 했다.

소개 시간이 끝나고 백합 색깔의 인도의상인 쿠르타를 걸친 마단 카타리아가 우리를 자기 주위로 불러 모으자, 모두 의자에서 일어나 그의 근처 바닥에 모여 앉았다. 우리 모두는 킥킥 구루를 기대에 찬 시선으로 올려다보았다.

"여러분께 웃음요가의 비밀을 말해드리겠습니다."

조금 들뜬 듯 카타리아는 이렇게 말해놓고 한참 동안 아무 설명도 하질 않더니, 대신에 트림하는 듯한 웃음소리를 내었다. 그러고는 눈썹을 위로 치켜올리면서 웃고는 우리를 둘러보았다. 그는 훌륭한 연기자였다. 왜냐하면 단추를 누르면 작동하는 것 같은 웃음으로 잠시도 쉬지 않고 연기를 하고 있었기 때문이다. 그는 킥킥거리는 것으로 시작해서 숨이 넘어갈 듯이, 또는 박장대소를 하며 무릎을 치게 만드는 완벽한 프로그램으로 우리를 자유롭게 조종했다.

사실 억지로 웃기란 그리 만만한 일이 아니다. 무진장 애를 써도 그저 겁먹어서 나오는 듯한 "헤헤헤, 에… 헤헤"하는 소리만 나왔다. 그래서인지 너무 많은 생각이 나를 잡아 붙들었다. '이거 정말 아닌데? 이런, 내 웃음소리가 너무 작위적으로 들리네. 위선적으로 웃는 것보다 이건 더 쪽팔린 거 아닌가? 사장이 엘리베이터 안에서 농담

한마디 던졌을 뿐인데, 나중에 그 앞에서 봉급인상이나 부탁해보려는 심산으로 억지로 웃는 것 같은. 이런, 입 근육이 완전히 마비되었네. 얼마나 더 이렇게 웃고 있어야 하지?'

웃음 라운드와 킥킥 파도

그런데 다른 사람들은 전혀 문제가 없는 듯 보였다. 그들에게 웃음은 마치 진심에서 우러나오는 듯했고 웃음 전문가인 카타리아처럼이나 자연스러워 보였다. 하기야 어쩌면 나에게만 그렇게 비칠 뿐 그들도 머릿속으로는 나와 똑같이 생각하고 있을지도 모를 일이지. 그런데 몇 분 후, 웃음이 확 터져 나오다가 잠잠해지더니 갑자기 기묘한 웃음소리가 들려왔다. 왼쪽으로 약 2미터가량 떨어져 앉아 있던 인도인 교사 디팍 씨가 눈물이 나올 정도로 웃다가 자기 배를 쥐어 잡은 것 때문에 그런 건지, 아니면 전체적으로 잠시 어색해진 분위기 때문에 그런 소리가 나온 건지는 잘 모르겠다. 그런데 무언가 일이 벌어지긴 했다. 마비되어 있던 내 거짓 웃음이 진짜 트림소리로 바뀌더니 킥킥거림으로 변하자, 오른쪽 옆자리에 있는 남아프리카 여자가 나를 쳐다보았다. 그녀도 그렇게 웃으면서 다시 나를 전염시켰고 나도 진심으로 포복절도하며 웃었다. 한참 동안 웃음이 멈추지 않았고 정말로 작위적인 웃음이 진짜 웃음으로 변하는, 이런 일이 가능할 수 있다는 것을 나는 일단 한번 맛본 셈이 되었.

우리는 15분 남짓 숨을 헐떡이며 웃으면서 눈가에 맺힌 눈물을 훔치고는 함께 외쳤다.

"베에에리굿, 베에에리굿, 예!"

웃음요가의 비밀이 바로 이거라며 카타리아는 설명했다.

"신체는 진짜 웃음과 가짜 웃음을 구별할 수 없다는 게 과학적으로 증명되었습니다."

과학적인 근거를 보태 신체를 기만하는 웃음을 그는 남은 날 동안 더 자주 반복했다.•

물론 과학적인 증거들이 언제나 꼭 들어맞는 건 아니다. 신경학자들은 진짜 웃음과 가짜 웃음이 완전히 다른 두 개의 뇌 영역에서 발생한다는 사실을 알아냈다.•• 그러나 그동안 일종의 집단역학을 통해 작위적이고 강박적인 웃음은 종종 진짜 제어되지 않은 웃음으로 바뀔 수 있다는 주장은 실제로도 나름 옳았다.

일반적으로 웃음의 효능에 대한 연구는 우리의 마음과 건강에 초점이 맞춰져 있고 여전히 초기단계일 뿐이다. 규칙적인 웃음이 스트레스 호르몬을 적게 배출시킬 뿐 아니라 혈액 속 지방 수치를 더 좋게 하는 데에도 효과가 있음을 증명하는 여러 연구들이 있다. 어떤 연구는 3분 동안의 진짜 웃음은 15분 조깅한 것과 똑같은 운동효과가 있다고 주장한다. 또 다른 연구에서는 웃음이 심장질환과 당뇨 그리고 알레르기에 긍정적인 효과를 발휘할 수 있다고

• 네 가지 '웃음요가 원칙'과 세 가지 '웃음요가 이유' 그리고 네 가지 '웃음요가 핵심'과 더불어 우리가 처음 시작하는 웃음요가 트레이너로서 공을 들여 익혀야 하는 핵심 철칙 중 하나다.

•• 프랑스 해부학자에 따라 뒤시엔느 Duchenne 웃음으로 명명된 진짜 웃음은 림프시스템에서 나오는 반면, 작위적인 웃음은 소위 운동대뇌피질에서 유래한다.

주장하기도 한다.

이런 연구 결과들 모두의 문제점은 대개 열에서 스무 명 정도의 사람들 대상의 연구라는 것과 매우 짧은 시간 동안 시행되었다는 점이다. 웃음을 테마로 하는 진지한 과학의 취지는 규칙적 웃음이 실제로 건강에 긍정적으로 작용하는 첫 번째 요인이라는 데에 그 이유가 있다. 하지만 그것을 정확하게 말할 수 있으려면 우린 몇 년 더 기다려야 한다(그리고 어쩌면 아주 많은 지원자들과 셀 수도 없이 많은 〈심슨 가족들〉 시리즈 그리고 여러 종류의 뇌 촬영장비가 필요할 것이다).

일단 조금 더 믿고 지켜봐야 한다는 점은 아마도 웃음요가에도 해당될 것이다. 그렇다고 뭐 나쁠 것 있나? 미국 드라마 〈오피스The Office〉를 본 사람이라면, 아니면 뛰어난 영국 코미디언인 릭키 제바이스Ricky Gervais의 손가락 연기를 본 자라면, 웃음이 혈액순환과 숨쉬기 그리고 혈액공급을 자극하는 일임을 누구나 공감할 수 있을 것이다. 그리고 친구들과 한번 이런 웃음 릴레이에 빠져보는 것도 멋지지 않을까? 시시한 농담 몇 마디로 시작하다가 숨쉴 수 없을 정도로 헐떡대고 킥킥거리고 끝에 가서는 어떻게 해도 웃음을 멈출 수 없는 지경에 이르는 순간을, 처음에(배가 아프고 눈가에 눈물이 맺힐 정도가 아니었을 때) 뭐가 그렇게 웃겼는지 나중엔 기억도 못할 정도로 말이다.

사자 웃음과 신용카드 웃음

솔직히 말해 나는 모든 것을 잊게 만든다는 그런 웃음을 이 요가 코스에서 체험하지는 못했다. 우리가 함께 "베에에리굿, 베에에리굿, 예!"를 몇 번이고 소리 질렀어도 마찬가지였다. 이 그룹의 구성원이 모두 좋은 사람들이긴 했지만 그렇다고 내 친한 친구들은 아니었기 때문인 것도 같다. 여러 연습들이 나를 정말 행복으로 가득 차도록 웃게 만든 경우가 여러 번 있었지만 그것은 완전한 행복이었다기보다는 행복에 근접했을 뿐이었다. 어쩌면 횡격막(카타리아가 우리에게 매번 격려하는 배 아픈 '복식 웃음'의 원천)이 누워 있을 때 특히나 이완되기 때문이 아닐까 싶다. 또 어쩌면 우리 모두가 천장을 쳐다보면서 정작 내 자신은 돌아보지 못하고 웃음을 강요받는다는 느낌을 가졌기 때문일지도 모른다.

다음 날 이어지는 수업은 숨쉬기 훈련과 명상 기술로 변화를 준 웃음요가 시간으로 여러 가지 웃음의 양식들을 배웠다. 일례로 '핸드폰 웃음'에서 우리는 이리저리 우왕좌왕 뛰어다니고 큰 소리로 가상의 핸드폰에 대고 웃는다. 이 훈련에서는 사람들이 정말 이리저리 뛰어다녔다. "제대로 웃으려면 눈빛인사와 천진난만한 즐거움이 중요합니다." 킥킥 구루는 이 점을 항상 명심하라고 말했다.

'욕 웃음'이란 사람들이 서로 검지손가락으로 삿대질하며 동시에 웃는 것이고, '사자 웃음'은 아무렇게나 뒤섞여 뛰어다니면서 손으로 머리를 움켜쥐고 혀는 내밀며 웃는 거다. 웃음이라기보다는 흥분해서 씩씩거리는 것에 더 가깝다. '밀크쉐이크 웃음'에서는 보이지 않는 우유를 두 개의 가상의 컵 사이에 놓고 좌우 위아래로 흔든다. 그러고는 우유를 다 마실 때까지 크게 웃는 것이다.

"웃음은 기분이 별로 좋지 않은 상황에서도 도움이 될 수 있습니다." 카타리아가 말하며 '신용카드 웃음'을 시범으로 보여준다. 손에 든 가상의 신용카드 전표에 그는 눈을 휘둥그레 뜨고는 큰 금액에 깜짝 놀란다. 그러고는 메아리처럼 울려 퍼지는 웃음을 터뜨린다. 이와 비슷한 웃음이 '쪽박 웃음'인데, 빈 호주머니를 밖으로 빼내면서 크게 웃으면서 이리저리 뛰어다닌다. 각 연습 후에는 당연히 "베에에리굿, 베에에리굿, 예!"가 이어진다.

웃음요가 수강생들의 꿈

쉬는 시간에는 차와 과일이나 야채 등의 간식이 준비되어 있었다. '고대의 지혜 스쿨'이 있는 캠퍼스에서 고기는 술과 담배, 마약과 같이 금지다. 그래도 캘리포니아에 사는 베트남 출신의 한 가족은 시내에 있는 맥도날드에서 치킨 맥너겟 두 조각을 그것도 큰 걸로 몰래 가지고 들어왔다. 12살 아들인 대니얼은 인도식 식단만으로는 즐거울 수 없었기 때문이다. 그는 웃음요가 선생이 되고자 한다. 그래서 대니얼이 다니는 학교는 이 코스에 참가할 수 있도록 특별히 방학을 내주었다.

웃음요가 선생이 되겠다는 마음을 먹은 대니얼에게도 놀랐지만, 그런 아이에게 방학을 허락한 학교도 놀라웠다. 하지만 대니얼 가족에게는 대니얼의 장래희망은 물론이고 아이의 학교도 전혀 이상할 게 없는 것처럼 보인다. 인도에 있는데도 아이는 숙제를 해야만 했다. 매일 저녁 대니얼은 카타리아 조교들이 쓰는 인터넷을 빌려 고향의 학교에 이메일로 숙제를 보냈다.

다른 참가자 중에서도 훗날 직업을 위해 웃음요가를 배워두려는 사람들이 있었다. 자기 고향에서 이미 소그룹의 웃음요가 클럽을 개업한 사람도 여럿 있었다. 그들에게 이번 여행은 스스로 현장을 경험해보는 여행이자, 비용이 투자되는 비즈니스 여행의 성격을 띠기도 했다.

"저는 웃음요가로 돈을 많이 벌 겁니다."

큰 은행에서 일하는 그리스 출신의 40세 영국인 니핫이 말했다.

"그렇게 되면 내 삶에 더 많은 웃음이 생겨나지 않겠어요? 나는 이 웃음을 잘 이용할 거예요. 더는 여자 상사에게서 스트레스 받을 필요도 없어질 테니까요."

그와 마찬가지로 코스에 참석한 많은 이들에게서, 예전엔 우울하여 다른 무언가를 갈구해온 삶을 살았을 것 같은 느낌을 받았다. 30대 스코틀랜드인 마이클은 입원 치료까지 받아야 했던 우울증과 알코올 중독, 또 친구의 자살을 경험했던 과거를 얘기했다.

"어머니가 나를 웃음요가 프로그램에 데려갔지요." 그는 회상했다. "처음에는 다들 완전히 미친 것처럼 보였죠. 그런데 이런 치료가 정말 나한테 도움이 되고 있다는 걸 깨닫게 되었어요." 마이클 또한 이미 자기 소유의 웃음요가 클럽을 개설했다. 카타리아에 따르면 그

동안 전 세계에 수천 개 웃음요가 클럽이 생겨났다고 했다. 마이클도 언젠가는 웃음 직업으로 성공할 날을 상상하고 있을지도 모른다.

그룹 내 몇몇은 나처럼 단순히 이 기술에 대해 좀 더 알고자 할 뿐이었다. 5일 코스를 위해 특별히 여행을 온 '프로'들과는 달리 이들은 장기 인도 휴가 상품으로 웃음 트레이닝을 방문한 사람들이었다.

바바가 그랬다.

"제 이름은 루미 할렐루야 바바입니다." 그는 오프닝 시간에 자신을 소개했다. "저는 예루살렘에서 왔고 아직 학생입니다. 내가 뭘 공부하고 있는지 아직 정확히 모르지만 말이죠." 루미 할렐루야 바바, 그의 정확한 이름은 코스 참석과 숙박비를 댄 골드 신용카드에 적혀 있었지만 그 이후로 아무에게도 자기 이름을 말하지 않았다. 바바는 울타리 말뚝처럼 말랐고 긴 금발에 곱슬머리였다. 그의 소개를 듣고, 나는 즉시 머리를 절레절레 흔들면서 그를 '예수 콤플렉스가 있는 별종'이라고 생각했다. 손뜨개 조끼나 즉석에서 읊은 시, 점심 먹으러 가는 중에 길가 나무에 핀 꽃 향기를 5분 동안이나 맡는 모습 등 처음엔 내 신경을 건드리는 것이 무척이나 많았지만, 며칠 후 그는 그룹 전체를 통틀어 나에게 가장 소중한 인물이 되었다. 어쩌면 히피 스타일로 덜렁거리면서 ("누구 내 우쿨렐레 본 사람 있어요?") 아무런 의도나 목적의식이 없는 자연스런 태도가 ("난 대만에서 아이들에게 영어를 가르치고 돈이 넉넉해지면 대부분 여행을 떠나요.") 이 코스의 다른 참가자들과는 완전히 달라 보였기 때문이다. 그리고 나와도 완전히 다르게 그는 진정 행복하다는 인상을 받았다.

어느 저녁 그릴 콘서트 후 방으로 가던 길에 나무에 올라가 있는 그를 보았다. 가지 하나에 등을 대고 누운 그는 조용히 달에게 웃어 보였다. 면바지에 묻은 송진을 어떻게 떼어낼지는 걱정도 안 되는 모양이었다. 지나치는 사람들이 어떻게 생각하는지에는 도통 관심이 없는 모양이었다. 더구나 진드기, 박쥐, 거미들이 그런 나무에 얼마나 많이 살고 있는지도 상관없는 모양이었다.

"떨어지지 않도록 조심해."

난 그에게 소리쳤다. 그냥 부족할 게 없고 자유로워 보이기만 한 그가 약간 부럽기도 했다.

"걱정 마세요. 잠들기 전에 내려갈 거예요. 그런 일은 절대 일어나지 않아요!"

그는 이렇게 대답했다.

웃음요가의 발명

다음 날 카타리아는 오전 명상 시간과 짧은 웃음요가 시간 후에 계획 중인 대규모의 웃음요가대학 창립에 대해 이야기해주었다. 이미 방갈로르 외곽지역의 부지를 구입했고 반년 안에 건설작업을 시작한다고 말했다. 슈퍼마켓과 레스토랑이 있는 학생들의 기숙사 시설이 갖춰져 있다. "아마 레스토랑과 카페에 있는 것 모두가 학생들의 마음에 들 겁니다." 카타리아가 열변을 토했다. "메뉴판에서 식사도구까지 모두 마음에 들 거예요. 그냥 식사가 아니라 제대로 된 식사가 나올 거니까요." 웃음요가 말고도 댄스 코스랑 노래 수업도 프로그램에 있다고 했다. 음악은 인간에게 많은 것을 선사하는 '천진난만한 기쁨의 놀이'로 웃음으로 가득 찬 삶을 구성하는 중요한 요소이기 때문이란다. 그 외에도 매일 아침과 저녁에 모두 모여서 함께 웃을 수 있는 중앙 광장이 마련될 거라고 했다. "우리는 매일 아침 함께 웃음으로 시작해서 파티로 하루를 끝맺을 겁니다."

마단 카타리아는 인도의 펀자브 지방과 파키스탄이 경계를 이루는 지역 북쪽에 있는 모레왈라라는 작은 동네 출신이다. 그는 열네 명의 아이들 중 막내로 태어나 전기도 들어오지 않는 쇠똥으로 지은 집에서 자랐다. 농부였던 부모는 글을 읽지도 쓰지도 못했다. 크나큰 재정적 압박에도 불구하고 카타리아는 식구들 중 처음으로 학교엘 다녔고 부모는 의학을 공부해서 동네 의사가 되라고 그를 대학까지 보냈다. 그런데 그는 시골에 살지 않기로 결심했고 학업을 마친 후 대도시인 뭄바이로 이사했다.

그가 평범한 의사에서 '킥킥 구루'가 된 이야기에는 두 가지 버전이 있다. 카타리아가 직접 설명하는 버전은 이렇다. 카타리아의 병원으로 환자들을 보내주는 조건으로 다른 의사들이 뇌물을 요구했고, 그가 그런 요구를 거절하자 병원 사정은 나빠졌다. 그는 결국《마이 닥터My Doctor》라는 이름의 의학 잡지를 발행하기로 마음먹는다. 1995년에 '웃음은 가장 좋은 의사'라는 제목의 기사에 매진할 무렵, 자료를 수집하던 중 영감을 얻게 되었다. 웃음이 정말로 건강에 좋다면 웃음 클럽을 못 만들 이유도 없잖아? 그런데 다음 날 새벽녘, 사람들이 많은 뭄바이 공원에서 자기와 함께 웃고 싶은지 물어본 사람들 모두가 그에게 퇴짜를 놓았다. 오직 아내와 세 친구만이 둥글게 모여서 재미난 이야기를 하는 30분짜리 모임에 참석했다.

"그러나 일주일 후 그 모임은 참석 인원이 50명으로 늘어났습니다." 카타리아가 이야기했다. 밖에서는 새들이 인도의 오후 햇살 속에서 지저귀고 있었다. "그런데 그 다음 주가 되자 우리가 준비했던 농담이 모두 바닥이 나버렸습니다." 그러자 농담은 점점 천박하고 야해지기 시작했고 초기 여성 참석자들은 웃음 클럽을 떠나겠다고 협박했다고 한다.

"그래서 나는 단 하루만 더 시간을 달라고 부탁했습니다. 그들에게 약속했죠. 아침에 농담 없이 웃어보자고 말이죠. 그러자 누군가 어떻게 그럴 수 있냐고 물었고, 나는 간단히 이렇게 말했습니다. 그건 저도 잘 모르겠습니다" 라구요.

그런 다음 밤새 그는 '이유 없는 웃음'에 대한 구상으로 호흡 기술(거기서 요가라는 이름을 따온다)과 핸드폰 웃음 같은 웃기 훈련, 그리고 리듬이 있는 합창("호호! 하하하! 호호! 하하하!")의 혼합을 개발했다.* 물론 모든 웃음 요가생들의 합동 외침도 잊지 않았다. "베에에리굿, 베에에리굿, 예!"

• 《이유 없는 웃음 Laugh for No Reason》은 마단 카타리아가 1999년에 웃음요가에서 얻은 체험들을 바탕으로 자신의 출판사에서 발행한 책 제목이기도 하다. 독일, 프랑스, 한국, 이탈리아, 이 외의 수많은 언어로 번역되었다.

평범한 사업가에서 성공한 구루로

다른 버전은 동화 일색의 카타리아 인생 여정과는 확연히 다르다. 《더 뉴요커The New Yorker》라는 잡지에 공개된 내용이다. 카타리아는 그냥 평범한 의사로 성공한 삶을 살지는 못했다. 그는 살면서 항상 연기자가 되는 꿈을 꿔왔다. 기사에 따르면 그는 동반자들과 친척 몇몇에게 연기자의 꿈에 대해 가끔 이야기했던 모양이다. 하지만 연기자의 삶은 그에게 허락되지 않았다. 여러 해가 지나는 동안 그는 여러 사업들을 계속 실패하고 말았다. 배달차로 움직이는 병원을 해보겠다는 아이디어를 시작으로, 일을 해주는 조건으로 노숙자에게 숙소를 제공하는 프로젝트들을(하지만 이런 프로젝트의 의미를 노숙자들이 제대로 이해할 리 없었다) 해보려 했지만 역시 실패했다. 개인 제약회사를 차리기 위한 계획도, 마찬가지로 미국에서 온 전문가들과 함께 성형외과를 운영하는 일도 실패했다. "그는 많은 돈을 날렸다"고 그의 누나가 인터뷰한 기사도 있었다.

90년대 초에 어머니는 더 이상 뭄바이에서 행복을 찾으려 하지 말고 다시 고향으로 돌아와 마을 의사로 일하는 게 어떻겠냐고 그를 설득했다. 카타리아는 결국 마지막 시도로 초보자를 위한 의학잡지를 창간했고, 웃음요가의 아이디어를 가져다준 의술로서의 웃음에 대한 기사를 쓰게 되었다.

처음 그 기사가 실린 호는 그런대로 성공적이었지만 그 대신 일이 산더미처럼 많아졌다. "너무 많아서 머리카락이 다 빠져버렸죠." 카타리아가 오늘 기억하는 그날과 같다. 그 당시 사진을 보면 그는 머리를 붉게 염색했고 앞머리는 곱슬머리였다. 그의 아내는 그 시기에 여러 번 유산을 했다. 지금까지 카타리아에게는 자녀가 없다. "여러분 모두가 제 아이들입니다." 그는 코스를 진행하면서 우리에게 여러 번 말했다. 웃음구루가 거듭 시간이 지날수록 진지해 보이는 때가 몇 번 있었는데 그때는 미소조차도 얼굴에 비치지 않았다.

두 개의 버전 중 어떤 것이 진실에 더 가깝든 나에겐 아무 상관없다. 그 이후로 웃음요가가 세계적으로 승승장구하고 있음에는 이론의 여지가 없기 때문이다. 처음 CNN과 BBC 뉴스에 나온 후에 점점 더 많은 대중매체들이 킥킥 구루에 관심을 갖기 시작했다. 미국 토크쇼의 전설인 오프라 윈프리가 그의 이론을 집중 조명했고, 미국 영화배우인 골디 혼은 그를 위해 갈라쇼를 준비했다. 몬티 파이튼(영국의 유명한 코미디 그룹—옮긴이)의 단원인 존 클리즈는 지금까지도 정기적으로 웃음요가 전도사로 세계를 누비고 있다. 몇 년 전에는 카타리아가 그 유명한 '천재 비자(비상한 재능을 가진 인물에게 장기체류를 허가하는 미국비자)'를 받기까지 했다. 마단 카타리아를 직원들의 웃음요가 코치로 고용한 회사들 리스트만 해도 매우 길다. 그 리스트에는 볼보에서 SAP, 휴렛팩커드에서 구글까지 이름 있는 회사들도 적지 않다.

그러나 정작 나는 한주간의 웃음요가 시간 동안 최고로 행복한 순간을 체험하지 못했던 것 같다. "베에에리굿, 베에에리굿, 예!"를 외쳤어도 마찬가지였다. 물론 아침 명상 시간에서는 밖에서 불어오는 부드러운 아침바람과 들려오는 새소리 덕분에 비교적 행복감을 느낄수 있었다. 그리고 이 코스의 마지막 저녁도 행복했다. '고대의 지혜

스쿨'에서 며칠 동안 손님으로 온, 터번은 둘렀으나 전형적인 수염은 없는 인도 뮤지션 네 명이 연꽃이 가득 핀 작은 호숫가 아담한 파빌리온 안에서 콘서트를 열었는데, 그들이 해석한 인도의 신비주의자 카비르의 시가 나의 심금을 울렸다. "내 사랑을 누구에게 선사해야 하나, 친구?" 그들이 노래했다. "가장 좋은 반려자는 간구하는 자/ 순수한 마음을 지닌 그들과 함께하라."

나는 당연히 한 단어도 이해하지 못했는데 친절하게도 그들은 시를 번역한 쪽지를 보여주었다. 갑자기 밤이 찾아왔지만 대기는 따뜻했고 그 따스한 느낌은 바깥 공기로뿐만 아니라 내 안으로, 내 마음속으로, 내 뱃속으로까지 전해졌다. 만약 행복 측정기가 있었다면, 그것의 바늘은 분명 최고점을 찍었을 것이다.

마단 카타리아가 수업 첫날에 약속한 것을 생각해본다. "이번 주가 지나면 여러분들의 삶은 확 바뀔 것입니다." 하지만 정작 내 삶을 바꾼 것이 웃음요가의 기교였을까?

파빌리온에 앉아서 탐푸라(인도의 전통 악기—옮긴이)의 음률을 감상할 때에도 삶이 변화하는 것 같은 느낌은 들지 않았다. 이번 주 동안 내 삶이 좀 더 풍요로워지긴 했지만 그렇다고 최고로 행복해진 건 아니었다. 그럼에도 행복을 찾아 여기까지 왔지만 이 코스에서 함께한 다른 몇몇 사람들과는 다르게 나는 지금 현재의 삶이 이미 행복하단 것을 깨달았기 때문에 충분히 즐겁다. 이제 카타리아가 늘 말하는 '발심發心의 순간'을 기다리지 않는다. 나는 상당히 기분 좋은 차분함을 즐기고 있다. 근본적으로 바뀐 것은 없지만 말이다.

인도식 천당에 간 뮌헨 사람

그러나 내가 완전 급격히 바꿔야만 했던 유일한 것은 바로 여기 지혜학교에서 절대 술을 마시지 말아야 했던 일이다. 뮌헨 사람에게 일주일 동안 맥주 없이 살라는 건 마치 제네바 협약에 반하는 것과 같다고

• 풍자소설 작가 루트비히 토마 Ludwigh Thoma의 1911년 소설을 모르는 분들을 위해: 뮌헨 사람인 하인 172번 알로이스 힝게를은 (쇼크를 받고) 천국으로 간다. 거기서 맥주를 그리워한 나머지 다시 지상으로 돌아오게 된다.

생각하며 갑자기 《천당 간 뮌헨인Münchener im Himmel》을 떠올렸다. 주인공은 천당에서 영원한 삶과 보들보들한 양털구름 위 지정석을 받게 되었지만 안타깝게도 그곳에 맥주는 없었다.•

탐파라 콘서트가 끝나자, 나는 여전히 여자 상사한테 골이 나 있는 망명한 그리스인 니핫과, 말을 더듬는 일본 건축학자인 메구미와, 나무 오르기가 취미인 영원한 대학생 루미 할렐루야 바바와 함께 숙소로 돌아왔다. 한편으론 한 주가 무사히 지나가서 기뻤다(나는 이런 모임에서 쉽게 사람들을 격노하게 만드는 경향이 있다). 그 순간만큼은 '오늘 저녁이 끝나지 않기를' 바랐다.

다른 사람들도 똑같이 마지막 저녁 시간을 행복하게 여기고 있었다. 마치 내 생각을 읽기라도 한 것처럼 루미 할렐루야 바바는 조인트(하시시나 마리화나를 섞은 담배—옮긴이)를 푸드득대는 조끼 주머니에서 꺼내더니 우리 모두를 환희의 도가니로 만들어주었다. 기타를 안 친 지가 몇 년이 흘렀지만, 바바가 기타를 내게 건네며 화음을 치게 하고 자기는 우쿨렐레를 연주하자, 그 소리가 과히 나쁘진 않았다. 호숫가에서의 전문 연주자들만큼 아름답지는 않았지만 전혀 문제될

게 없었다. 나머지 두 명은 노래를 불렀는데, 우리는 '위드 어 리틀 헬프 프롬 마이 프렌즈With A Little Help From My Friends'와 같은 오래된 노래에 가사를 새로 만들어서 불렀다. 가사를 만들어 노래하니 더욱 재미있었다.

어느 순간 우리는 하던 놀이를 멈추고 지난 한 주에 대한 평가와 내일부터는 무엇을 할지에 대해 이야기를 나누기 시작했다. 그동안 딱히 함께 이야기를 나눌 만한 공통주제가 없었지만 이 순간 이 공간에서만큼은 함께할 수 있어서 좋았다. 아무런 입문 교육 없이, 그리고 "베에리굿, 베에리굿, 예!" 없이도 우리는 함께 웃기 시작했고 그 웃음을 멈출 수가 없었다. 우리 웃음소리는 멀리 달아나는 새들의 무리처럼 허공 속으로 퍼졌다. 망고 나무를 지나 귀뚜라미 소리와 함께 보름달이 있는 곳까지 퍼져나갔다. 이렇게 머리를 흔들며 웃는 모습이란, 마치 행복한 바보들이 따로 없는 것처럼 보였다.

아침 공원에서

웃음요가 캠프가 끝나고 모두 수료증을 받고 단체사진을 찍었다. 나는 방갈로르로 돌아갔다. 독일로 돌아가는 비행기를 타려면 아직 이틀이나 더 기다려야 했기에 이곳에서 이틀을 보내야 한다. 매일 아침 6시 정각에 유명한 쿠본 공원에서 웃음요가 클럽이 열린다는 소식을 들었던 터라, 그걸 놓치고 싶지 않아서 4시 반에 일어나 그 이른 시간에 도시를 관통하는 기나긴 길을 걷기 시작했다. 그런데 공원에 들어선 순간, 어리둥절해졌다. 나만 아침 일찍 일어난 걸로 착각할 필요가 없었던 것이다. 공원은 이미 사람들로 가득 차 있었다. 일요일 아침 6시 15분 전인데 말이다. 젊은 사람들은 크리켓을 하고 있었고, 은퇴자들은 개를 끌고 산책을, 부부들은 조깅복을 입고 나와 그곳에서 몸을 풀고 있다. 도시 전체가 두 발로 일어나 있는 듯했다. 그러나 안타깝게도 웃음요가 클럽을 찾기는 어려웠다.

그곳을 찾는 것이 이렇게 복잡할 리가 없다고 생각하고는 미라 네어Mira Nair 감독의 '몬순 웨딩' 이야기를 기억해냈다. 이 인도의 여감독은 다음 영화로 뭘 해야 할지 알 수 없어 힘들어했다. 뭄바이에서 택시를 탄 채 교통정체로 옴짝달싹 못하던 어느 날, 교통정체의 이유가 다름 아닌, 수백 명의 여자들이 온통 하얀색으로 옷을 입고는 거리를 배회했기 때문이라는 것을 알았다. 그녀는 궁금해서 택시에서 내려 사람들을 따라갔다. 그녀가 마침내 발견한 것은 마단 카타리아의 첫 웃음 클럽이었다. 그 사이 웃음 클럽은 약 2천 명의 회원으로 성장했다. 그렇게 해서 나온 미라 네어의 다큐멘터리 영화 주제가 바로 '인도의 웃음 클럽The Laughing Club of India'이다.

이 이야기는 인생의 교통정체에서 그저 신경만 쓰고 가만히 있기보다는 호기심에 자신을 내맡기는 것이 좋을 때도 있다는 것을 보여주는 좋은 예다.

그러나 이방인을 목표물로 끌고 갔던 사람들의 흐름이 오늘은 안타깝게도 내 눈앞에 나타나진 않았다. 공원은 너무나 컸고 중앙에 있는 큰 건물을 찾으라는 설명도 크게 도움이 되질 않았다. 공원에는

'중앙'이라는 표시를 할 수 있을 만한 큰 건물들이 몇 개나 있었고 모든 건물은 그 주변으로 넓은 공원이 뻗어 있었다.

1인 웃음 클럽?

잠시 어찌할 바 모르고 주위를 돌아다니다가 그냥 여기에 있는 많은 인도인들이 할 수 있는 것을 나도 해보자고 결심했다. 그래서 나무 아래 있는 벤치에 앉아서 명상을 했다. 눈을 감고 오로지 주변에서 들리는 소음에 집중하려고 노력했다. 우리가 아침 웃음 요가 세미나에서 연습했던 명상에서의 요령은 아름다운 소리와 시끄러운 소음을 구분하려 하지 않는 것이다. 노래하는 새소리는 좋지 않고 비행기 소리도 나쁘지 않다. 둘 다 그냥 소리일 뿐이다. 그냥 그 소리를 인지하고 계속 듣는 것이다. 마침내 여러 소리 중에 하나를 찾아내고 혼잡한 울림들 중에서 그 하나의 소리만을 들으려고 시도했다. 새로운 소리를 인지하게 되면 다른 소리가 다시 이 소리를 몰아내기 전까지 오직 이 한 소리에만 집중하는 것이다.

다른 여러 명상 기술과 달리 이것은 나에게 잘 맞았고 상대적으로 잘할 수 있었기에 이번에도 나는 소리의 세계에 빠져들었다. 나는 명상에 소질이 없는 줄 알았는데, 웬걸! 명상이 이렇게나 잘 될 수 있다니, 그 놀라움이 오히려 명상을 방해하고 있음을 깨달을 정도였다. 나는 다시 소리들에 집중해야만 했다. 잡념에 빠지지 말고 그 순간에 집중해야 하기 때문이다.

저 멀리서 들려오는 자동차 소음으로 가득한 도로의 소리를 들었다. 공 하나가 나무 크리켓 라켓에 딱딱 부딪치는 규칙적인 소리도 들었다. 그러다가 갑자기 계속 발작하는 소리가 들리기 시작했다. 가슴에서 우러나온 커다란 웃음 소리였다. 그 소리가 내 고요한 명상을 흔들었다. 그러자 바로 내 얼굴은 활짝 펴졌다. 어디서 들리는 소리지? 웃음요가 클럽이 이 근처에 있나? 아니면 크리켓 선수 한 명이 다른 선수에게 농담을 했나? 아닌데, 다시 들리잖아!

나는 벤치에서 뛰어 오르듯 일어나 소리가 들리는 방향을 향해 걸음을 옮기기 시작했다.

작은 가시나무 덤불을 뛰어 넘고, 인상적인 수염띠를 두른 뚱뚱한 남자들이 모인 체조 그룹을 요리조리 빠져나와서 구석을 향해 있는 길을 따라갔다. 그런데 "호호! 하하하!" 웃고 "베에에리굿, 베에에리굿, 예!"를 다같이 외치는 그룹 대신에, 무아지경에 빠져 있는 백발의 노인 한 분이 보였다. 그분은 헐렁한 양복바지를 입고, 한 손에는 비닐봉지를, 다른 손에는 소주병을 들고 있었다. 노인은 혼자 중얼대면서 자기 주변에 무언가 보이지 않는 것들을 가리키며, 잠시 발을 헛디뎌 비틀거리다가, 멀리서도 들을 수 있었던 우렁찬 웃음 소리로 다시 웃기 시작했다. 미친 사람처럼 보이는 웃음 클럽이 아니라 진짜로 미친 사람이다. 아니라면 혹시 이상한 의복 규정이 있는, 술 취한 1인 웃음 클럽이랄까?

어쩌면 이것은 인도에서 보낸 내 마지막 날의 애상이었을지도 모르겠다. 또 어쩌면 일주일 동안 그냥 여러 사람들의 웃음 소리에 질렸기 때문인지도. 그 웃는 노인이 도대체 뭘 좇고 있었는지 알 수는 없었지만, 아직 하루가 길게 남았으니 차라리 도시를 좀 더 구경하자 마음먹고 공원을 빠져나왔다.

행복한 순간 열가지

① 놓쳐버린 줄 알았던 전차의 문이 다시 한 번 열릴 때

② 캠핑하면서 침낭에서 잔 게 얼마나 오래전 일인지 확인하고서 다시 흥분에 들뜰 때

③ 슈터스 샌드위치를 준비할 때(미리 슈터스 샌드위치 만드는 법을 구글 서치한다)

④ 우는 아이를 잠깐 안아서 달래주니 아이가 울음을 멈출 때

⑤ 옷을 살까말까 고민하다 사기로 마음먹자 그새 가격이 할인된 걸 알았을 때

⑥ 회의 중 모두가 반길 만한 내용으로 화제가 바뀌었을 때

⑦ 말린 채소로 해야 할 요리에 방금 사온 채소를 썼는데 사람들이 맛의 차이를 못 느낄 때

⑧ 휴가를 떠나 바다에 와서 한눈에 들어오는 풍경을 감상할 때

⑨ 치과 정기검진 후 새로운 충치 치료 없이 집으로 돌아갈 때

⑩ 뒤에선 전차가 오는 벨소리가 들리고 승강장 사람들이 쳐다보는데 좁은 주차 공간에서 완벽하게 주차할 때

로또 당첨은 정말 인간을 행복하게 할까?

우리는 생일날 행복에 대해서는 과대평가하면서
일상의 월요일 아침의 행복은 과소평가한다

곰돌이 푸는 말한다. "아하, 내가 가장 즐겨하는 일이라……."
그러고는 곰곰이 생각해야 했다.
꿀 먹는 게 분명 제일 좋아하는 일이긴 한데,
다른 먹이보다 훨씬 마음에 드는 그 꿀을 먹기 바로 직전에
잠깐 생각해보았지만 푸는 그게 이름이 뭔지 몰랐다.
－밀른A. A. Milne

06

    인도에서 돌아와 여행 막바지에 확인할 수 없었던 이메일들을 확인하면서 내가 한 일이란 대부분 삭제, 삭제, 삭제였다. 광고메일, 뉴스레터, 스팸. '로또에 당첨되셨습니다'라는 제목을 보면서도 나는 나이 많으신 어르신들이나 속아 넘어갈 쓰레기메일일 것이라고 그냥 자연스럽게 생각했다.

    난 그 이메일을 가차 없이 휴지통으로 옮겨 영구삭제하려고 했다. 그런데 잠깐! 발신인의 이름이 어딘가 낯이 익다. 정말로 그 메일은 내가 몇 년 전부터 온라인 응모쿠폰을 갖고 있었던 서비스업체로부터 온 것이었다.

    많은 사람들이 로또는 사람을 멍청이로 만드는 조종기와 같다고 말한다. 매번 로또를 사는 사람들은 누구나 제정신이 아니기 때문이란다. 나는 어느 정도 그 말이 옳다고 본다. 하지만 내가 매달 응모쿠폰을 받기 위해 내고 있는 10유로가, 더 나은 노후대책을 위한 진지하거나 이성적인 투자가 아니라 그저 언젠가 현관 벨이 울리고 행운의 사자가 문 앞에 서 있기를 바라는 거라면, 이건 어리석음의 문제라기보다는 오히려 낙천주의와 관련이 있다.

이메일을 연 순간 일확천금의 꿈은 날아가버렸지만, 적어도 5천 유로는 현실이 되었다. 지금까지 나는 일 년에 한 번꼴로 세 자리 정도를 맞혔는데, 상금은 보통 10유로 정도의 금액에 해당한다. 그러니 이틀 뒤 신분증을 스캔해서 보내고 나면 정말 그 돈이 내 계좌로 들어온다는 실감이 날 것이다. 영화 〈러브 액추얼리〉에서 수상으로 출연한 휴 그랜트가 다우닝 가 10번지를 지나며 춤추던 장면을 기억하는 사람이라면, 마지막 의구심마저 날려버리고 돈이 통장에 들어와 있음을 확인한 순간, 내가 어떻게 집안을 방방 뛰어다니고 있었을지 상상할 수 있을 것이다.

행운의 배후 조종자

로또 당첨이 정말로 인간을 행복하게 할까? 물론 그 순간만큼은 정말로 끝내준다.

확실히 금액만 보면 어떻게 사용하겠다는 계획이 너무도 쉽게 서겠지만, 더 좋은 점은 바로 이 금액으로는 어떤 근본적인 결단을 내릴 수도 없고 실제로 내 인생이 바뀌지도 않는다는 것이다. 물론 짧은 시간 동안 약간 들뜨고 기분은 최고로 좋아지겠지만 말이다. 어쩌면 커다란 짐이 될 수도 있는 이 어마어마한 상금은(어떻게 투자할까? 회사를 다녀 말아?)……, 그냥 저축하기로 한다.

그런데 이 돈을 기꺼이 쓸 만한 용처를 생각해내기로 했다. 원래 꼭 필요하진 않지만 하고 싶었던 것, 특별한 경우가 아니면 경제적으로 감당하기엔 좀 부담스러웠던 것. 바로 그것을 하자. 사실이 그렇다. 오래 생각해볼 것도 없고 가격비교도 할 필요가 없다. 세상은 과연 얼마일까?

그게 무엇이 될지는 금방 결정되었다. 바로 새 책상을 구입하는 것이다. 지금 내가 앉아 있는 이 책상은 15년 전에 이케아에서 산 조립식 책상으로 처음 기숙사 방에 놓고 쓰다가, 그때 이후로 새 기숙사나 새 도시로 옮길 때마다 분해와 조립을 대략 12번 정도는 반복했다. 물론 이 책상과 함께 앞으로도 12번은 더 이사할 수 있을 것이고 책상은 그렇게 15년쯤은 더 버텨낼 수도 있겠지만 이제 이 책상과 이별하려고 결심했다.

로또 상금으로 구입한 새 럭셔리 책상은 50마르크짜리 이케아 가구와는 달리 맞춤 제작된 상품이다. 받침대, 크기, 색깔, 코팅제를 내 맘대로 고르는 일이 재미있었다. 그리고 여느 때와는 달리 이런 기회로 인해 책상 하나하나에 가격이 어떻게 매겨지는지 알게 되어서 재미있었다. 그런데 이런 새 책상을 사긴 했지만 오래된 책상과 헤어지는 일은 영 내키지 않았다. 그래서 고민 끝에 결국 이놈은 작업대로 변신하여 지하실에 둘 선반이 되었다.

재미없고 나를 피곤하게 했던 일이 책상 하나 바뀌었다고 갑자기

신바람 나거나 행복하게 느껴질까? 절대 그럴 일은 없을 것이다. 그러나 어리석은 일이라 하더라도 이렇게 돈을 써보는 것도 재미는 있었다. 이렇게 돈 쓰는 재미에 맛들인다 해도 괜찮다. 책상이 훨씬 더 커진 만큼, 그 위에 이런저런 메모와 책과 서류들이 금세 잔뜩 쌓인다고 한들 그 또한 어떤가. 그래야 책상 위에 보석이 숨겨져 있다는 걸 들키지도 않겠지.

책상을 사고 나서 제시카를 완전 비싼 레스토랑으로 불러내자 낯설고 특별한 기분이 들었다. 마치 기대하지 못했던 선물, 다른 말로 행복이 느껴지는 듯했다. 행복한 우연der glückliche Zufall, 행운의 게임 das Glück im Spiel, 행운의 당첨der Glückstreffer, 재수Chancenglück. 흥미롭게도 독일어는 이 책에서 주로 나오는 지속적인 만족에 대한 표현으로 똑같은 단어 Glück를 사용하는 몇 안 되는 언어 중 하나다. 영국이나 미국은 '행운luck'과 '행복happiness'을 구분한다. 프랑스인들은 '운chance' 또는 '자산fortune'을 '행복bonheur'과 구분한다.

장기간 지속되는 삶의 행복과 나만의 만족을 위해 양로원을 찾는 일은 중요한 구성요소가 되어버렸다. 화요일만 되면 나는 항상 시달린다. 오후에 전차를 타고 양로원에 가려면 오전에 일을 모두 해치워야 하기 때문이다. 하지만 집으로 돌아올 때 매번 느끼는 것은 그런 번거로움을 감수할 만한 가치가 있는 일이라는 거다. 그곳에서 크납 여사 말고도 나는 2주에 한 번꼴로 레그너 씨도 찾아간다. 두 분을 번갈아 가며 찾는 일은 그곳 관리부의 제안이었고 이는 매우 훌륭한 생각이었다. 한 분이 병원에 가거나 어디 다른 일로 바쁘신 경우에 난 그냥 다른 한 분을 찾으면 된다. 레그너 씨는 아흔이 넘은 분인데도 도발적인 크납 여사보다도 훨씬 상냥하다. 두 분 다 재미있고 사랑스럽다.

칼, 걔가 나야

레그너 씨는 이미 20년 전부터 혼자가 되셨고 지난해 다시 여자 친구를 사귀었다. "우리는 인민연대(1949년부터 1990년까지 동독 지역에 있던 성인들을 위한 조직으로 이전 사회국가에 존재했던 비정부 조직 중의 하나— 옮긴이)에서 처음 알게 되었지." 할아버지는 이 이야기를 지난 1월, 우리가 처음 만났을 때 해주었다. "나중에 그녀도 여기 노인요양원에 들어왔지. 그녀는 '칼이 있는 곳에 살고 싶다고' 말했어." 그러고는 오랜 침묵 후에 술만 들이키더니 눈물을 흘리며 말했다. "칼, 걔가 나야. 그런데 한 달 전에 그녀가 죽었어. 그래서 난 너무 슬퍼."

레그너 씨도 책을 읽어주려는 나의 처음 계획에는 시큰둥한 반응을 보였다.

"이봐요, 보쇼. 나랑 산책하면서 놀아준다면 난 그게 더 좋을 것 같은데."

그것도 좋았다. 2주에 한 번씩 크납 여사와 근처 상점을 순례하며 장을 볼 때면, 레그너 할아버지와 할아버지의 보조보행기를 끌고 함께 정원을 산책했다. 그는 나에게 동물을 직접 만질 수 있는 작은 동물원을 보여주었다. 거기에는 염소, 돼지, 기니피그 몇 마리가 있었고, 그곳 거주자들이 동물들을 쓰다듬고 보살펴준다. 동물원 뒤에는 허브 정원이 있었다. 나는 샐비어, 페퍼민트, 나륵 이파리 몇 개를 뜯어 코에 대고 향기를 맡아보았다. 크납 여사처럼 레그너 씨도 눈이 거의 보이지 않지만 후각만은 살아 있었다. 단지 양로원에서는 살균제와 배식냄새 말고는 향기 맡을 것들이 많지 않을 뿐이다.

레그너 씨는 스스로 엄격하게 관리하여 노화를 극복해보려고 노력했다. 매일 오전에 대강당으로 내려가서 단체 모임에 참석했다. "월요일에는 기억력 트레이닝을 하고, 화요일에는 춤을 추지. 수요일엔 노래교실, 목요일은 체조시간이야. 그리고 금요일에 수영을 해." 그가 설명한다. 그 전에는 매일 아침 두 번 정도 정원을 산책했다. "사람은 항상 움직여야 해. 나는 절대로 방에만 틀어박혀 있지 않는다고."

화요일 오후에 산책 코스를 돌고 나면, 우리는 함께 그늘진 벤치에 앉는다. 레그너 씨는 자신의 인생에 대해 이야기했다. 그는 전쟁 시기와 프랑스 관할구역에서 이어지는 3년의 감옥생활까지 거의 다 베를린의 이 지역에서 삶을 보냈다. "내가 얼마나 군국주의를 역겨워하는지, 자네에게 말로 다 표현할 수 없어." 그는 나와 만날 때마다 말했다. 난 그 당시 그의 시간, 거의 100년이라는 시간 동안의 삶에 대해 물었다. 반대로 그는 디트로이트에서는 어떤 일이 있었는지, 인도에서는 어땠는지를 나에게서 듣고 싶어 했다. 내가 어떤 일을 하고 화요일 오후에는 어떻게 시간을 내서 자기와 이렇게 벤치에 앉아 있을 수 있는지도 물었다. 프리랜서로 글을 쓰고 있다고 하니 그는 골똘히 생각에 잠기는 듯했다.

"그걸로 먹고살 수 있어?" 그는 잠시 후에 묻더니 나를 못 믿겠다는 듯이 쳐다보았다. 그렇다고 대답하자 눈을 꼭 감고서는 묻는다. "해리포터를 쓴 그 여자처럼 말이지?"

하이고, 조앤 롤링은 어마어마한 부자이지만 나는 두 달 전부터 한 대 있는 자동차마저도 팔아버리고 말았다고 설명하고는 우린 함께 웃었다.

"신경 쓰지 마. 그래도 자네는 건강하잖아."

유월 햇살이 따사로운 어느 화요일에 그곳 여러 어르신들과 함께 동물원으로 산책을 나갔다. 레그너 씨는 전혀 앞을 볼 수는 없지만 양로원 뒤편에 있는 정원만큼이나 그 동물원을 잘 알고 있었고 지나갈 때마다 어느 곳에 뭐가 있는지 나에게 알려주었다. 코끼리가 있는 곳에서 나는 레그너 씨에게도 보일 정도로 코끼리가 아주 컸으면 좋겠다고 생각했다. 레그너 씨는 오늘만큼은 예외적으로 휠체어를 탔다. 우리는 거대한 회색 동물 쪽으로 최대한 가까이 다가갔다.

"코끼리가 보이세요?"

"아니, 전혀."

그때 거대한 코끼리가 오른쪽으로 터벅터벅 발걸음을 옮긴다.

"그런데 저기 뭐가 움직이는 것 같은데."

동물이나 그 환경을 전혀 볼 수 없지만, 그는 외출 나온 매 순간 순간을 즐기고 있었다. 그 순간 한 연구가 생각이 났다. 보통 사람들이 자신의 시력을 지키기 위해 어느 정도까지 돈을 지불할 생각이 있는지, 또한 시각장애인은 시력을 되찾기 위해 얼마를 낼 수 있는지를 조사한 연구였다. 흥미롭게도 정상인이 내겠다는 평균 금액이 시각장애인이 내겠다는 액수보다 훨씬 높았다. 다른 여러 부위에 대해서 비슷한 질문을 한 비교 결과도 나왔는데 거의 비슷했다. 우리는 자신에게 일어날 수도 있는 불행을 때로는 지나치게 과대평가하고 동시에 어딘가 장애가 있는 사람들의 행복에 대해서는 과소평가한다. 아니면 하버드 심리학자 대니얼 길버트Daniel Gilbert가 저서 《행복에 걸려 비틀거리다》에서 보여주듯이, '우리는 생일날의 행복에 대해서는 과대평가하면서 보통의 월요일 아침의 행복은 과소평가한다. 그런데도 우리는 이런 실수를 매번 저지른다. 현실이 우리를 깨우쳐주든 말든 말이다."

그렇다고 맹인이 되라거나 하반신 불구자가 되어보라는 건 당연히 아니다. 하지만 그런 사람들이 보여주는 바는 몸이 온전한 우리가 비관적으로 그려나가는 것만큼 그들의 삶이 그렇게 끔찍하지는 않다는 것이다. 건강한 사람들에게 여러 질환을 제시하고 얼마나 아플지 추측해보라고 질문한 연구에서도 이는 증명된다. 총 83가지의 질병과 장애에 대해 '차라리 죽는 게 낫다'는 등급이 매겨졌다.

실제 안타깝게도 83가지의 질병을 하나씩은 앓는 사람들이 많다. 물론 그런 질병들은 건강한 이들을 매우 두렵게 만든다. 그래서 사람들은 그런 병을 앓으며 사는 삶이란 더는 살 만한 가치가 없는 것으로까지 여긴다. 하지만 그런 질병이나 장애를 앓고 있는 사람들의 자살률은 건강한 사람들보다도 높지 않다.

어쩌면 우리는 만성적 질병이나 장애를 너무 부정적으로만 생각하는지도 모른다. 우리는 그저 상상하기만 하기 때문이다. 이런 병이 삶에서 한자리를 차지하게 된다면 다른 좋은 것들이 들어설 자리는 없어질 거라고 굳게 믿는 것이다. 하반신 마비를 떠올리면 휠체어 말고 다른 것은 생각나지 않는다. 하지만 아무리 그렇더라도 사랑에 빠질 수도 있고, 좋은 책들을 읽고, 친구도 사귀고, 직업적으로도 성공하고, 스포츠도 할 수 있다. 다시 말해서 행복한 삶을 산다는 것은 그런 질병이나 장애와는 아무 상관이 없다는 것이다.

레그너 씨와 나도 역시 매우 비슷하다. 한 번도 코끼리를 알아보지 못했는데 동물원 한 번 방문한 걸로 무언가 얻어낼 수 있다고는 생각하지 않았다. 그가 아무리 코끼리 바로 앞에 서 있다고는 하지만 말이다. 그럼에도 레그너 씨가 우리의 외출에서 즐기는 것들은 셀 수도 없이 많다. 우선 동물원을 찾은 다른 사람들과의 인사가 있고, 우리를 지나치는 학생들의 웃음소리가 있으며, 다양한 향기들이 있고, (물론 동물에 따라 냄새가 좋지 않은 경우도 있지만) 피부에 와 닿는 따사로운 햇살이, 공간적으로 제한된 양로원 일상에서의 탈출 등등이 있는 것이다.

잠시 뒤 우리는 그늘에 자리 잡고 앉아 양로원에서 챙겨온 빵을 먹었다. 레그너 씨는 나에게 바나나를 건넸다. ("이놈은 항상 목이 막힌다니까. 그래서 이런 건 자네도 내 나이 되면 먹지 못할 거야!") 나는 내 후식을 건넸다. 우리 둘 다 말없이 앉아서 씹기만 했다. 문득 우리가 같이할 수 있는 게 참 없다는 생각이 들었다. 우린 완전히 다른 두 세상에서 살고 있다. 둘이 같이 읽은 책도 없고, 같이 아는 노래도 없다. 우리 바이오그래피는 완전히 다르다. 우연히 사귈 수 있는 기회를 가질 가능성도 거의 제로에 가깝다. 어쩌면 그래서 난 우리의 우정을 더 특별하게 느끼는지도 모르겠다.

동물원 소풍이 끝나고 헤어질 때, 그는 보통 때처럼 떨리는 손으로 한 대 툭 치지 않고 헤어졌다.

"자네, 또 올 거지?"

"그럼요. 이것 말고 할 것도 없는 걸요."

사실이 그렇다. 애초의 내 행복실험은 그를 찾는 일이나 크납 여사를 방문하는 일과 전혀 상관없어진 지 오래다.

"자네가 찾아오면 나는 언제나 즐겁다네."

레그너 씨가 헤어지면서 이렇게 말하자 눈물이 날 것만 같았다.

집으로 돌아가는 길 전차에서 내 맞은편에 두 명의 여학생이 앉아 있다. 오후에 시장을 보고 이제 함께 집으로 가는 길인 것 같았다. 킥킥거리면서 서로 머리를 맞댄다. 전차가 정거장에서 멈추자 한 학생이 내렸다.

"내가 너 따라간다."

내린 학생이 닫히는 문에 대고 소리치고, 다른 친구는 안에서 행복하게 웃는다. 전차가 출발하자 안에 있는 친구는 달리는 반대방향으로 요란하게 뛰고, 내린 친구는 정거장 위에서 뛰어온다. 어느 순간 전차는 매우 빨라지고 밖에 있던 소녀는 점점 뒤처졌다. 둘은 웃으며 서로 손을 흔들었다. 그들은 서로 행복하게 우정에 즐거워하며 순간순간을 좀 더 길게 보내려 애쓰고 있었다.

작곡가 퍼니 반 단넨Funny van Dannen을 생각하며 그의 멋진 말을 떠올린다.

'친구가 되자.'

말 그대로 베스트 오브 베스트다.

안녕, 이웃!

우리가 정원으로 가꾼 회색 지구의 황량한 구역은 지난 몇 주 만에 녹색 오아시스가 되었다. 그곳 뒤편에는 무릎 높이의 꽃들이 다양한 색깔을 내뿜고 있었다. 어리뒤영벌과 꿀벌이 꽃들 사이로 이리저리 분주하게 날아다닌다. 앞쪽에는 멜리사와 수영(마디풀과의 여러해살이 풀—옮긴이)을 심었지만 거기엔 잡초만 무성해졌다. 경험이 부족한 정원사였던 만큼 잡초가 번지는 상황을 알아차리지 못했다. 그래서 지금은 잡초 뽑는 일만 남아 있다.

피할 곳 없이 쨍쨍 내리쬐는 햇빛 속에서 우리는 잡초를 잡아당겨 뽑아내고 있었다. 난 꼭 이래야만 하는지 의문이 들었다. 잡초도 행복을 누릴 정원을 찾아야 할 터인데 말이다. 하지만 그런 의문은 옆집에 사는 작은 꼬마 여자 아이가 발코니에서 손을 흔들어 인사하는 순간 사라져버렸다.

"와! 한 번 정원에 들어가봐도 돼요?" 소녀가 크게 외쳤다. "그럼!" 우리가 대답한다. "대신 분무기 좀 가지고 올래?"

비밀의 정원을 가꾸면서 우리는 갑자기 여러 이웃을 알게 되었다. 전에는 보통의 대도시 주택단지에서처럼 만났을 때 그저 고개만 끄덕이며 지나쳤다. 나는 이웃의 이름도 그들이 몇 층에 사는지도 몰랐다. 그런데 갑자기 발코니에서 한 이웃이 손짓하며 인사를 하고, 우리가 분무기와 양동이를 들고 아래로 내려갈 때 어떤 사람은 계단에서 말을 걸기도 했다.

디트로이트를 여행하면서 만난 미시건 대학 연구원 캐서린 알라이모가 '도시 정원'과 '도시 농장'의 필요성을 역설하면서 바로 이 점을 지적했던 것이 기억났다.

"길가에 정원이 있으면 사람들은 서로 이야기를 나누죠. 이웃과 인사를 나누면서 갑자기 두려움이 사라지기 시작하는 거예요. 삶의 질이 좋아지고 있다는 거죠. 사람들은 또한 다른 주제로도 이야기를 나누고 자신이 혼자가 아님을 깨닫게 된답니다."

힘들지만 이 일은 정말로 좋은 일이라고 생각하며 나는 흙으로 더럽혀진 손으로 이마의 땀을 훔쳤다. 정원을 통해 겨우 몇 미터 떨어진 곳에 함께 살고 있던 사람들을 더 잘 알게 되었다. 그리고 나 자신에 대해서도. 이를테면 내가 들 수 있을 만큼의 물을 어디론가 들어나르는 일을 즐기고 있다는 사실이다. 그리고 유용한 식물과 잡초를 구분하는 법도 배웠다. 이것만 해도 좋은 일이다.

나는 비밀의 정원이 내 행복에 기여하는 이유를 다른 곳에서 찾아보고자 했다. 생물학자이자 자연연구가인 에드워드 오스본 윌슨

Edward Osborne Wilson은 이런 감정을 '바이오필리아Biophilia'라고 부른다. 진화적으로 우리 안에 깊게 뿌리내린 자연과 인간 사이에는 '본능적 교감'이 있다고 그는 말한다.

개인적으로는 '바이오필리아'라는 단어가 약간 거슬린다. 마치 창백한 남자들이 땀을 흘리며 몰래 식물을 닦거나 숲속에서 스윙어 클럽 회원들이 만나 이끼방석 위에서 성교하는 것이 상상되곤 하기 때문이다. 하지만 어쩌면 이는 윌슨의 이론보다는 내 판타지 탓인지도 모르겠다. 물론 윌슨의 이론은 학문적으로 검증되고 있다. 이를테면 심리학자 로저 울리치Roger Ulrich는 펜실베이니아에 있는 병원의 여러 환자들을 대상으로 담낭수술 후의 회복 정도를 연구했다. 병실에서 활엽수들을 볼 수 있던 사람들이 똑같은 수술 후 벽만 쳐다본 환자들보다 확실한 차이가 보일 만큼 회복 속도가 빨랐고 진통제도 덜 필요로 했다.

몸을 쓰고 손을 바쁘게 놀리는 것부터

자연에 가까이 있고 동물과 식물에 본능적으로 감동받는 것 말고도 어쩌면 정원에서 하는 육체적 노동 또한 행복에 일조하는 것인지도 모르겠다. 특별한 일 없으면 놀고 있을 내 손이 나를 깜짝 놀라게 할 정도로 기쁘게 해주기 때문이다.

25년을 행동 연구와 정신건강, 신경정신학에 몰두한 심리학 교수인 켈리 램버트Kelly Lambert는 《우울증 리프팅Lifting Depression》에서 한

가지 질문에 몰두했다. 손을 사용하는 일이 어떤 식으로 우울증을 멀어지게 하고 기분뿐만 아니라 삶 전체를 향상시킬 수 있는지를 제시했다. 일을 기계에 덜 맡기고 손으로 직접 하면 할수록 더 행복해진다는 것이 그녀의 주장이다.

내 인생에 식기세척기가 없어서 접시와 컵을 손수 설거지해야 했던 때를 기억해보았다. 난 그 시간에 분명 많은 일을 할 수는 있었겠지만 (특히 설거지 하는 시간을 아끼고 손톱도 더 깨끗하게 할 수 있었을 것이다) 그렇다고 더 행복하지는 않았을 것이다. 그래서 난 켈리 램버트에게 전화 걸어 그녀의 주장에 대해 이야기를 나누기로 결심했다.

"해부학적으로 뇌의 여러 '부위'는 우리가 움직일 때 비로소 활동하는 것을 볼 수 있습니다." 친절한 여성 연구자는 약한 남부 악센트가 묻어나는 말투로 설명했다. "무엇보다도 우리의 손을 조종하는 일은 뇌의 많은 공간을 차지하고 있습니다. 일례로 엄지손가락을 조종하는 뇌피질 영역은 전체 척추를 맡고 있는 영역보다 더 큽니다. 운동 능력을 책임지는 영역들은 그 외에도 기쁨을 책임지는 영역과 문제 해결을 책임지는 영역과도 연결됩니다."

그럼에도 요즘 들어 우리 노동은 거의 정신적인 일에 쏠린다는 게 문제라고 했다. 우리는 기껏해야 타이핑하는 정도에만 손을 이용하고 있지, 자신의 뇌를 위해 중요한 보상이 될 수 있는 물건 쥐는 일을 하는 데는 인색하기만 하다. 켈리는 직접 음식 요리하기, 자르기, 뜨개질하기가 장시간 일하는 워드 아르바이트보다 우리 머릿속 그런 보상 연결관을 더 많이 활성화시킨다고 한다.

"우리 두뇌는 일과 거기서 발생하는 보상 사이의 관계를 저장합니다. 두 손으로 무언가 창작하는 일은 우리에게 통제 감각을 주고 그것은 다시 스트레스와 두려움을 억제합니다. 냉장고 안이 텅 비어서 장보러 가야 하면 우리는 바로 한숨을 내쉽니다. 하지만 백 년 전만 해도 음식은 사냥하거나 스스로 마련해야만 했던 게 아니었나요! 모든 현대 기술을 거부하는 아미시 사람들(현대 기술 문명을 거부하고 소박한 농경생활을 하는 미국의 한 종교 집단─옮긴이) 문화를 관찰해보면, 그들에게는 우울증 문제가 매우 드물다는 것을 확인할 수 있습니다. 마찬가지로 이것은 많은 수작업을 하는 중국인들에게서도 확인할 수 있습니다."

한편으론 그녀의 말이 잘 이해되고 그 주장에 동의해주고도 싶다. 점점 많은 사람들이 그런 것처럼 내내 컴퓨터 앞에 앉아 있는 내 직업도 문제다. 타이핑, 클릭, 읽기, 잡생각, 커피 마시기. 우리는 생각에 돈을 내고, 추상적인 것들의 창조에 값을 치르며, 아이디어와 해결책들에 돈을 지불한다. 당연히 그런 것을 매우 만족스러워 할 만큼의 좋은 이유들은 많다. 하지만 물이 새는 수도꼭지를 고치거나 음료수 병들을 보관할 수납장을 발코니에 만들어놓는 일이 나를 얼마나 자랑스럽게 만드는지도 물론 잘 알고 있다. 그런 일에서 비롯되는 행복한 만족감은 줄줄이 마감해내는 나의 기사들보다, 하루 종일 긴급하고 중요하지만 사람 미치게 만드는 이메일과 전화보다도 더 클 때가 많다. 하지만 이런 이유로 해서 내가 A/S직원이나 설치기사가 되어야 할까? 가내 수공업 종사자로서 자부심을 느끼게 해주는 것들을 밥벌이로 해야 한다고 하면 그 순간 이런 행복감은 일어나지 않을 게 뻔하다.

아무튼 켈리 램버트의 이론을 완전히 믿는 건 아니다. 아미시 사람들의 정서나 중국 농부들의 행복감은 어쩌면 그들이 하는 수작업으로 인해 비롯된 것이기보다는 가족구성원 간의 유대와 공동체 소속감에서 연유한 것은 아닐까? 아니면 그들에게 휴식과 만족을 선사하는 믿음 때문은 아닐까?

켈리 램버트는 그것 역시도 삶의 행복에 기여하는 인자들일 것이라고 말했다. 그럼에도 불구하고 그녀는 육체적 긴장과 수작업이 정신 건강과 만족의 중요한 열쇠라고 믿었다. "그저 사소한 수작업이 필요한 일이라 하더라도 실질적인 문제들을 해결해 나갈 때, 우리는 말 그대로 삶을 스스로 제어한다는 느낌을 받습니다. 이를 통해서 운명이 큰 시련을 안겨줄 때에 대한 준비를 더 단단히 하게 됩니다." 그녀는 자기주장의 근거를 말해주었다. "이것을 실험용 쥐로 실험해보았습니다. 한 그룹은 대팻밥 뭉치에서 빠져 나온 후에야 먹이를 받았고 다른 그룹은 애쓰지 않고 그냥 먹이를 받았습니다. 6주 후에 우리는 두 그룹에게 해결할 수 없는 과제를 내주었습니다. 플라스틱 상자에서 먹이를 꺼내야 하는 과제였죠. 여기서 확인할 수 있습니다. '응석받이' 쥐들은 먹이를 먹기 위해 일해야 했던 쥐들보다 더 쉽게 포기해버린 거예요."

햄스터의 숙명

　　　　　먹이와의 사투에서 마지막까지 포기하지 않은 쥐의 에피소드가 내게는 행복에 대한 슬픈 정의 같아 보였다. 하지만 정말 그렇게 맞아 들어가는 듯 보이긴 했다. 쥐를 대상으로 향정신제의 효과를 실험한 것을 뉴욕타임스 매거진에서 잠깐 읽었다. 그 기사에 따르면, 쥐들이 올라올 수 없도록 물 양동이 안에 집어넣는다. 그러고는 얼마나 오랫동안 밖으로 나오려고 시도하는지를 관찰한다. 다른 그룹의 쥐들에게는 같은 실험을 하기 전에 검증된 향정신제 주사를 맞힌다. 약을 맞은 쥐들이 그렇지 않은 쥐들에 비해 좀 더 오래 양동이 밖으로 기어오르려고 시도한다면, 연구자들은 의약품의 효과를 증명한 거라고 본다.

　우선 나는 이런 생각들이 사람을 극단적으로 우울하게 만든다고 생각한다. 가능한 한 뼈 빠지도록 계속 일할 수 있느냐가 인생에서 정말 중요한 문제일까? 우리 역시 헤어 나오기엔 역부족인 커다란 물 양동이 속에 있기에 어떤 문제든 다 똑같겠지만, 포기해선 안 되는 건가? 물론 적어도 결말에 있는 핵심에는 동의한다. 인생이란 저항에 대한 영원한 도전이며, 하늘이 무너지는 상황도 견뎌내고, 곤란에 빠져도 굴복하지 않아야 하는 것이다. 어느 누구도 운명의 시련에 상처받지 않을 순 없다. 더군다나 어려움 없이 산 사람도, 한 번도 불행한 사랑에 빠져본 적이 없는 사람도, 주변 사람의 죽음으로 슬퍼해본 적이 없는 사람도, 실직해본 적이 없는 사람도 백퍼센트 완벽한 행복의 상태에 도달할 순 없다. 또한 더불어 우리의 목표들은 대개는 너무 배타적이다. 목표들이 서로 모순 관계인 경우가 종종 있다. 가족과 많은 시간을 보내려는 사람은 큰돈을 벌기가 어렵다. 여러 명의 다양한 섹스 파트너를 갖고 싶은 자는 신뢰와 안정감을 포기해야만 한다. 성공을 꿈꾸는 자는 안락함과 편안함은 꿈도 꾸지 말아야 한다. 시골에서 살고 싶은 사람은 대도시의 매력을 즐길 수 없다.

이 모든 게 전적으로 나쁜 것만은 아니다. 그리고 어쩌면 보다 편하게 받아들일 수 있는 결과가 있다. 우리는 죽을 때까지 물 양동이 밖으로 기어 나오려고 애쓰는 쥐보다는 곡예를 부리는 햄스터에 가깝다는 것. 햄스터는 판자 위에서 평형을 유지하며 동시에 가능한 한 많은 공을 쥐려고 시도한다. 항상 성공하는 건 아니다. 하지만 시도조차 안 하면 어떤 해결책도 없다.

다양성 vs 시간

제시카와 결혼한 지도 벌써 반년이 지나갔다. 건방지게 들릴지 모르겠지만 나는 이 시간 동안 남편노릇을 제법 잘한 편이라고 자부한다. 일단, 화장실에서 오랫동안 책을 읽는다. 일요일에는 산책을 가기보다 '킬존 3' 오락을 할 때가 많다. 그리고 과일과 샐러드(더욱이 하나하나 다 씻는다)를 먹으라는 아내의 권유를 잘 따른다. 전체적으로 봐도 나는 아내를 불행하게 만들기보다는 행복하게 만드는 편이라고 믿는다. 물론 그녀의 신경을 건드릴 때가 종종 있긴 했지만 말이다. 단 한 가지 문제에서 예외가 있었다. 바로 그 문제로 나는 아내를 열 받게 했기 때문이다. 레스토랑에서 똑같은 것을 주문해선 안된다는 내 철칙 때문에 이런 상황이 종종 벌어진다.

아내: 당신 뭐 먹을래?

남편: 난 슈페츨러(남부 독일 슈바벤 지방의 마카로니풍의 음식—옮긴이)를 곁들인 사슴 굴라쉬(헝가리식 스튜—옮긴이)를 먹을까 하는데…….

아내: 나도 본 적 있는데, 맛있겠는데, 나도 그거 한번 먹어볼까.

남편: 아주 좋아. 그럼 당신은 그걸 먹어. 나는 로즈마린 감자를 곁들인 양고기 스테이크를 먹을게.

아내: 바보 같은 짓 하지 마! 당신이 먹고 싶은 걸 먹어야지.

남편: 난 둘 다 괜찮은데. 그리고 당신이랑 다른 거 주문하면 우린 둘 다 먹어볼 수 있잖아.

아내: 아, 그래 그렇긴 한데…….

하지만 이때 아내는 사실 이렇게 생각한다. '#*%§§§!!!'

이런 경우에 요리를 바꾸는 것은 아무런 도움이 안 된다. 나는 평소에 메뉴가 10가지쯤 되는 평범한 식당에서 (유럽의 가정에서 키울 수 있는 동물이나 곤충들로 만들어낸 요리가 아니라면) 보통의 메뉴를 볼 때, 적어도 다섯 가지는 맛있게 먹을 수 있는 요리가 있다고 주장하곤 했다. 이런 선택의 기회에서 둘이 같은 것을 주문한다는 것은 나로서는 가능성의 상실로밖에는 보이지 않았다.

이런 다툼이 전부 행복과 관련이 있는 걸까? 내가 다른 것을 주문하면 다양한 음식들을 맛볼 수 있기 때문에 더 행복할 것이라고 나는 착각한 것이다. 제시카는 내가 원래 먹고 싶었던 것을 못 먹기 때문에 덜 행복하게 되었다고 생각한다.

누가 옳은 걸까?

찾아보니 이에 대한 연구가 있다. 다시금 학생들을 대상으로 한 연구였다. 이번에 학생들은 대니얼 리드Daniel Read와 조지 로웬스타인George Loewenstein 교수에게서 좋아하는 과자가 무어냐는 질문을 받았다. 그 이후로 그들은 몇 달 넘게 매주 다른 실험실의 연구에 협조를 부탁받고 매번 감사의 표시로 과자를 받게 된다. 한 그룹은 자신들이 가장 좋아하는 과자만 받았고, 다른 그룹은 한 번은 제일 좋아하는 과자를 다음에는 두 번째로 좋아하는 과자를 번갈아 받았다. 이 연구는 어떤 학생들이 더 만족했는지를 분석하는 것으로 끝을 맺는다. 항상 제일 좋아하는 과자를 받은 학생들이 더 만족했다. 그러니까 매번 호기심에 좋아하는 것 대신 다른 요리를 주문하지 않는 사람들이 더 행복한 것이다.*

• 물론 이런 연관관계에 대한 또 다른 연구가 있다. 학생들은 먼저 앞으로 이어지는 기간 동안 어떤 과자를 받고 싶은지를 선택할 수 있다. 대부분은 골고루 받기를 선택한다. 결국 끝에 가서는 불만족스러웠다고 얘기하게 된다. 그러니까 놀랍게도 우리는 얼음물에 손을 담갔던 실험과 유사하게 우리 자신에게 무엇이 좋고 결국에 어떤 것이 정말로 만족스러운지를 잘 모른다.

다양하게 먹는 게 좋지 않나? 그냥 지금 가장 먹고 싶은 것을 주문하면 행복전도사인 나는 보다 좋은 조언을 받은 건가? 달리 말해서, 내 아내가 결국은 옳았던 걸까?

허나 그렇게 쉽게 포기할 순 없었다. 나는

다행히도 내 편인 누군가를 찾아냈다. 하버드 심리학자 대니얼 길버트는 이미 언급한 그의 책에서 우리가 우리 신상에 반복해서 생기는 좋은 일들에 강제적으로 둔감해진다고 얘기한다.

'심리학자들은 적응이라고 부르고 경제학자들은 이를 감소하는 한계효용이라고 부른다. 그리고 혹자는 그게 바로 결혼이라고 한다. 하지만 인간은 이런 적응에 대해 두 가지 처방전을 찾아냈다. 바로 다양성과 시간이다.'

다양성을 갖고 해결하는 일은 간단하며 우리 모두에게서 관찰될 수 있다. 다양한 요리가 차려진 아침 뷔페에서 본인이 제일 좋아한다고 해서 접시를 간단히 계란프라이로 가득 채우는 사람은 거의 없다. 그건 정말 끔찍한 단조로움 그 자체다. 그래서 우리는 다양한 음식을 덜고 거기에다 빵 몇 개와 치즈 또는 과일샐러드를 더 가져온다. 하지만 우리가 지난 일요일에 아침식사용 삶은 계란 하나를 먹었다면, 그건 우리가 다음 일요일을 생각하지 않는다는 거다. "오, 또 계란이야. 참 단조롭군!" 아니면 길버트가 말한 것처럼, '샴페인을 부딪치며 한밤중에 자기 짝과 키스하는 것이 매일 저녁에 벌어지는 일이라면, 아마도 쉽게 흥미를 잃어버릴지 모른다. 하지만 12월 31일에 키스하고 다시 일 년을 기다려야 한다면 그 체험은 다시금 새로운 기쁨을 준비할 것이다.'

분명, 새해를 카운트다운하고 파티를 벌이고 12시 정각에 키스하는 일에 익숙해지거나 싫증날 정도가 되기 위해서는 일 년의 휴식은 너무나 길다. 매일 연말 파티를 하고 일정 시간에 감사의 인사를 나누며 보내야 된다면 이렇게 말하게 될 것이다.

"오늘은 제발 나 없이 해주라."

그러나 길버트의 말에 따르면 다양성과 시간은 적응을 방해하는 완전히 다른 전략이라고 한다. 우리는 매번 동시에 두 개를 필요로 하지는 않는다. '그 체험들을 시간적으로 충분히 따로 떼어놓을 수 있다면 다양성은 불필요할 뿐만 아니라 오히려 저해하는 요소가 될 수도 있다.' 어쩌면 아침 계란의 예로 쉽게 설명할 수 있겠다. 하루에 52개의 계란을 먹어야 한다고 상상하면 위는 커다란 프라이팬만으로도 뒤집어질 것이다. 그러면 우리는 다양성을 원하게 된다. 하지만 계란 애호가로서 아이들과 아내 또는 함께 사는 식구들을 챙겨야 하는 상황에서 일 년 내내 일요일마다 아침을 만들어야 한다면, 무조건 일요일에는 아침에 삶은 계란을 내놓을 것이다. 그러면 분명 다양하지는 않지만, 일요일마다 가장 좋아하는 아침식사를 하게는 될 것이다. 시간적 간격은 매 일요일마다 새로운 메뉴를 기대하게 만든다. 단조로움을 두려워한 나머지 격주 일요일에 삶은 계란을 차리고 다른 주에는 (별로 좋아하지도 않으면서도) 팬케이크를 준비한다면, 그건 좋은 결정이 아닐 것이다. 왜냐하면 우리는 격주로 가장 좋은 아침식사를 포기해야만 하기 때문이다.•

• 아침식사의 예는 이제 그만하고 짧게 설명해보자. 시간적인 간격으로도 해결되는 상황에서 왜 우리는 그렇게 자주 다양성을 선택하는가? 시간은 우리가 상상하기에 어려운 차원이다. 미래의 무언가를 상상할 때 우리는 자동적으로 현재를 출발점으로 생각하고는 마음대로 재조정한다. 이 때문에 호화로운 식사 후에 다시 배고파지는 경우를 상상하는 것이 어려워지는 것이다. 방금 대도시로 이사 온 학생이 따돌림을 당해 다시 시골로 돌아가기를 원하는 것도 마찬가지다.

아침식사 이야기에서 저녁식사가 있는 레

스토랑으로 다시 돌아가보자. 일행이 주문한 것과 다른 메뉴를 주문하는 것은 의미가 있고 만족감도 높일 수 있다. 하지만 몇 주 후 다시 그 레스토랑을 찾았을 때 지난번과 다르게 주문하는 것이 언제나 좋지는 않을 것이다. 난 마지막 순간에 결정을 바꾸면서 지금까지는 행복과 만족감의 문제에서 아주 좋은 해결책을 봤다. 비록 내 아내를 열 받게 만드는 일이긴 했지만 말이다. 하지만 어쩌면 다음에는 애초에 내가 원했던 것을 계속 고수해야 할지도 모른다.

행복한 순간 열 가지

① 긴 여행을 마친 후 다시 집에 들어왔을 때

② 마트에 있는 것만큼 먹음직스럽진 않아도 직접 키운 채소를 먹을 때

③ 아침에 시트를 새로 깔았다는 사실을 잊고 있다가 저녁에 청결한 침대에 누울 때

④ 어디선가 숯불구이 냄새가 날 때

⑤ 사람들로 가득한 호프집에서 비어 있는 자리를 발견했을 때

⑥ 떨어지면 깨졌을 것을 간신히 발로 붙들었을 때

⑦ 지갑을 잃어버린 게 아니라 어디 잠깐 놓고 나온 것을 알았을 때

⑧ 공항에서 안전검문소를 길게 기다리지도 않고, 삐 소리도 없이 지나올 때

⑨ 새끼 고양이가 손등을 핥아줄 때

⑩ 봄이 시작되는 첫 날에 외투 없이 외출할 수 있을 때

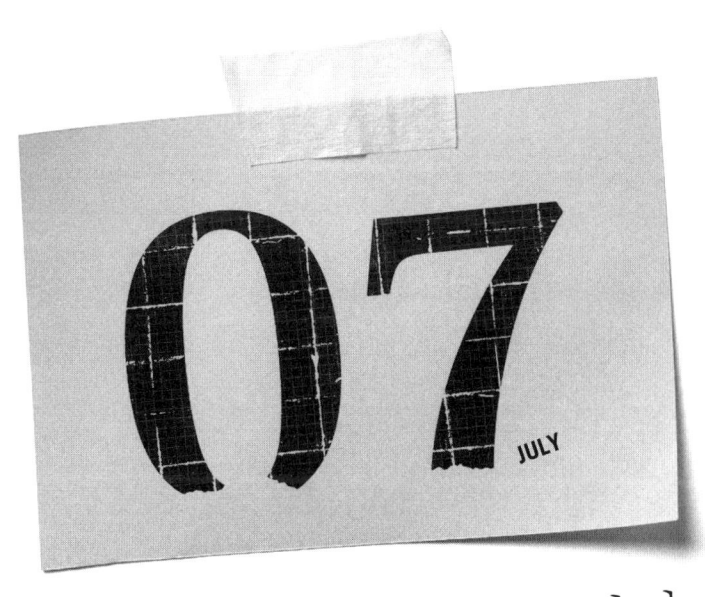

긍정 심리학 심포지엄 참가기
'우리는 얻는 즐거움보다 잃는 두려움을
두 배 더 크게 느낀다'

그 이후로 내게 휴식이라는 이름의 장소는 없다.
그저 갈 수 있는 길만 있을 뿐이며 좋은 신발이 필요할 뿐이다.
-함부르크 밴드 스텔라의 노래 '아메릭'에서

07

하이델베르크에서 바로 눈에 들어오는 장면은 길에서 잠들어 있는 수많은 포르쉐들이다. '행복과 웰빙으로 가는 길'이라는 주제로 제2차 긍정 심리학 심포지엄의 개최지로 선정된 것이 그래서였을까? 하이델베르크로 가는 기차 여행에서 나는 마틴 셀리그만의 《긍정 심리학》을 읽었다. 어떻게 보면 '긍정 심리학'이라 부르는 분야의 표준 교과서라 할 만한 책이다. 1998년 당시 미국 심리학회의 회장이었던 셀리그만은 심리학이 병과 장애에만 치우쳐 매달리는 것을 깨달았기에 연구 방향을 긍정으로 바꾸었다. 그 당시까지 심리학에 종사하는 사람들은 우울증에 시달리는 사람, 정신분열을 앓는 사람, 불행한 사람, 그런 사람들을 관찰하는 일에 매진했지, 안정되고 건강하고 행복한 사람들이 정작 왜 안정되고 건강하고 행복한지를 살피는 일은 등한시했던 것이다.

- 여성 저널리스트 바바라 에렌라이히 Barbara Ehrenreich는 《스마일 또는 죽음: 긍정적 사고의 이데올로기가 세상을 바보로 만드는 방법》에서 긍정 심리학을 특히 날카롭게 공격한다. 측정과 증명이 부족한 것을 비판했음은 물론이거니와 컨설팅으로 소득을 올리는 것을 특히 중요시 여기던 참가자들이 가졌을 법한 상업적 흥미도 부족하다고 비판한다. 더불어 긍정 심리학과 긍정적 사고의 힘에만 초점을 맞춰 비현실적으로 너무 높은 기대를 갖게 하고 혹시라도 인생이 뜻대로 안 되면 잘못된 죄의식을 갖게 할 수 있다고 주장한다.

그는 여성 심리학자 바바라 프레드릭슨 Barbara Fredrickson과 몰입 연구자인 미하이 칙센트미하이와 함께 그 다음해에 긍정 심리학을 창설했고 많은 자료들을 수집했다. 물론 비판도 많이 받아야 했다. 이를테면 일부 연구자들이 볼 때, 긍정 심리학은 학문적 방법론이 부족해 보였고 그 연구 방향보다는 하나의 캠페인 정도로 여겨졌기 때문이다.•

나도 행복에 관해 학문적 측면에서 더 많은 걸 알고 싶었고, 비록 논란이 분분하기는 하지만 긍정 심리학과 그에 관련된 최신 정보에 대한 호기심 때문에 하이델베르크로 가는 길에 올랐다. 행복사냥꾼이자 심리학자이며 신비주의자인 마틴 셀리그만을 직접 만나볼 수 있다는 기대에 부풀었던 것도 하이델베르크로 향했던 또 다른 이유였다.

두려움은 영혼을 잠식한다

하이델베르크로 가는 길에 소식 하나를 접하게 되었다. 그건 내 인생의 로또와 같은 운명적인 사건과 완전 정반대의 소식, 바로 국세청이 나를 세무조사할 거라는 세무사의 말이었다. "당신과 같은 프리랜서들에게는 보통은 이러지 않는데……"라고 하니, 전혀 문제될 것이 없다는 사실도 나를 떳떳하게 만들지 못했다. 이런 종류의 두려움은 사실 운전 중에 갑자기 백미러에 경찰차가 보였을 때의 느낌과 약간 비슷하다. 은행을 턴 것도 아니면서 놀라기는 그 이상이다. 미터기를 보고, 안전띠를 확인하고, 신호를 지켰는지 확인해본다. 그리고 삼각대가 있는지 지난번 마트에서 산 야광 조끼는 챙겼는지 생각해본다. 거의 모두가 이런 일 때문에 양심에 거리낌을 갖진 않을 것이다.

예고된 세무조사에 대한 반응도 이와 비슷한 근본 원인에서 비롯되었다. '털어서 먼지 안 나오는 사람이 어디 있겠어.' 이런 생각이 머리를 스쳐 지나가고, 눈을 감자 완전 무장한 특수경찰이 현관문을 부수고 집 안에 연막탄을 투척하고 서재에 있는 책이란 책은 다 끄집어내는 장면이 번뜩 스친다. 검은 가죽 재킷을 입은 남자가 내 앞에 내 책 중 한 권을 들이밀며 똑 부러지는 목소리로 말한다. "그래요 그래. 해리포터였소. 해리포터는 전문서적이 아니죠. 이것 말고도 우리는 자칭 작업용 컴퓨터에서 개인 이메일도 볼 수 있습니다. 이게 바로 결과들을 내놓을 거요." 요컨대 하이델베르크 호텔 작은 객실에 앉아 있는데 바로 창 밖에서 포르쉐 운전자들이 모여 빵빵대자, 괜히 나는 겁에 질린다는 거다. 두려움 말고도 동시에 불행이라는 요리에 빼놓을 수 없는 중요한 양념 맛을 보았다. 바로 무기력이다. 인간은 자신의 운명을 스스로 결정할 수 있다는 믿음이 약할수록 우울한 상태로 빠지는 경향이 더 심해진다는 게 입증된 바 있다.

내 첫 번째 생각은 바로 '일단 술 한 잔 하자'였다. 웬걸! 오후에 벌써 호텔 바에 자리 잡고 앉아 한 잔 했건만 전혀 행복해지지 않았다. 그나마 다행이다. 조깅화를 챙겼으니까. 넥카르 강 주변을 조깅이라도 하면 혹시라도 긍정적인 사고를 하게 되지 않을까. 이런! 그림 같은 장면과 수면 위로 비치는 햇빛 그리고 주변의 언덕들마저도 내 머릿속을 채운 어두운 구름을 몰아내질 못한다. 오래 묵은 이자와 그 이자의 이자로 무장한 추가징수금의 먹구름이 억수로 몰려온다. 결국엔 기억도 해내지 못하는 그 오랜 시간으로 거슬러 올라가 탈탈 털어대겠지.

이런 느낌은 지극히 정상적이라고, 혼잣말을 하며 진정하려고 애를 썼다. 이처럼 광기만이 우리를 불행하게 만드는 건 아니다. 같은 정도의 이득과 손해를 비교해볼 때, 거의 모든 사람들은 이득보다는 손해에서 오는 영향을 훨씬 크게 느낀다. 이런 것을 '손실 혐오loss aversion'라 부른다(독일어권에서는 '위험회피'라고 바꿔 말한다). 이는 단순히 일반 주식 투자자들이 돈을 잃을 수도 있다는 두려움 때문에 떨어지는 주식을 오랫동안 보유할 수 있는 이유를 설명하는 것만은 아니다. '손 안의 참새가 지붕 위 비둘기보다 낫다'라는 속담과 일맥상통하기도 한다.

우리는 가진 것을 포기해야 하는 나쁜 경험들을 얼마나 견뎌낼 수 있을까? 이에 대한 답이 대니얼 카너먼, 잭 네취Jack L. Knetsch, 리처드 탈러Richard Thaler의 실험을 통해서 드러나기 시작했다. 세 연구자는 한 그룹의 실험참가자들(이런 경우에 거의 항상 그렇듯, 그 대학 재학생들로 구성된 그룹)에게 상점에서 6달러 하는 머그잔을 나누어주었다. 그러고는 학생들에게 그 컵을 팔도록 했다. 컵 가격은 파는 사람 마음대로 정하면 되었다. 그런데 놀라운 결과가 나왔다. 거래가 성사된 경우는 극히 드물었고 대부분의 경우 학생들이 내놓은 가격이 다 달랐다. 파는 사람은 평균 5.25달러를 원한 반면, 잠재 고객들은 2.25달러에서 2.75달러만 내놓고 싶어 했다.

   그러니까 컵이 없는 사람들은 그 컵이 없어도 사는 데 아무런 지장이 없다는 것을 알고 있다. 하지만 일단 수중에 머그잔을 가진 사람들은 다시 내려놓는 것을 기꺼워하지 않았던 것이다.* 이 결과는 다른 물건의 거래에서도 나타난다. 커피를 좋아하고 안 좋아하고는 아무 상관이 없었다. 그저 조금이라도 돈을 갖게 되면 어느 순간부터 손해에 대한 두려움에 내맡겨진다. 연구자들이 규명해낸 걸 들여다보면 평균적으로 우리는 얻는 즐거움보다 잃는 두려움을 두 배 더 크게 느낀다. 다른 말로 하면 3천 유로의 추가 세금이 주는 절망적 충격은 6천 유로의 로또 당첨에서 얻는 기쁨의 절대적 크기와 같다.

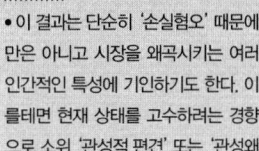

* 이 결과는 단순히 '손실혐오' 때문에만은 아니고 시장을 왜곡시키는 여러 인간적인 특성에 기인하기도 한다. 이를테면 현재 상태를 고수하려는 경향으로 소위 '관성적 편견' 또는 '관성왜곡'이라는 개념을 들 수 있다.

즐거우려면 깡충깡충 뛰어라

   학문적으로 그렇게 스스로에게 잘 설명했는데도 나를 자극한 부정적 사건은 안타깝게도 사라지지 않았다. 나는 넥카르 강을 따라 달리며 생각에 빠졌다. 기분이 나아지지 않을까 볼륨을 더 높이 올리고 노래들을 클릭하며 골라보았다. 허나 비치보이스의 해변음악으로도, 블랙플래그의 분노의 펑크뮤직으로도 해결되지 않았다. 그때 애쉬리타 퍼먼이 생각났다. 뉴욕에 있을 때 만났던 기네스 기록 보유자다. 규칙적으로 명상에 잠기라는 그의 충고를 따라보았지만 행복으로 나아가는 초월적 발심發心은 이제까지 단 한 번도 일어난 적이 없었다. 그런데 강을 가로지르는 작은 다리를 막 건너려던 참에 그가 말한 다른 레시피가 떠올랐다. 바로 깡충깡충 뛰기다.

평소 조깅하던 대로 뛰지 않고 어린애처럼 껑충껑충 뛰니까 처음엔 내 자신이 바보 같기만 했다. 다리 위에 사람들은 나를 보고는 눈썹을 높이 치켜 올리고 내가 지나갈 수 있도록 가장자리로 비켜주었다. 더 이상 머리가 복잡할 이유도 없었다.

다리를 건너서도 계속 껑충껑충 뛰었지만 창피하지 않았다. 그리고 일정한 리듬으로 반대편 강가로 해서 되돌아오는 동안 나는 히죽거리기 시작했고 그 짓을 멈출 수가 없었다. 새디스트 같은 국세청 직원과 손실혐오 이론이 갑자기 사라져버린 것이다. 강가를 산책하던 사람들의 눈은 여전히 나를 보는 순간 커진다. 일본 관광객들이 여러 번 내 모습을 찍어댔다. 그러거나 말거나 신경 쓰지 않았다. 내가 깨달은 바가 또 하나 있으니, 그건 바로 애쉬리타 퍼먼의 몸이 아주 튼실하다는 사실이다. 금전적 손해가 금전적 이득의 두 배에 달하는 영향을 미치듯, 깡충깡충 뛰기도 긴장하기로 따지면 일반 조깅보다 최소한 두 배는 더 클 것이다. 퍼먼은 나를 기분 좋게 만들기만 한 게 아니다. 피로 때문에 몸이 천근만근이었다. 오래도록 산책하며 생각에 빠져보려고도 했지만 돌아오자마자 바로 침대에 뻗어버렸다.

  푹 쉬고 일어난 다음 날 나는 하이델베르크 대학 교육학과 건물로 갔다. 오래된 신고딕 양식 건물의 로비에는 이미 많은 사람들이 꼬리를 물고 서서 등록하고 세미나 자료들을 챙기고 있었다. 남자보다 여자가 월등히 많았다. 그들 대부분이 사오십 대였는데, 모두가 참가비로 300유로를 지불했다. 학생들은 50퍼센트 할인을 받았다. 하지만 50퍼센트의 할인이라는 행운에 관심 있는 젊은이들은 드물어 보였다. 세미나 자료를 받은 사람들은 몇 미터 더 가서 도우미가 주는 커피를 받아들었다. 1유로를 추가로 내면 과자나 초콜릿을 받을 수 있다. 이곳 분위기는 들떠 있으면서도 친구처럼 편안했다. 참가자 중 서로 친분이 있는 이들은 몇 안 되는 것 같지만 말 안 해도 다 안다는 식의 동질감 같은 분위기가 그곳을 지배했다. 우리 모두 여기서는 일단 행복이라는 문제로 함께한다. 만족과 긍정적인 사고에 대해 무언가 배우고자 자유로운 주말을 희생했지만 말이다.

행복심포지엄의 풍경

  여러 학술발표들이 대학교 대강당에서 이어졌다. 반원의 돔이 인상 깊은 대강당은 편안한 분위기를 조성하는 적당한 어둠을 선사했다. 내 자리를 찾는 동안 나는 행복을 찾아 나선 사람들이 마요르카 섬의 리조트를 찾은 관광객들과 다를 바 없이 행동한다는 점을 알아챘다. 수영장에 긴 수건을 까는 것처럼 여기서도 재킷이나 길게 펼친 신문들이 줄지어 깔려 있었다. 행복을 찾아 나서는 일이 겉보기에는 운에 맡기는 것이 아니라고들 하지만 발표무대 바로 앞에 자리를 잡거나 최대한 앞줄에 앉는 일은 운이 필요했다.

난 강당 뒤편에 자리를 잡았고 오전은 후딱 지나갔다. '노동에서의 긍정 심리학', '행운', '독일 대학의 긍정 심리학' 같은 발표들은 지루하지 않아 시간이 빨리 지나갔다. 하지만 동시에 발표 내용이 주제별로 각각 정리되지 않아서 이것저것 짬뽕이 된 느낌이 들었다.

점심시간이 시작되기 전 마지막 깜짝손님으로 사회자는 에카르트 폰 히르슈하우젠Eckart von Hirschhausen을 소개했다. 추후에도 화제로 삼을 수 있고, 참고서적의 베스트셀러 작가인 그는 이 학회의 다목적 무기였다. 그의 이름이 강당에 울리자, "그리고 이분은 진짜 의사이기도 합니다" 사람들이 열변을 토하며 말했다. 그러자 내 옆자리 여자가 조용히 그 말을 재차 중얼거린다. 그 말이 나에게 한 건지 아니면 자기 자신에게 한 건지는 잘 모르겠다.

히르슈하우젠의 발표는 매우 성공적이었다. 그는 행복과 만족에 대한 학문적인 논의를 극적이고 시의 적절하게 요점을 짚어가며 발표했다. 그에게는 언제 말을 끊고 언제 톤을 높여야 할지를 직관적으로 아는 예능감이 있다. 모든 사람들이 긍정 심리학을 믿고 스스로 자신의 운명을 결정할 수 있다고 생각하는 잘못된 추론을 그는 특유의 밀고 당기는 발표기술로 경고했다. "많은 사람들이 이렇게 말합니다. '어쩌면 너 혹시 은연중에 암에 걸리기를 바랐던 거 아니야' 아니면 '아직도 긍정이 부족해'라고 말입니다." 그 순간 그는 잠시 강당을 둘러본다. "그런 말을 사람들은 마음으로 받아들일 수도 있습니다. 하지만 그런 사람들에게 여러분은 조용히 어퍼컷 한 대를 날려주세요."

그가 남들처럼 발표를 하지 않고 공들여 공부한 것들을 여기에 다 풀어놓지 않았음을 사람들은 알고 있다. 그렇기에 항상 존경을 받는다거나 겸손한 건 아니지만, 이제껏 발표자들 중에서 독보적 대접을 받는 것이다. 이를테면 발표 중에 많은 시간을 할애해 자신이 컨설팅한 대기업들의 이름을 자랑스럽게 나열하던 교수를 그는 특유의 재미난 방식으로 웃음거리로 삼았다.

점심 휴식시간에 나는 행복심포지엄에 참가한 300여 명의 사람들을 좀 자세히 살펴보았다. 참가자 리스트를 보니, 그중 대부분이 심리상담사, 코치, 선생들이었다. 붉게 염색해서 한쪽을 늘어뜨린 헤어스타일을 하고 아침에 나눠준 이름표를 달고 있는 여자들이 절반이 넘었다. 그와는 반대로 남자들은 숱이 없는데도 길게 머리를 기른 사람들이 절반 이상이었다. 유니폼이라고 해도 될 만큼 많은 사람들이 건강신발을 신고 아래엔 코르덴 바지를, 위에는 팔꿈치에 가죽을 덧댄 콤비를 입고 있다. 담배 피는 몇몇은 옹기종기 모여 있다가, 점심시간이 되자 큰 티포트에서 차를 따르고 직접 가져온 빵을 넓은 그릇에 내놓았다.

심포지엄에 참석한 사람들 모두가 히르슈하우젠을 반가워한 것은 아니었다. "사이비야!" 몇몇이 중얼거리는 소리가 들렸다. 또 다른 사람들은 '공격받은' 이전 발표자들에게 '방어'할 수 있는 기회를 주어야 한다고도 말했다. 나는 행복이 아무리 진지한 문제라 하더라도 여러 사람들을 위한 유머가 무시되어서는 안 된다고 생각한다. 방갈로르에서 만난 다국적 웃음요가 그룹 사람들을 생각하지 않을 수 없었다. 비록 쉬지 않고 웃긴 했지만, 그룹의 많은 이들에게서 나는 역겨운 진지함을 보았고 그런 사람들은 대체로 유머에 적대적인 인상이었다. 하이델베르크 심포지엄에서도 사람들은 비판적인 사람들을 어떻게든 처리하고 싶은 맘에 한마디씩 충고를 건넸다. "거 좀 살살 합시다!" 하지만 나는 그냥 내버려두고 계속 여기저기 둘러보았다.

로비와 복도에는 안내테이블과 책들이 놓인 책상이 여러 개 있었고 행운의 우편엽서를 파는 여직원도 있었다. 어떤 남자는 '행복 공장'을 만들고 있었다. 그런데 정작 거기서 뭐가 제공될 것인지는 불분명해 보였다. 왜냐하면 사람들이 자기가 '행복 공장'에서 뭘 만들고 익히려 하는지를 각자 색인카드에 적어 벽에 붙여놓았는데 역설적이게도 행복으로 가는 길이 되레 다른 사람들에게 정신적인 노동을 선사한 것만 같았다.

이런 못된 마음에 대한 벌인지 하마터면 누군가 바닥에 붙여놓은 팔자 모양의 끈에 걸려 넘어질 뻔했다. 그 끈에는 쪽지가 붙어 있었는데, '후퇴', '분노', '실망', '좌절'이란 단어가 적혀 있었다. 안타깝게도 거기에는 이 예술작품을 설명해줄 사람이 아무도 없었다. 하지만 이런 걸 만들어내는 사람들은 항상 브로슈어를 준비해놓는 법이다. 나는 'SAM 협회'에 그런 브로슈어를 가지고 '주의, 꽉 잡으세요!'라는 뜻의 'acht-SAMⓒ'(독일어의 'achtsam'이라는 표현은 주의, 조심 등의 뜻을 갖고 있다―옮긴이) 워크숍을 신청해도 괜찮을 듯싶었다. 하여튼 면실로 만들어진 이 끈의 미학이 지금 나를 놀라게 한 것이다.

기분전환 겸 로비에 놓여 있던 책상들 위에 전시되어 있는 책들을 훑어보았다. 그중에는 주의 깊게 볼 것이나 흥미를 끌 만한 것들도 많았다. 특히 '내면의 아이'가 트렌드인지 그 말로 시작하는 책들이 자주 눈에 띄었다. 《내면의 아이와 잘 지내기 위한 지침서》도 있었고, 《내면의 아이를 만나기―연습편》오디오북도 그 가까이에 있었다. 그리고 최소한 내 안에 있는 아이에게 눈을 돌리자는 제목의 책도 있었다. 마침내 《내면의 아이를 안아주자》는 책이 정점이었다. 그 책의 여성 저자는 어렸을 때부터 영매靈媒의 힘이 있음을 알고는 TV에 나와 유명해졌다는 내용의 글이 그녀의 사진 밑에 적혀 있다. 영매Medium가 있음을 어렸을 때 발견했을 뿐만 아니라 매체Medium에 나서서 '증명'까지 해낼 수 있었다는 이야기를 다람쥐 쳇바퀴 돌듯 반복하는 책이었다.

다른 책상에서는 CD 토스터기가 윙윙거리고 불빛을 깜빡였다. 제법 큰 오디오에 맘먹는 크기였다. 기계에서는 오늘 발표된 내용들이 바로 CD나 DVD로 구워지고 있었다. 나중에 집에서 다시 보든지 아니면 그냥 서재에 꽂아놓으라는 뜻이다. 학회가 끝난 후 한 세트를 갖고 갈 수 있게 해놓은 것이다. 물론 돈을 내야 한다. 재료비만 보면 공CD랑 플라스틱 케이스에 3유로면 족할 것 같은데, 자그마치 100유로였다. 이렇듯, 행복이란 종종 값을 치러야 하는 법이다.

행복 산업

　　오후 시간은 행복 산업에 종사하는 선수들의 몫이었다. 바로 긍정 심리학 창시자인 마틴 셀리그만의 시간이었다. 그는 일단 유럽부터 언급하기 시작했다. 유럽이 과거에 프로이트, 마르크스, 다윈과 동료들Darwin & Co.의 학파들을 통해 부정적인 감정이나 사건에만 집중해왔고, 문제시해왔다고 말했다. 그러나 그도 개발에 함께 참여한 긍정 심리학의 목적은 미래에, 그리고 좋은 것과 좋은 감정에 보다 더 집중하는 것이라고 말했다. "심리학에서 나쁜 감정을 고치는 일만을 중요하게 생각해서는 안 됩니다. 좋은 감정을 장려하는 일 역시 최소한 그만큼은 중요합니다." 친절한 미소를 띠며, 셔츠를 팽팽하게 만들 정도로 충만한 배를 가진 그가 말했다.

　　더불어 긍정적인 것에 집중하는 일이란 삶 속에서 부정적인 것보다는 긍정적인 개념을 더욱 많이 사용할 수 있도록 신경 쓰는 것이라고 그는 언급한다. 바바라 프레드릭슨과 마셜 로사다Marcial Losada의 2006년 연구에 따르면, 개인은 회사 미팅에서 긍정적인 개념과 부정적인 개념의 비율을 파악하는 것만으로도 회사가 어떤 지경인지를 알아챌 수 있다고 한다. 성공적인 기업 중에서 카멘Kamen이라는 회사의 회의에서 언급된 단어들을 조사해보았는데, 부정적인 단어 한 개당 최소 2.9개의 긍정적 단어가 언급되었다. 실적이 나쁜 회사에서는 그 비율이 1대 1이었다. 이와 비슷한 결과가 심리학자인 존 가트맨John Gottman의 연구에서도 나왔다. 말다툼하는 많은 커플들의 대화를 경청해본 결과, 행복한 쌍은 대화중에 부정적인 단어 하나당 다섯 개의 긍정적인 단어를 사용했다. 가트맨은 1대 5의 비율보다 낮은 쌍은 관계에 문제가 있다고 지적했다. 이혼 직전의 커플을 조사해 본 결과, 부정적 단어와 긍정적 단어의 비율은 거의 1대 1이었다.

한편으로 그런 연구 중에 많은 내용은 내 개인적인 경험에서도 확인할 수 있었다. 만사가 불만이고 이 사람도 저 사람도 모두 마음에 안 든다고 입버릇처럼 말하는 사람들을 만날 때면 한시라도 같이 있고 싶은 마음이 싹 사라진다. 결국 그들을 멀리하게 되는데 그 이유는 그들이 늘 투덜거리고 흠잡기 일쑤라서 그렇다. 반대로 긍정적인 톤으로 말하는 사람들은 특유한 방식으로 사람들을 끌어들인다. 기분이 안 좋고 어떤 문제로 골치를 썩고 있더라도, 그 사람만 만나고 나면 기분이 좋아져서 집으로 돌아가게 된다.

그렇다고 셀리그만이 보고한 회사 미팅에서의 관찰이 쇼킹할 정도로 놀라운 것만은 아니다. 이를테면 실적이 좋지 못한 회사의 회의에서 부정적인 단어들이 많이 나왔다면 그게 비논리적인 걸까? 파산 직전에 놓인 사람이라면 즐거울 수만은 없는 주제로 말할 일이 많을 것이다. 마찬가지로 어떤 구체적인 이유로 이혼을 결심한 부부 사이에서 부정적인 단어들이 나왔다는 게 뭐 그렇게 놀랄 일 같지는 않다. 실질적인 인과관계는 없다고 셀리그만도 말했다. 하지만 그런 인과관계가 없다고 해서 긍정적인 단어들을 많이 사용하라는 충고까지 의미 없다고 할 순 없다.

이걸로 끝이 아니었다. 셀리그만은 또 다른 이론을 들이댔다. 내 주의를 끌었던 것은 끈기와 어떤 관계가 있다는 것이었다. 행복은 긍정적인 것에 집중하기, 몰입을 경험하기, 다른 사람들과 안정적인 관계 유지하기 말고도 무언가 이뤄내려는 느낌에서도 올 수 있다는 것이다. '완수'가 의미하는 바가 꼭 직업적 성공을 뜻하는 것은 아니다. 일반적으로 개인이 중요한 목표에 도달했다는 의미다. 누군가 그런 과제를 해결해 가면서 스스로 세운 목표에 도달했는지의 여부는 능력이나 지능 같은 인자와는 별로 상관없다고 셀리그만은 말한다. 오히려 우리는 지금껏 능력이나 지능이 중요하다고 생각하지 않았던가. 그런 목표달성을 중요하게 여기는 사람이라면 그에게는 '투지'가 중요한 특성이 될 것이라 했다.

"투지가 강하다 함은 빨리 포기하지 않는다는 뜻입니다. 그리고 투지는 목표에 도달하는 데에 있어서 IQ나 그 분야의 재능보다 대략 두 배 이상 더 중요할 것입니다."

그와 동료들은 미국에서 인기 있는 낱말 맞추기 대회의 탈락자들을 2년여에 걸쳐 관찰했다. 전국 각지의 어린 학생들이 높은 수준의 낱말들로 시합을 벌이며 수도 워싱턴에서 열리는 파이널 대회까지 올라간다.

"우리는 사전에 참가자들의 다양한 특성들을 조사했고 그걸로 미래의 승자를 예측할 수 있었습니다. 그들은 IQ가 특별히 높거나 성적이 좋은 편도 아니었습니다. 인내력 부문에서 높은 수치를 가진 사람이었습니다."

감사일기를 시작해볼까

셀리그만의 발표만큼이나 매력적인 것은 바로 셀리그만과 그의 통역이 최선을 다해 선보인, 거의 율동에 가까울 정도의 움직임이었다. 셀리그만 혼자 무대 위를 이리저리 뛰어다닌 건 아니었다. 여성 동시통역인도 방방 뛰어다녔다. 그녀는 교수 옆에 서서 그가 가는 곳마다 따라다니며 그의 말을 듣고 통역한 것이라고 믿겠지만 말이다. 축구에서 말하는 1대 1 방어라 부를 만했다. 이런 쇼가 학술 발표의 장에서 이루어지는 거라면 나는 결코 환영하고 싶지 않다. 셀리그만이 왼쪽에서 오른쪽, 그러니까 무대 한켠에 있는 탁자에서 무대 가장자리로 어슬렁어슬렁 움직이면, 통역자가 그 뒤를 졸졸 따라 움직였다. 셀리그만이 갑자기 다른 방향으로 움직였다가 서로 부딪칠 뻔한 장면이 가끔 연출되기도 했다. 그는 잠깐 숨 쉬려고 멈춘 것 말고는 계속 두 시간여의 발표 동안 쉴 새 없이 이리저리 돌아다녔다.

셀리그만 역시 자기가 몇몇 큰 기업들을 컨설팅했으며 유명한 국제 협회들이 자신에게 조언을 구했다는 얘기들을 상세히 전하고도 남을 시간을 더 할애했다. 내 행복실험에 대한 실용적인 조언은 한마디도 듣지 못했다. 하지만 크게 개의치는 않았다. 내 관심사가 워낙 특별하기도 하니까.

물론 그는 구체적으로 조언을 해주었다. 여러 해 동안 수천여 명의 학생들, 기업동료들, 조교들과 함께한 연구에서 그가 발견해낸 것은 '감사일기가 삶의 만족도를 지속적으로 끌어올릴 수 있는 가장 간단하고 효과적인 수단 중의 하나'라는 사실이었다. 그의 조언에 따르면, 매일 저녁에 그날 좋았던 일 세 가지를 적는다. 누군가를 행복하게 했고 그걸로 감사인사를 받은 일을 적는 것이다.

"일기를 쓰는 데 5분 이상 걸릴 필요가 없습니다. 하지만 당신은 알게 될 것입니다. 2주 후에는 더 행복해졌음을 느끼는 자신을 보게 될 것이라는 말이죠."

나는 이 부분을 이미 여러 차례 읽은 바 있었다. 많은 조언자들이 대체로 이것을 '감사일기'라고 부르고, '축복'을 세는 일이라고 말하는 이들도 있다. 하지만 난 아직까지 한 번도 실천해본 적은 없었다. 여기서 딱 하나 분명한 것은 하루의 끄트머리에서 자기 삶의 긍정적인 일에 집중하는 것은 편안한 잠자리에 도움이 될 것이고 또한 인생에 대해 일반적으로 보다 만족스러운 태도를 갖는 데에도 일조할 거라는 점이다. 바로 다음 날, 난 조그만 노트를 하나 사서 감사일기를 시작하리라 마음먹었다.

노래를 불러라. 행복해질지니

다시 베를린으로 돌아왔다. 집으로 가는 길에 교통 신호등을 세 개 지날 때마다 붙어 있는 메모를 어디까지 못 보고 지나쳤는지 모르겠다. 메모는 이랬다. '노래를 불러라. 행복해진다.' 그래, 이런 행복약속이 바로 내 실험의 기본개념이다. 그런데도 난 여러 번이나 찢어버린, 전화번호가 적힌 오렌지색 쪽지를 또 잃어버리는 데 성공했다. 나는 셀리그만이 말했던 투지가 내게는 없는 것이라고 종종 생각한곤 한다. 뜨거운 토스트에 버터 한 조각 바를 만큼의 끈기를 발휘해야 하는 일들은 많다.

그 쪽지를 곧바로 다시 잃어버리는 어이없는 짓을 반복할 가능성이 높았으므로, 이번에는 바로 그 신호등 앞에서 전화를 걸었다. 가수이자 작곡가이고 노래선생이라고 자신을 소개하는 자네테가 전화를 받았다. 이틀 뒤로 상담약속을 하면서 그녀는 자신이 있는 곳을 말해주었다.

그 여가수의 집은 중심지 도로 이면에 있는 집들의 한가운데 있었다. 이런 집은 보통 매우 조용한 법인데, 건너편 집에 세든 친구가 머틀리 크루Mötley Crüe와 레드 제플린Led Zepplin의 록 연주를 제트엔진 소리만큼 크게 듣고 있었다. 자네테가 말했다.

"아, 짜증나는 녀석! 최소한 저 녀석의 음악 취향이 좋기만 했어도."

나는 소파에 앉아서 '저 녀석'이란 이웃을 어떻게 해서든 이해해보려고 노력했다. 어쩌면 저 친구도 유리 긁는 소리로 노래를 불러대는 연습생의 소리를 안 들으려 애쓰느라 저렇게 큰 소리로 록음악을 듣고 있는 건 아닐까. 벽이 있다고 소리가 그쪽으로 안 가는 건 아니니까 말이다.

아마도 선생은 단박에 알아차렸을 것이다. 내가 언제, 얼마나 자주, 그리고 얼마나 열정적으로 노래하는지 말이다. 술 먹고 노래방 가서 노래 부른 적도 몇 번 있고, '싱스타Singstar' 플레이스테이션 게임을 해본 소양을 갖춘 놈이라고 미리 말했기 때문이다. 아주 가끔 혼자 기타를 치면서 노래 부르던 때도 있었다. 하지만 언제부턴가 이놈의 실력이라는 게 고작해야 여자들이나 꾈 때 성공하면 다행이라는 걸 깨달았다. 물론 성공한 적도 없었다. 한 젊은이의 인생이 오로지 그 문제에만 매달렸던 것은 아니었다. 화음을 연습하겠다던 내 의욕은 사라졌고 R.E.M의 '야간수영Nightswimming'을 실수 없이 배우는 것으로 빨리 바꿨다.

호주에 있는 게이 새

"그럼 우리 먼저 톤을 더 높이고 목소리를 가다듬는 작업을 해요." 자네테는 이렇게 제안하면서 자기 아들 사진 여섯 장이 나란히 놓여 있는 전자피아노 앞에 앉았다. 사진으로 보아하니 학교에 막 들어간 듯했다.

연습은 우선 경주용 차가 지나가듯 큰 소리를 지르는 것으로 시작한다. 이때 톤을 천천히 높인다. "부-우-웅"(낮게) "부-우-우-우-웅"(약간 낮게) "부-우-우-웅"(약간 높게) "붕-… 끼익!" 생각보다 연습을 빨리 마칠 것 같았다. 목이 맛이 갔다.

"이 부분에서 가성을 내는 겁니다. 알았죠."

자네테가 피아노로 음을 먼저 들려주면서 말한다. 그녀는 매우 사무적으로 말하지만 낯선 사람 앞에서 크게 노래를 부른 뒤여서 그런지 그런 사무적이고 조용한 말투가 약간은 우스꽝스럽게 느껴졌다.

자동차 굉음 뒤의 낯선 침묵이 주는 반전이랄까.

학교에서 우리는 음악시간에 앞에 나와 노래를 불러야만 했다. 당시 그게 나한테는 얼마나 불편했는지 모른다. 노랫말은 호주에 있는 새 쿠카부라Kookabura(사람 웃음소리처럼 웃는 호주 물총새—옮긴이)에 관한 것이었다. 영어로 된 노래였고 반백년이나 된 노래인 듯하다. 쿠카부라는 명랑gay하다는 내용의 부분이었다. 그 당시 우리의 영어는 매우 짧았다. 담배를 피우고, 헤비메탈 듣고, 면도를 했던 그리스 출신의 조숙한 친구 디미트리는 교실 끝줄에 앉아서 게이라며 중얼거렸다.

그때 나는 게이가 정확히 뭔지도 몰랐다. 하지만 호르몬에 혼란이 오면서 변성기가 최고조에 달하던 그때에 애들 앞에서 혼자 동성애 새에 관한 노래를 부른 그날은 분명 학생시절 최악의 체험 중 하나였다.

자동차 굉음을 제대로 불러야 하는 이때, 난 그때 그날처럼 손에 땀이 나기 시작했다. 다시금 톤이 점점 더 높아진다. 이번에는 "닝-닝-닝-닝-닝" 다섯 음의 작은 멜로디를 불렀다. 그러다가 갑자기 다시 목소리가 어디로 사라져버렸다. 이렇게 노래 부르면 행복해지나? 오히려 발악 뒤에 찾아오는 망신은 아닐까.

그래도 자네테는 훌륭한 조언을 해주었다. 입을 계속 벌리고 횡격막을 더 팽창시키고는 결정적인 부분에서는 작게 부르라는 것이었다. "신음 소리를 생각해보는 것도 괜찮아요!"

점점 더 나아지긴 했다. 숨을 잘 쪼개서 가능한 한 길게 불렀을 때,

처음으로 칭찬 한마디를 들었다. 올 초 지구력 훈련을 위해 개인트레이너에게 지불한 비용이 어쩌면 헛되지는 않아 그 사이에 폐가 더 좋아진 걸까. 그렇다 해도 여기서는 제대로 즐길 수 없을 것 같았다. 오히려 고된 노동이기 쉽다.

노래를 부르는 실력이 나아짐에도 불구하고 즐겁지가 않았다. 오히려 힘이 들었다. 언어를 배우는 것도 비슷하다. 배움 그 자체는 즐길 게 못되지만, 나중에 낯선 나라에서 의사소통이 되고, 신문 헤드라인과 플래카드를 이해할 수 있게 되면 기분이 정말 끝내준다. 어쩌면 노래 부르는 것도 그럴지 모를 일이었다. 사람들은 흔히들 과정이 중요하다고 말한다. 그러나 절대 그렇지 않다. 결과가 중요하다.

수업 막판에 나는 노래 하나를 더 찾아야 했다. 이번에는 내가 부르고 싶은 노래였다. 쿠카부라만 아니라면 아무거나 괜찮았다. 나는 그 곡을 '내 마음은 어디에?'로 결정했고, 자네테는 내 선곡에 이렇게 반응했다. "이거 쉽지 않은데!" 그녀는 노트북을 열어 유튜브에서 이 노래의 노래방 버전을 찾아보았다. "예전에 난 항상 피아노로 반주를 해주어야 했어요. 그런데 사람들이 부르고 싶은 노래를 내가 모를 때면, 그땐 참 힘들더라고요. 유튜브 덕분에 이제 편해졌죠."

노래를 시작하자, 갑자기 수업시간에 배운 것들이 하나도 생각나지 않고, 마천루를 넘어 다니는 영화 〈파이트 클럽〉의 피날레가 생각났다. 그리고 이 노래를 라이브로 처음 들었던 축제가 생각났다. 노래를 부르는 동안 소파 위로 올라서지는 않았지만 스탠딩 램프를 마이크 삼아 열창을 했다. 내 스스로를 망각한 것은 아니었지만 처음으로 몰입을 경험했다. 나 자신을 관찰하는 일을 그만두고 그냥 음악을 듣고 따라 불렀다. 그러니까 정말 되었다.

"정말 잘 불렀어요. 내가 알려준 것들을 잘 따랐어요."

노래를 마치자 자네테가 말했다. 시끄러운 내 노랫소리에 갖은 찬사를 보내면서도 그녀는 내 노래실력에는 별로 감명받지 않은 모양이었다. 실력이 정말 많이 나아졌다고 나 스스로는 생각하는데 말이다. 하긴 이 여자도 참 불쌍한 사람이다. 나 같은 쿠카부라에 상처받은 노래연습생의 노래를 하루 종일 들어야 하니 말이다. 그러니 그녀에겐 어떤 열정이 남아 있을까. 난 수강비를 내고 집으로 돌아왔다.

오늘의 노래시간이 정말 나를 행복하게 해주었는지, 아니면 부끄러움과 무의식적 방어에 그리고 나 자신을 극복해내야 한다는 마음에 오히려 지친 건 아닌지 모르겠다. 하지만 수업만은 감동적이었음에 틀림없다. 집에 들어와 오랜만에 기타를 꺼내들었다. 그동안 난 인도에서 루미 할렐루야 바바와 함께 행복을 안겨준 밤의 콘서트 이후로 집에서는 다시 연주할 수 없을 거라 생각했다.

제시카와 내가 콘서트에서 새로 들었던 노래의 악보를 인터넷으로 찾았다. 운이 좋게도 찾아낸 악보는 기타로 연주할 수 있게 되어 있었다. 저녁에 제시카가 돌아오면 11월 프러포즈 이후로 내지 못했던 용기를 한번 끄집어내서 그녀에게 불러줄 참이다.

"노래 부르는 새가 어떤 새인지 그녀는 알지요. / 그 새가 앉아 있는 나무의 이름도 그녀는 안답니다. / 그리고 일월의 어느 아침에 / 우리 결혼해요."

• 마저 말하면, 제시카와 나는 여름에 라스베이거스에서 다시 한 번 결혼식을 올렸다. 독일에 있는 우리 가족과 친구들과 함께. 이 책이 결혼에 방해가 되지 않도록, 어쩌면 사생활 보호를 위해서 두 번째 결혼식에 대해서는 일말의 언급도 하지 않을 거다.
간단히 내비치자면, 결혼식은 어디서 어떻게 하든 사람들을 행복하게 만든다. 물론 많은 사람들이 사랑을 함께 축복해주면 더 행복해진다. 주례는 짧을수록 사람들을 행복하게 만든다. 그리고 시간에 구애받지 않고 더 많이 얘기를 나누고 웃고 춤추면 결혼식은 더 즐거워진다.

라스베이거스에서 프러포즈할 때 불렀던 노래로 정말 아름다운 노래였는데, 긴장돼서 정말 혼났다.•

행복한 순간 열가지

① 신호에 안 걸리고 차가 쭉쭉 달릴 때

② 우선차량에 앞서 끼어들어 내가 먼저 갈 때

③ 내 인생의 첫해를 보낸 놀이터를 찾아가서 그 당시 그렇게 넓었던 놀이터가 실제로는 얼마나 작은지 보고는 놀랐을 때

④ 산행을 하면서 산딸기나 머루, 생각지도 못한 맛있는 먹을거리를 만났을 때

⑤ 약간 젖어 있는 단단한 해변을 뛰고 있을 때

⑥ 피서지에서 현지인으로 오해받을 때

⑦ 겨울 밤, 벽난로에서 장작이 타는 소리를 들을 때

⑧ 피곤한데도 집에 가는 걸 끝까지 참고 밤새 춤을 췄을 때

⑨ 가기 싫던 저녁 모임이 취소되는 바람에 양심에 찔릴 필요도 없이 욕조에 책을 보며 누워 있을 때

⑩ 친구에게 전화 걸려고 전화기를 들었는데 그 친구에게서 전화 올 때

사람을 행복하게 만드는 묘약은 과연 존재할까?

내멋대로 약 먹기: 벤라팍신 6주간 복용에 도전

"광고가 내세우는 것은 딱 한 가지, 바로 행복이다.
그리고 여러분은 알고 있다. 행복이 무엇인지.
행복, 그것은 새 자동차에서 나는 냄새다. 그것은 두려움에서 벗어나는 해방을 의미한다.
행복, 그것은 길가에 놓인 광고판이다. 그 광고판은 조용히 당신을 향해 외친다.
당신이 하는 모든 일이 다 잘되고 있으니 걱정 말라고."
– 미니 시리즈 〈미친 남자들〉의 돈 드래퍼

08

메스꺼움, 과도한 땀 분비, 심장 부담, 구역질, 현기증, 무기력함, 불면증, 시각장애, 설사…….

얇은 종이 한 장에 적혀 있는 부작용 목록이 무척이나 길다.

꼬깃꼬깃 접혀 있는 '약 복용 시 주의사항'을 다시 펼쳐, 시간을 투자해서라도 한번 꼼꼼히 읽어보고자 했지만 건진 게 없었다. 그래도 시간을 투자한 대가는 있었다. 결국은 알약 캡슐 하나를 손바닥을 받치고는 눌렀다. 기다란 캡슐의 절반은 노란색이고 나머지 절반은 속이 보였다. 그 안에 작디작은 하얀 알갱이들이 삭삭 소리를 냈다. 보는 사람이 아무도 없건만, 그래도 난 어깨를 씰룩거렸다. 캡슐을 입에 넣고는 삼키려고 몸을 숙여 수도꼭지에 입을 대었다. 그러고는 거울 앞에서 자신을 관찰해보았다. 혹시 메스꺼움이나 무기력함, 설사 징후가 있는지 기다려보았다. 당연히 아무 일도 일어나지 않았다.

올 여름 아침에 처음으로 복용한 알약은 벤라팍신Venlafaxin이라는 약이다. 아마도 이 약에 대한 전문지식이 없는 사람이라면 프로작을 좀 더 현대적으로 개선한 약 정도로 알고 있을 것이다. 화학적으로 보면 벤라팍신에는 이른바 '선택적 세로토닌-노르아드레날린-재흡수저해물질(SSNRI)'*이라는 게 있다. 트레빌러Trevilor, 엔트레브Yentreve 내지는 심발타Cymbalta라는 상표로도 판매가 되는 신경의약품의 일종으로 세로토닌 분비를 조절하는 작용을 한다. 그런데 내가 사람들을 더 행복하게 만든다고 약속한 일들, 내가 이 책을 위해 직접 시험해본 것들에 이놈이 지나치게 효과적이라는 사실이 문제다.** 약간 덜 문외한적으로 표현해서 SSNRI의 효능은 다음과 같다.

- 이것은 세로토닌을 신경전달자로 이용하는 시냅스에 작용한다(그래서 '선택적'이라는 단어가 들어감).
- 이것은 시냅스에서 분비된 세로토닌을 뉴런이 다시 흡수하는 것을 방해한다(재흡수를 의미하는 Re-Uptake의 약자인 R이 들어간 것이다).
- 이를 통해 뇌의 조직액 속에 세로토닌의 농도가 높아진다(노르아드레날린도 약간 높아진다).
- 농도가 높아진 세로토닌의 레벨이 우울증이나 두려움을 사라지게 만드는 정확한 방법에 대해서는 많은 이론들이 있지만 지금까지 최종적으로 받아들여진 것은 없다. 인위적으로 세로토닌 양을 떨어뜨린 사람이 우울증에 빠지지 않는 것을 고려

해보면 그 정확한 메커니즘을 알기란 더 어려워진다. 하지만 SSRI나 SSNRI의 기본적인 효과는 수많은 연구를 통해서 증명되었다.

캡슐 하나에 들어 있는 행복

우울증도 두려움도 그리고 그 약이 통상적으로 쓰여야 할 어떤 정신적 장애도 나는 물론 앓고 있지 않다. 동시에 그 약의 일반적 효능도 계속 알려지고 있다. 여전히 예외들이 있긴 하지만 그동안 우리 두뇌 속에서 일어나는 화학적 작용의 정체가 밝혀졌고, 그 덕에 예전에 병을 앓았던 사람들이 어떻게 다시 새로운 삶의 기쁨을 누리고 힘을 얻는지를 밝히는 데도 성공했다.••• 캡슐 안에서 데굴데굴 굴러다니는 이 조그만 하얀 동글이들이 우울증에 걸린 사람들에게 위안을 줄 수도 있다면 우울증을 앓지 않는 사람들을 더 행복하게 하는 일도 혹시 가능하지 않을까?

한번 머릿속에서 정리해보았지만, 마음은 전혀 편하지 않았다. 오히려 질문만 늘어났

• 영어로 'Selective Serotonin-Noradrenalin Re-Uptake Inhibitor'의 약자다. SSRI는 'Selective Serotonin Re-Uptake Inhibitor'(선택적 세로토닌 재흡수 저해물질)이다. 여기엔 세로토닌은 있지만 노르아드레날린은 없다.

•• 잠깐 경고하자면, 위에 서술한 벤라팍신 같은 신경의약품은 처방전이 있어야만 구입할 수 있는 약제다. 절대 그 효과를 과소평가해서는 안 된다. 재미로 먹어서는 안 되고 꼭 유능한 의사와 상담 후에 복용해야 한다. 유능한 내 손으로 약을 복용하는 동안에 든 생각은 이 두 손이 익명성을 제공한다는 사실이다. 동시에 이 경험에 대한 보고서를 어디서든 간에 어떤 약품에 대한 광고로 사용해서는 안 된다. 간단히 말해서, 집에서 혼자 따라 하지 마시라는 말씀!

••• 이런 약품들을 항시 '영원한 해결책'으로 삶이 끝날 때까지 이용해야 한다는 사실은 대부분의 경우에 권장할 만하겠지만 그래도 강요해서는 안 될 것이다. 내가 질문한 신경정신과 의사가 말하길, 위기상황을 신경의약품으로 극복해내고 그 이후로는 약을 멀리할 수 있으면 그것으로 충분하다고 한다.

다. 최신의 항우울증제들이 건강한 사람에게도 효과가 있을까. 비전문가의 입장에서도 즉각적으로 할 수 있는 답은 '아니오'이다. 그렇다면 고통을 완화시키는 아스피린과 비슷하게 더 이상 행복해지지 않게 하는 약품이 있을 수는 없을까? 현재 사람들은 통상적으로 우울증 치료제는 오로지 우울증을 앓는 사람에게만 효과가 있을 것이라고 생각한다.

그러나 웬걸, 역시나 다른 의견들이 있었다. 단기간 시험 삼아 SSRI 약품을 복용했던 미국의 심리학 교수인 조너선 헤이트는 역작인《행복 가설》에서 이렇게 보고한다.

'그런데 어느 날인가, 갑자기 세상의 색깔이 변해버렸다. 아침에 눈을 떴을 때 힘든 과제에 대한 걱정과 계약직 학자로서의 불투명한 미래도 사라져버렸다. 그건 마치 요술과도 같았다. 수년간 성과 없이 일했던 삶이 그냥 밤이 지나자 좀 더 여유 있어지고 더 즐겁고 실수에 대해서도 덜 걱정하는 삶으로 변해버린 것이다.'

그러나 헤이트는 부작용 하나를 서술했다. 그 부작용 때문에 결국 그는 약을 다시 끊어야만 했는데, 바로 기억력이 급속히 나빠진 것이다. 이는 단순히 새로 인식한 것들을 제대로 기억하지 못하게 된 것만이 아니라, 오랜 친구들의 이름처럼 이미 오래전의 기억들도 그의 머릿속에서 차츰 사라지고 있음을 의미했다. '나는 교수로서 내 정신적 평화보다는 기억력이 더 중요하다고 생각했다. 결국 난 8주 후에 팍실Paxil 복용을 그만두었다.' 몇 주 후에 그는 또 이렇게 적었다. '다행히도 내 기억력은 다시 돌아왔다. 그리고 그 일로 난생 처음의 경험을 했다. 빨간 색안경을 쓴 것처럼 세상이 온통 빨갛게 보였을 뿐만 아니라 완전히 새로운 눈으로 보는 경험이었다.' 끝으로 헤이트는 이렇게 요약했다. '약은 나를 나답지 않게 바꿔놓았지만 그건 스스로 원했던 바였다. 걱정에 덜 사로잡히고, 세상이 위협으로 가득 찬 것이 아니라 가능성으로 넘쳐나는 듯 보였기 때문이다. (……) 아무 부작용도 없었다면 어쩌면 오늘도 난 그 약을 복용하고 있을지도 모른다.'

행복하게 하품하기

그럼 누가 옳은가? 우울증을 앓지 않는 사람에게 SSNRI와 비슷한 효과를 가진 초코볼을 먹으라고 말하는 사람들? 아니면 비록 긍정적인 면만을 말한 것은 아니지만 헤이트처럼 철저하게 그 효능을 확인한 사람?

우리는 스스로만이 많은 일들을 발견할 수 있다. 이 때문에 나는 이 8월 아침에 욕실에서 복용 시 주의사항 쪽지를 읽고 거울에 나를 비춰보며 방금 삼킨 알약이 나에게 어떤 짓을 벌이고 있는지 기다리는 중이다. 알약의 첫 효과가 생겨나는 데에는 최소한 2주가 걸린다. 한 관계서적에 그렇게 적혀 있었다. 그런데 나에게는 이미 그날 오후가 되자 효능이 나타나기 시작했다.

어지럽지는 않았지만 내가 마치 일종의 투명 거품 양복을 입고 있는 듯한 느낌이 들었다. 모든 것이 약간은 가라앉은 듯한 분위기로 느껴졌다.

 상황을 모르는 사람은 내게 별반 다른 점이 없다고 말했다. 그저 내가 좀 느려진 것 같기는 했다. 피로라고는 온데간데없이 사라지기는 했지만 마치 반사신경 반응처럼 2분마다 하품을 하고 있다. 최소한 처음 며칠 동안 벌어진 극단적 변화는 하품이다. 내가 하품을 해대는 동안 그것을 대수롭지 않게 여기는 사람들도 있었지만, 대개 많은 사람들은 짜증을 내기도 했다. 그들에게는 마치 내가 그들과의 일을 지루해하는 것처럼 보였기 때문일 것이다.

 매번 하품할 때마다 온몸을 감싸는 전율이 지나갔다. 소름이 돋는 일과 오르가슴 그리고 혈액순환장애, 그 어느 중간 즈음에 있는 기분이었다.

 헌데 내 기분에 일어나는 변화들을 처음 며칠은 인지하지 못했다. 지속적인 하품과 예민해질 수 있는 낯선 느낌도 며칠이 지나면서 줄어들었다. 하지만 매일 알약 하나씩을 먹은 지 6주가 지나도록 그 느낌이 완전히 사라지지는 않았다. 물론 메스꺼움, 설사, 과도한 땀 분비, 무기력, 그 밖의 끔찍한 부작용들에서는 겁먹을 필요 없었다.

 특히 시간이 흐를수록 우울증 치료제가 계속 발달한다는 점이 중요하다. 프로작이 이 분야에서 가장 유명한 이름일 것이다. 원래 이 실험에서도 그 약을 사용하려고 했다. 그러나 최신 SSNRI들이 몸에서의 반응이 더 좋다고 해서 바꾼 것이다.

 1987년 프로작이 세상에 나오면서 우울증 치료제는 세계적으로 승전보를 울렸다. 첫 번째 치료제로서 프로작은 흥분제처럼 들리는 약의 이름 때문만이 아니라 어마어마한 광고로도 시장에 강한 인상을 남겼다. 하지만 결국에는 바륨Valium 중독 같은 이야기들도 점점 늘어나서 사람들 사이에서 회자되었다.

프로작은 기존 삼환계 항우울증제보다 몸이 더 잘 받아들이는 것처럼 여겨졌고, 그래서 효과가 더 좋았다. 90년대에는 엘리 릴리Eli Lilly 제약사의 약품이 점점 더 자주 처방되었고 언젠가 가디언이 묘사한 것처럼 일종의 '약품계의 펜디 지갑' 같은 유행약품이 되었다. 1999년에는 항우울증제가 그 제약회사의 100억 매출의 4분의 1을 책임지게 되었다.

《사람들에게 프로작을 먹여라》의 저자인 데이비드 힐리David Healy 같은 비판자들은 특히 그 약품 뒤에 숨어 있는 지나치게 단순한 태도를 비난했다. 즉, 정신적으로 문제를 겪는 상황의 원인을 그저 세로토닌이 좀 부족하기 때문이라고 너무 단순하게 생각해버린다는 것이다. 설령 그 사람들에게 몸의 화학적 밸런스가 무너지면서 오는 고통을 줄여주는 일이 있다고 하더라도 이는 때론 완전히 틀린 말이기도 하다.

처음 여덟 사람이 프로작을 한 달 복용한 후 끔찍한 일들이 일어났는데, 한 인쇄업자가 기계에 몸을 던져 자살한 것이다. 이 같은 비극의 원인으로 이 약품이 의심을 받고 있다. 십대들의 연이은 자살도 프로작이나 그와 비슷한 약품으로 치료를 받은 지 얼마 지나지 않아서 일어났다.

하지만 20년이 넘도록 대부분의 학자들과 신경정신과 의사들에게 항우울증제는 긍정적인 효과로 시장을 군림하고 있다. 그 긍정적인 효과라는 것도 우울증이 지속되는 상황이나 재발했을 때 프로작을 중간에 포기하는 것은 계속 복용할 때보다 훨씬 위험할 수 있다는 가정에서 나온 것이다. 이는 처방된 수치만으로도 알 수 있다. 미국뿐만 아니라 유럽에서도 신경안정제 처방을 받은 사람들의 수가 상승했다. 오늘날 유럽에서는 전체 인구의 평균 8퍼센트가 항우울증제를 복용하고 있다. 포르투갈이 약 15퍼센트로 가장 높고, 그리스가 평균 3퍼센트로 가장 낮다. 독일은 약 5퍼센트로 평균보다 약간 낮은 편이다.

이중 터부

사람들이 프로작이나 벤라팍신 같은 항우울증제를 복용할 때면 일종의 이중 터부에 부딪친다는 점이 나에게는 참 흥미로웠다. 우선 성과지향적인 우리 사회에서 다루어질 수 있는 질병들(예컨대, 우울증이나 신경불안)이 점점 더 오해받고 있다는 점이다. 젊은 성인 대부분은 우울증이나 신경불안을 질병의 징후로 여기지 않는다. 대개는 그런 병을 성공적으로 극복하고 나서야 시인하는 경우가 많다.

하지만 내가 보기엔 또 하나 이유가 있다. 바로 촘촘히 연결된 터부다. 이를테면 사람들은 다시 우울증을 앓게 된다 하더라도 최후 수단으로 상담과 처방만 받으면 그만이라고 생각하는 경향이 매우 강하다. 치료에 오랜 시간이 걸릴지라도 말이다. 동시에 정신과 의사를 찾아가 간단한 처방을 받는다 하더라도, 그 사람은 부당하게도 사람들 눈 밖에 나게 된다는 점이다. 스포츠에서 도핑이 절대로 해서는 안 되는 나쁜 일인 것처럼, 많은 사람들은 뇌의 화학적 밸런스를 인위적으로 바꾸는 것은 금기해야 할 일이라고 생각한다. 어떤 화학적 약품의 개입 없이도 정상적으로 돌아올 수 있어야 한다고 생각하는 것이다.

이런 엄중한 평가는 일종의 프로테스탄트적 직업윤리에 기초하고 있는지도 모른다. 오직 스스로 노동하고, 불안을 직면하고 극복해내는 자만이 행복한 삶을 영위할 수 있다. 달리 또 설명하자면, 처방전에만 열을 올리는 의사들과 제약산업에 대한 불신(틀린 말이 아닐 때가 종종 있다)을 들 수 있다. 이들은 가능한 한 빨리 약장을 열어 제약회사 직원이 두고 간 테스트 시약을 꺼내든다. 그러나 어떤 이유가 숨어 있든 간에, 끝에 가서는 윤리적 결과만 남는다. 즉, 각고의 노력 끝에 문제의 핵심을 파고들어 해결해보려는 사람만이 우리의 존경을 받을 자격이 있는 것이다. 이와는 달리 약을 처방받아 해결하려는 자는 세상만사를 너무 편하게만 생각하고 경우에 따라서 부도덕한 자로 치부되기도 한다.

대부분의 사람들이 부도덕하다고 여기는 나의 실험, 즉 멋대로 약 먹기는 계속되고 있다. 조너선 헤이트의 말과 달리, 나에게는 밤새 아무 일도 일어나지 않았다. 아침에 눈을 떠보니 세상이 빨간 안경을 쓰고 보는 것처럼 빨갛게 변했다는 그런 변화는 없었다. 그렇지만 2주에서 3주 정도 규칙적으로 복용하고 나자 내 안에 일종의 긴장완화 같은 증상이 퍼지고 있음을 느낄 수 있었다.

사소한 변화들이 일어나기 시작했다. 나는 원래 중요하지 않은 일을 결정하는 데에도 이득과 손실을 꼼꼼하게 따지고, 예상 결과를 생각하느라 많은 시간을 소비한다. 다섯 가지 일을 처리해야 할 때, 나는 어떤 순서로 해야 할지를 몇 분간 생각했던 사람이다. "먼저 신발가게에 들르고 나서, 은행에 들렀다가 슈퍼마켓에 가면 동선이 아마 최단거리가 될 거야. 그때까지 이 무거운 빈 물병과 페트병 박스를 계속 들고 다녀야 하나. 나중에 돈을 찾으면 세탁비를 낼 수가 없는데……." 이런 식으로 고민을 계속했었다. 내가 매일 아침에 먹는 이 작은 캡슐 덕택에 이전에는 정말 진지하게 고민했던 일들이 지금은 그저 시시한 일들이 되어버렸다. 도대체 중요한 일이 별로 없었다. 물론 대마초를 피우고 나서 '난 지금 숲에 있는 것 같아요'라고 말한 서퍼, 제프 스피콜리Jeff Spicoli처럼 되지는 않을 거다. 그는 신발을 들어 자기 머리를 북치듯 내리치면서 그 소리를 들으며 혼자 놀았던 인물이다. 물론 마감시간을 넘긴다거나 중요한 약속을 놓치는 일은 없었다. 나는 그냥 약간의 강박증이 있을 뿐, 자질구레한 일과 고민 때문에 지장이 생기는 경우는 거의 없는 사람이다. 그런 점에서 보면 아주 편안하기도 하다.

역시나 그게 다가 아니었다. 매우 까다로운 일들에서 이 약은 효과를 보였다. 세무조사 시일이 점점 가까워올수록 나는 점점 더 차분해지고 있었다. 내면의 목소리가 이렇게 말하는 것 같았다.

'어떻게 될까? 드라마틱한 일은 절대 일어나지 않으니까 넌 아무

것도 걱정할 필요 없어. 그들이 사소한 걸로 널 건드려도 그건 얼마 지나지 않아 기억하려고 해도 기억할 수 없는 일이 될 거야. 더욱이 언젠가 시간이 지나고 나면 남들에게 그 일에 대해 이야기하면서 크게 웃고 말 거야.'

두꺼운 파일더미 네 개를 국세청에 제출했을 때 오히려 기분이 좋아졌고, 거기서 일하는 사람들에게 아이스크림을 사주기까지 했다. 따사로운 햇빛이 비추는 이렇게 멋진 날에 여기 불쌍한 사람들은 좁아터진 사무실에 앉아 있었으니 말이다. 난 가능한 한 친절하게 아이스크림 하나를 책상에 올려놓았다. 이건 뇌물도 아니었거니와 오해를 살 만한 것도 아니다. 난 무거운 파일더미를 내려놓아 가벼워진 몸으로 조사 결과에 대한 두려움에서 해방된 채 집으로 돌아왔다.

어느 정도 철이 든 이후 부끄러움 때문에 종종 도망치게까지 했던 수치심이란 것을 나는 사회생활을 하면서 많이 잃어버렸다. "난 말이야. 네가 아주 건방진 놈이 아닌가 하고 계속 생각했어. 네가 한마디도 하지 않아서 말이야." 학교 친구, 동료, 나와 긴 시간을 한 공간에서 보냈던 사람들이 자주 보이는 반응이었다. 그런데 이 약은 내 자신이 얼마나 불안정하고 얼마나 수줍어하는지를 나 스스로 깨닫도록 만들었다. 그리고 매일 조금씩 마음이 열리고 즐거워진다.

"지금 어디 찾으시는데요?"

내가 언젠가 지도를 손에 들고 서 있는 사람에게 질문한 말이다. 평소 같았으면 귀에 이어폰을 끼고는 지나쳤을 상황이었다. 20년 동안 만나기를 고대해왔던 캐나다 출신의 작가를 만날 기회가 생겼을 때, 그에게 시내에 머무는 동안 나와 같이 식사할 마음이 있는지 물은 적이 있었다. 그런데 그 과정에서 난 미리 머릿속에서 혼잣말로 연습해보지 않은 질문을 입 밖으로 꺼내는 일에 문제가 있는 사람처럼 느껴졌다.

잠을 잘 때 꾸는 꿈들도 역시 변했다. 기껏해야 일주일에 한 번 정도 꿈을 꿀까말까 했고 그것조차 제대로 기억 못하는데, 언젠가부터 꿈이 매우 생생하게 기억났다. 그 꿈이 얼마나 강렬했는지, 내가 꿈을 제대로 재생해냈는지는 잘 모르겠다. 하지만 아침에 침대에서 몸을 일으킬 때면 마치 내가 지난밤 동시에 여러 꿈을 고화질로 꾸었을 뿐만 아니라 앞뒤로 감아서 재생하고 있다는 생각이 들기도 했다.

싸움 없이 행복하기

약 한 달 남짓 뇌를 화학적으로 조종해본 중간 결과는 내가 자신과 더는 싸우지 않게 되었다는 사실이다. 나는 원래 싸우는 걸 좋아하지 않는 사람이지만 스스로에게 화가 날 때가 가끔 있었다. 외적으로는 수줍어하고 예의바르게 굴면서도 내적으로는 다혈질인 사람들이 있는데, 내가 바로 그런 놈이다. 그리고 이따금 밖으로 폭발하곤 한다. 그럴 때면 나는 아내와 친구와 동료들과 싸웠다. 그렇게 싸우고 나면 다시 나 자신에게 화를 내기 시작한다. 싸움에서 이겼을 때에도 나에게 화를 내는데, 싸움 자체가 부끄럽고 의미 없는 일이라는 생각 때문이다. 아내나 친구나 동료와 싸워서 이긴 것이 무슨 의미가 있을 수 있나. 정말 아무 의미가 없는 일이다.

물론 싸우는 바로 그 순간에는 당연히 다르게 생각한다. 바르게 생각할 판단력도 작동하지 않는다. 그것은 막 마약을 들이마신 마약중독자에게 건강이나 평판, 신용에 대한 걱정은 없는지를 묻는 것과 비슷할 것이다. 싸우는 자는 감정이 격해진다. 감정이 격해지면 통제력을 잃는다. 그렇게 통제력을 잃는 자는 싸움에서 진다. 물론 다 그런 건 아니다. 매우 감정적인 싸움꾼들이 끝까지 뛰어난 판단력을 잃지 않는 경우도 종종 있다. 하지만 그런 그들도 자존감을 잃는 경우가 많다. 싸우는 게 얼마나 의미 없는 일인지는 싸우는 이유만 봐도 알 수 있다. 당사자들 입장에서는 당연히 싸울 만한 이유가 넘치는 일이지만 다른 사람들의 눈에는 대개 제정신이 아닌 일로 비칠 뿐이다. "너희들은 뭘 그런 일로 싸우냐?" 순간의 격분에 못 이겨 광란에 빠진 싸움에 끼어들지 않은 사람들이 보이는 전형적인 반응이다.

어쨌든 나는 일주일 내내 싸우지 않고 있었다. 어쩌면 매일 아침 먹는 캡슐 때문에 싸움에 절대적으로 필요한 '욱'하는 감정을 잃어버렸기 때문인지도 모른다. 어쩌면 단순히 인위적으로 올린 세로토닌 함량으로 인해 스트레스 수치가 낮아지고 그래서 좀처럼 분노하지 않는 모양이다. 누구랑 싸우든, 지는 게 진정으로 이기는 거다.

그런데 우리는 왜 싸우는 걸까?

보통 뭔가를 서로 차지하려고 하거나 아니면 상대방의 말이나 태도에 화가 나거나 상처를 입었다고 판단되면 우리는 싸우게 된다. 하지만 무엇보다도 우리는 자기 운명을 스스로 정할 수 있다고 믿기 때문에 싸운다. 우리의 아이디어를 갖고 미팅에서 뽐내던 동료가 그것이 얼마나 잘못된 일인지를 깨닫게 되고, 사장이 우리의 능력을 알아봐주고 갑자기 우리를 좋아해주고, 1년 안에 더 좋은 직업을 갖게 되고, 더 좋은 집에 살게 되어 결국에는 지금보다 더 행복할 거라고 믿기 때문이다. 비싼 유리잔을 나르다 깨트리고 나면 곧바로 모든 집안일을 혼자 다하고 있다고 믿기 때문에 싸운다. 그렇게 어느 순간 말이 지나치게 되고 '해보겠다 이거지'라고 생각한다. 우리가 늘 겪는 일이다. '원칙이 그래서' 싸우고, '지금 너무 오래 함께해서' 싸우며, '머리끝까지 기어오르는 걸 더 이상 참을 수 없어서' 싸운다.

하지만 그 모든 일이 대수롭지 않은 일임을 깨닫고 나면 그때 비로소 행복과 만족감이 생겨난다. 동료가 뒷담화를 하든 말든 상관없다. 애인이 화장을 오래 하는 바람에 극장에 늦든지 아니면 지난 2년 내내 지겹도록 싸운 덕에 시간을 잘 맞추게 됐든 그건 아무래도 좋다. 또한 극장에 가든지 아니면 그냥 집에 있든지, 이 도시로 이사 가든지 말든지, 누구를 이기든 말든, 이런 건 더더군다나 아무래도 좋다. 이런 생각은 받아들여지기 매우 힘들 수 있다. 그래서 우리는 악착같아지고 항상 새로운 걱정을 하고 우리가 가진 모든 것과 싸운다.

그런데 싸우는 이유들이 남들이 여기는 것처럼 그렇게 부끄러운 것만은 아니다. 싸움은 원하지 않은 결과로 이끌기도 한다. 기숙사 부엌이나 넓은 사무실 또는 팔레스타인 가자 지구에서 일어나는 싸움이 그렇다. 이런 널따란 곳에서 일어나는 싸움 중에 한 번이라도 정말 만족할 만한 결과를 낳은 것이 있을까? 때론 싸움의 결말이 더 강한 자의 승리로 끝나기도 하고 강한 자가 없는 경우엔 한중간에 만나서 결론을 내기도 한다. 그건 싸움 없이도 가능할 것이다. 하지만 평화롭게 합의하는 대신, 양측은 서로에게 중요했던 것을 싸움 때문에 모두 엉망으로 만들기도 한다. 체면이 안 서고 상대의 믿음을 잃어버리며 돈이나 시간을 날리기도 한다.

"그런데 인생에서 정말 중요한 게 뭐지?"

싸움을 좋아하는 사람들은 이런 질문을 해가며 무거운 대포를 전진배치시킨다. 점점 애인과 멀어지거나 아니면 베스트 프렌드의 등에 배신의 칼날을 꽂으면서 말이다.

결코 아름답지 못한 그런 일들도 대개는 그날이 끝날 때쯤에서는 (여기서 '그날의 끝'이라 함은 '90년대 그 소란스럽던 삶의 끝'을 의미한다) 놀랍게 변해버린다. 아주 대수롭지 않은 일이 되어버리는 것이다. 물론 그런 상황이 언제나 좋은 건 아니다. 그 상황이 여전히 절박하고 고통이 계속되는 경우에는 말이다. 물론 그렇다고 계속 싸우는 일 역시 도움이 안 되기는 마찬가지다. 조언자들이 흔히 권하듯 부드럽게 말한다고 해서 특별한 효과가 있는 것 같지도 않다. ("네가 어떤 놈이랑 사용한 콘돔을 우리 침대에서 본다면, 내 안에서 어떤 불만이 솟구칠 거야.") 화가 나서 씩씩거려도, 접시를 던져봐도, 악을 써봐도 마찬가지다. 옷장에서 벌거벗은 채 숨어 있던 놈을 본 순간, 일단 유명한 다섯 단계로 시작해볼 수 있다.

- 부정("그래 나 지금 꿈꾸고 있는 거지.")

- 분노("지금 총이 필요한데, 도대체 어디 있는 거야?")
- 협상("그래 알았어. 다음 주말엔 내가 차를 쓰겠어. 하지만 네 부모님 댁에는 같이 가지 않을 거야.")
- 의기소침("왜 항상 나에게 이런 일이 생기는 거야?")
- 수용("신경 쓰지 말자. 그게 정신 건강에 좋아.")

여기서 특히 두 번째 단계에서 대개의 논쟁이 시작된다. 그러나 그 단계 역시 첫 번째나 세 번째, 네 번째처럼 싸움을 벌이지 않을 수 있는 단계다. 설령 '나'라는 말을 외교적인 수사로 쓰고, '언제 나'라는 말은 절대 쓰지 않는 규칙을 잘 지킨다고 하더라도, 도대체 싸움이 정말로 상황을, 무언가를, 혹은 누군가를 변화시키거나 구할 수 있을까? 물론 아니다. 너무 일상적이어서 싸움을 벌일 만한 게 절반이고, 너무 절망적이어서 싸워도 나아질 게 전혀 없거나 해결책이 나오지 않는 게 나머지 절반이다.

날카로운 검 같은 말로 싸우든, 무시무시한 도와 같은 말로 싸우든, 또한 그걸 얼마나 잘 제어하든 상관없이 어쨌든 싸움은 우리를 불행하게 만든다. 마치 벌이라도 받는 것처럼 과소평가된 1999년 오피스 코미디물 〈뛰는 백수 나는 건달〉에서 여자 친구에게 배신당해 좌절한 월급쟁이 피터도 그 사실을 깨달았다. 미치도록 미운 사장이 고용한 인사평가단 앞에서 그는 자신이 이 회사에 얼마나 중요한 사람인지를 두고 논쟁을 벌이지 않는다. 대신에 편안하게 진심을 담아 그 어떤 바보라도 자기 일을 할 수 있다고 말한다. 그렇게 해서 그는 승진하게 된다. 여자친구가 왜 자기를 기만했는지, 관계를 다시 회복시킬 수 있는 방법으로 실랑이하는 대신에 그저 수화기를 내려놓는다. 그리고는 제니퍼 애니스톤과 사랑에 빠진다. 얇은 벽 때문에 시끄러운 이웃집과 치고 박고 싸우는 대신에 함께 낚시를 하러 간다. 예전에 그랬던 것처럼 분노에 차서 복사기를 야구방망이로 두들겨 패는 대신에, 굴욕을 당한 한 동료가 회사 전체를 불태우는 것을 그저 조용히 바라본다.

영화에서 피터는 잘못된 최면치료 때문에 성격이 변한 것이다. 나 역시 조금은 그렇게 된 것 같다. 상당한 양의 향정신성 약물 때문에 말이다.

서핑보드에도 세상의 의미가

역시나 싸움 없이 (매우 행복한 순간이 아닐 수 없다) 나는 이번 달에 스페인에서 짧은 휴가를 보냈다. 대서양 해변에서 나흘을 보내기 위해 나는 베스트 프렌드 더크과 함께 비행기에 몸을 실었다. 우리는 구불구불 도로를 지나 조그마한 숙소로 운전해 갔다. 그곳은 그야말로 모든 것이 하나씩만 있는 곳이었다. 조그만 호텔 하나, 매점 하나, 커피숍 하나, 레스토랑 하나, 서핑보드 대여점 하나, 내륙지역에서 온 스페인 사람들이 거의 대부분인 기다란 해변 하나. 그런데 없는 것도 딱 하나가 있었으니 그게 바로 인터넷이었다. 완벽하다!

친구 요헨이 페루해변에서 서핑하다 홍어에 발을 쏘이고 난 이후 우리 둘 다 서핑보드를 타보지 못했다. 그게 벌써 10년 전 일이다. 그 당시 가장 가까운 병원이 차로 몇 시간이나 떨어진 곳에 있었기에 긴 머리의 숙소 주인이 자기만의 민간요법으로 치료해주었다. 그는 일단 아스피린을 투약했고, 그러고 나서 요헨의 입에 재갈을 물리고는 부풀어 오른 다리에 뜨거운 물을 담은 냄비를 올려놓으며 말했다. "이제 한 시간 정도 기다려야 할 거요." 때론 치료라는 게 이렇게 간단하기도 하다.

홍어에 대한 두려움은 이제 접어두고 더크와 나는 스페인 파도에 덤벙 몸을 던졌다. 그러고는 10년 동안의 공백을 온몸으로 실감해야 했다. 한 5리터쯤 바닷물을 마셨을 테니까 말이다. 하지만 그것도 시간이 지나자 점점 나아졌다. 최대 2초에서 3초까지 보드 위에 서 있을 수 있었다. 이 짧은 순간이 나에게는 영원한 것처럼 다가왔다. 서핑보드에서 균형을 맞춰 일어서는 그 짧은 찰나의 순간순간은 중력과 바다 그리고 허약해진 내 뼈를 극복한 승리다. 아무리 큰 파도가 덮쳐 세탁기의 세탁물처럼 휘돌려도 나를 덮친 그 희열감은 사그라지지 않는다. 내가 물에 빠져 죽지 않았음을 깨닫는 순간 더 그렇다.

파도가 지나가고 내 보드가 약간 흔들리자 크게 숨을 쉰 후 더크를 지켜보았다. 우리가 무언가에 몰입할 때 가장 행복하다고 말한 미하이 칙센트미하이라면 이렇게 말했을 것이다. 더크는 정말 몰입에 들어서 있다고 말이다. 말 그대로의 장면이었다. 그에게 파도는 파도 그 이상도 아니다. 그는 멀리 파도를 보고는 잠깐 손으로 물을 젓고

벌떡 일어서 자세를 잡아 균형을 이루었다. 그리고는 크게 "와우!" 하며 해변으로 미끄러져왔다.

나도 물에 있는 동안은 한순간도 세무조사, 마감이 임박한 원고, 은행잔고, 어지러운 내 책상 같은 것들이 전혀 생각나지 않았다.

10대였을 때, 나는 컴퓨터 게임에 몰입하는 것으로 심각한 상사병을 고친 적이 있었다. 음악을 듣거나 극장에서 영화를 볼 때도 항상 그 소녀가 생각났다. 그녀는 내 사랑을 거부하고, 이탈리아 촌구석에 있는 디스코장 DJ와 함께 나를 속이거나, 그 밖의 다른 일로 나를 비참하게 만들었다. 하지만 디지털 속의 스포츠카를 몰아 최고속력으로 캘리포니아 해변도로를 달리거나 컴퓨터 자판으로 '축구코치'가 되어 형편없는 동네 팀을 1부 리그로 이끌어본 자라면 알 것이다. 그 순간 골머리를 앓을 시간도 자기 연민에 빠질 겨를도 없다는 것을 말이다.* 게임이 잘 풀리면 다른 세상에 빠져들고 더 깊게 집중해 들어가 거의 저절로 몰입에 이른다. 아주 불합리하게 들릴지 모르지만, 뒤에서 외계인 함대를 포격하는 일에 완전히 집중하면 그 순간 혹사당한 심장이 조금은 회복될 수 있다.**

"헤이! 얼마나 더 물속에 있을 거니?" 더크가 나를 생각에서 잡아 끌어냈다. 그때 나

- *'게임으로 몰아내기' 기술이 모든 사람에게 먹혀들어가는 것은 아니라는 게 언젠가 나와 똑같이 상사병을 앓던 친구에게서 증명되었다. 그는 아름답고도 슬픈 문장으로 나에게 이렇게 썼다. '주말 내내 '황금 해적'을 게임했어요. 게임에 나오는 난파선마다 내 자신이 거기에 있기를 바라면서요.'
- **동시에 너무 깊게 게임 세계에 빠져버리면 중독 문제로 인해 실제 세상에서는 기대에 어긋나는 결과가 발생할 수 있다. 독일 마인츠에서 인터넷과 컴퓨터 중독으로 앰뷸런스를 부른 첫 번째 사례에서, 담당 의사의 말을 빌리면 그 중독자는 현실의 위기에서 위로받고 도면하기 위해 컴퓨터 게임에 빠졌다고 한다. 몰입을 통해 한 구멍에서 빠져나올 수 있지만 어떤 환경에서는 다른 새로운 구멍으로 빠져버릴 수도 있다.

는 정말로 알 수 없었다. 우리가 파도와 결투를 벌인 게 한 30분쯤이 었는지 아니면 45분 정도였는지 말이다. 전형적인 몰입 상태였다.

"모르겠어. 야, 우리 조금만 더 있다 나가지 뭐."

친구로서 남자

나를 즐겁게 만든 이 짧은 여행에서 경험한 물 위에서의 몰입 체험과는 별도로 긴장을 풀어주면서도 심도 있게 나눈 대화가 있다. 우정이 행복에 있어서 매우 중요하다는 사실이 거의 모든 전문가들에게서 일치한다는 사실이다. 친구는 우리를 웃게 만든다. 그리고 너무 취하면 집에 데려다주기까지 한다. 친구는 우리를 있는 그대로 대한다. 또 너무 진지하기만 한 것도 아니다. 용기를 북돋아주고, 조언을 해주며, 또 때로는 적절하게 완충 역할을 하는 사람이 되곤 한다. 하지만 더크와 나처럼 서로 다른 도시에 떨어져 살면서는 어떻게 친구관계를 유지할 수 있을까? 책상 위의 달력이 점점 더 약속으로 가득 찰수록, 일이나 애정관계 또는 아이들 문제로 친구와의 삶은 내 삶의 패턴에서 멀어져버리지나 않을까?

고루하고 진부하게 들릴지 모르겠지만, 우정을 돈독하게 유지하기 위해서는 규칙적 만남이 제일 중요한 양념임을 난 정말로 믿는다. '내가 다시 연락할게', '야 언제 만나서 밥이나 한 번 먹자', '생일 추카추카, 문자만 보내서 미안. 언제 꼭 만나자'라고 말만 한다면 우정에 균열이 생길 수도 있지 않을까?

나는 친구들에게 내 소식을 거의 알리지 않는 편이다. "별일 없어" 말고는 달리 할 말이 없기 때문이다. 좋은 친분관계에서 중요한 일이란 오직 승진을 축하하거나 패배를 극복한 일이기만 한 것은 아니다. 일상 속의 무미건조함을 나누는 일도 물론 중요하다. 사소함을 함께 나누는 것 그 자체가 다른 사람의 삶을 이루는 일이기 때문이기도 하다. 살면서 큰일을 얘기할 수 있는 믿음은 그런 사소한 대화 속에서만 생겨난다.

일상을 나누는 일은 이를테면 정기적인 전화통화로도 가능하다. 규칙적일수록 그리고 일상화될수록 더 좋다. 늘 시간은 없고 내일로 미루다보면 한 달이 되기도 하기 때문이다. 시간을 정해서 할 수만 있다면 (매주 일요일에 한 번 만나든가, 아니면 가까운데 살면 매주 화요일에 점심을 같이 먹든가) 친분관계를 쌓는 큰 단계로 이미 접어든 것이다.

큰 주제를 가지고 나누는 대화에는 무엇보다 시간이 필요하다. 그 시간은 예컨대 휴가중이라면 가능할 것이다. 그래서 매년 더크와 나는 의식처럼 함께 여행가고 그것이 나에게는 매우 중요한 일이 되어버렸다. 또한 나는 더크와 함께하는 여행이 주말에 한 번 전화하는 것처럼 나를 행복하게 만들 것이라는 믿음이 있다.

스페인 해변가에서도 우리는 미래의 계획을 얘기하고 우리의 현재와 과거의 우정에 대해 나누고 부모님과 대자 대녀에 대한 걱정거리를 얘기했다. 그 대화들이 뭘 구체적으로 정한다거나 좋은 결과를 이끌어내는 건 아니었다. 그저 모든 걸 내어놓고 물어보면서 편안해지고 치유되는 느낌의 대화다. 호텔 발코니에서 담배를 물고 바다를 바라보며 나누는 대화다. 물론 차를 몰거나 해변 노점에서 감자튀김으로 점심을 먹으면서 할 수 있는 대화기도 하다. 어떤 이들에게는 할 말이 많은 대화이고 어떤 이들에게는 할 말이 전혀 없는 대화이기도 하다. 잠깐 아주 진지한 얘기를 하다가도 다시 배꼽잡고 웃는 얘기를 하는 대화다.

나흘 뒤 다시 독일로 돌아왔을 때, 무릎의 찰과상과 신발 속 모래 그리고 약간의 숙취가 남았다. 행복의 바로미터가 똑딱똑딱거리는 소리가 들리는 것 같다. 그리고 약이 어디론가 사라져버렸다.

행복한 순간 열가지

① 10년 동안 잊고 지내다 우연히 내가 좋아하던 노래를 들을 때

② 기다리던 버스가 왔는데, 차 문이 바로 내 앞에서 열릴 때

③ 기차 시간에 늦었는데, 마침 그 기차가 연착될 때

④ 바다괴물 같은 것들이 나와 있는 옛날 지도를 볼 때

⑤ 절대 중요하지 않은 것들(숨 참기, 평균대 위에서 잘 걷기, 노른자 깨트리지 않고 프라이 만들기)을 평균 이상으로 잘하고 있음을 깨달을 때

⑥ 기숙사 생활에서 벗어나 처음으로 나만의 공간을 열쇠로 열고 들어갈 때

⑦ 타이머를 작동시켜놓고 사진 찍는 데 고생하는 여행객들이 단체사진 찍는 데 성공할 때

⑧ 버섯 따러 갔는데 정말로 친구들과 함께 먹어도 풍족할 만큼 딸 수 있었을 때

⑨ 세상의 멸망을 두려움 없이 받아들일 수 있을 만큼 집안을 맛난 것들로 가득 채웠을 때

⑩ 1년도 안 걸려서 나쁜 습관 하나를 고쳤음을 알았을 때

09
SEPTEMBER

인터넷은 세상을 좀 더 나아지게 만들 수 있을까?

그네 매달기 프로젝트, Improve Everywhere를 통해
깨달은 아주 작은 것들의 큰 힘

행복이란, 사랑으로 걱정해주는 가족이 있다는 것이다.
같이 살건 아니면 다른 곳에 살건.
-조지 번스 George Burns

09

　반년 전에 난 뉴욕에서 전 인터넷 백만장자인 조쉬 해리스를 방문했다. 그는 윌리엄스버그에 있는 스튜디오에서 새로운 사업기획에 투자자를 찾느라 애를 먹고 있었다. 그의 아이디어는 약간 '트루먼 쇼'를 닮은 구석이 있었다. 즉, 원하는 사람은 누구든 (해리스는 모두가 원할 것이라고 확신했다) 집에 카메라와 모니터를 설치하고 스스로의 일상 하나하나를 라이브로 인터넷에 전송하는 것이었다. 당연히 그것은 다른 사람들에게 방송되는 것으로, 사생활의 종말을 의미했다. 해리스는 바로 이런 기획의 성공을 자신했다.

　지금 나는 미국 온라인 잡지에서 당시 해리스의 기획에 대한 새로운 소식을 읽고 있는 중이다. 보아하니 그동안 그가 이 분야의 리스크 자본주들과 만나 수없이 많은 커피를 마셔댔어도 얻은 것은 별로 없었던 것 같다.

이제 해리스는 인터넷 플랫폼 중 하나인 킥스타터Kickstarter에서 자신의 비전에 투자할 사람을 찾느라 애쓰고 있다. 킥스타터는 사람들이 말하는 크라우드펀딩Crowdfunding 네트워크다. 크라우드펀딩은 은행이나 개인 투자자 대신에 인터넷을 이용하는 대중에게서 사업 자금을 투자받는 것을 말한다. 투자하는 대중은 당연히 그의 아이디어를 굉장한 것으로 여기는 사람들일 것이다.*

조쉬 해리스는 25,000달러를 투자받아야 했다. 이미 몇 십 명이 그를 도와주겠다고 나섰다. 해리스와의 만남에서 느꼈던 그의 열정이 마음에 들기도 했고 그의 다음 아이디어가 실제로 어떻게 구현될까 궁금하기도 해서 나도 버추얼 모금함에 약간의 돈을 약속했다.** 물건을 산 것도 같고 투자한 것 같기도 한 느낌이 그리 나쁘지 않았다. 신발을 50켤레나 살 때 느끼는 불편함도 없었고, 내 돈에 대한 반대급부로 뭔가를 해야만 하는 거만한 투자자의 불편한 순간도 없기 때문에 양심에 걸릴 일도 없었다. 그리고 투자금액에 따라 보상으로 무언가 받기도 하지 않은가. 소비자나 기부자가 아닌 후원자(매우 호감 가는 역할이다)가 된 듯한 느낌이다.

킥스타터 사이트를 바로 떠나지 않고 여러 가지를 계속 살펴보았다. 투자금을 유치하려는 다양한 기획과 기발한 아이디어 중에서

• 크라우드펀딩은 도달해야 하는 목표액이 처음부터 정해져 있다. 목표액에 도달할 만큼 충분한 투자자들이 모일 때만 실제로 돈도 들어온다. 투자금액에 따라 미리 정해진 투자자들을 위한 프리미엄이 있다(영화프로젝트를 예를 들면, 투자금액에 따라 감사카드나 영화 DVD 또는 까메오 출연 등이 그 예라 할 수 있다). 발기인들은 이 프로젝트가 어떻게 진행되고 그 돈이 어디에 사용되는지를 공개할 의무가 있다.

•• 4주가 막 지난 즈음에 투자자를 모을 수 있는 시간이 끝났고, 총 투자금액은 안타깝게도 목표치에 도달하지 못했다. 원했던 25,000달러에 못 미친, 97명이 7,241달러를 투자했다.

몇 가지가 눈길을 끌었다. 젊은 두 미국인이 개발한 새로운 형태의 자전거 헤드라이트는 대량생산이 가능한 시제품이 만들어지고 있었다. 어떤 사진작가는 위기에 빠져 있는 에티오피아의 한 종족에 대한 사진과 노래를 오디오 CD가 있는 화보집으로 출간하길 원했다. 그러다가 시선을 꽉 붙드는, 내 마음에 쏙 드는 기획 하나를 발견했다.

샌프란시스코 출신의 30대 예술가 제프 월드먼Jeff Waldman은 약 1년 전에 그네에서 자신의 열정을 발견했다. 그는 친구들과 함께 공터에 그네를 만들어주는 일을 시작했다. 후에 그는 로스앤젤리스에서도 똑같은 일을 했고 나아가 파나마에까지 가서 그네를 매어주었다. "아이들뿐만 아니라 어른들의 반응도 매번 폭발적이었어요." 제프는 홍보비디오에서 이렇게 이야기했다. "사람들은 우리가 그네를 세울 때까지는 아무것도 기대하지 않았습니다. 나중에 그네에서 보내는 잠깐의 시간이 그들의 하루를 어떻게 바꿔놓았는지, 그리고 기분을 얼마나 좋게 만드는지를 우리에게 이야기해주었답니다."

그 짧은 비디오에서는 제프와 친구들이 만든 그네를 직접 긴 밧줄에 걸어 나무나 기둥에 매다는 것과 아이들과 어른들이 그 그네를 어떻게 이용하고 즐거워하는지를 볼 수 있었다. 그는 또 이렇게 말했다. "우리는 아주 간단한 것으로도 모든 사람들이 기쁨과 행복을 느끼고, 그것을 퍼뜨릴 수 있음을 보여주려고 했습니다. 그네로 인한 즐거움은 쉽게 퍼져나갑니다. 그네를 매다는 것도 마찬가지죠. 기둥에 밧줄을 던지는 단순한 행위를 통해 새로운 연결과 더불어 간단하고 단순한 메시지가 생겨납니다. 즉, 사람들에게 어린 시절 기뻐했던 기억을 되살리고 그렇게 함께 놀고 싶은 충동을 북돋워주고 싶은 거죠. 하지만 무엇보다도 우리가 보여주고 싶은 것은 미소가 어떤 차이를 만드는가랍니다. 그리고 그 미소가 사람들에게 얼마나 쉽게 전염되는지도요."

제프의 원대한 목표는 4주 동안 볼리비아를 여행하면서 가능한 한 많은 그네를 만들어주는 것이다(이를 위해 그도 역시 킥스타터에서 투자금을 모으고 있다). 왜 볼리비아일까? 제프의 말에 따르면 무엇보다도 볼리비아는 남아메리카에서 두 번째로 가난한 나라이기 때문이란다. 그런데 그곳에는 어린 아이들이 아주 많다고 한다.

"인구의 49퍼센트가 20세 미만입니다. 볼리비아는 아이들로 가득 찬 나라지요. 하지만 그 아이들은 어린 시절을 즐길 수가 없어요. 12살부터 이미 돈을 벌기 위해 일해야 하거든요."

볼리비아로 가서 수백 개의 그네를 매달고 그 전부를 사진과 비디오에 담기 위해 그들은 4,800달러를 모금하려고 한다.

"우리 기록이 매체를 통해 확산되는 일이 중요합니다. 가능한 한 많은 사람들이 용기를 얻어 스스로 그네를 매달길 바라기 때문입니다."

그 생각이 마음에 들어서 나도 재정적으로 무리가 되지 않는 선에서 이 프로젝트를 후원하기로 했다. 물론 4,800달러에 아주 조금 가까워질 뿐이었지만.

하루가 지나자 메일로 업데이트된 상황을 전달받았다. "오 이런! 와우! 녀석들 정말 대단하네!" 제프와 그의 친구들은 26시간 만에 원

했던 자금을 모두 모았고 기뻐 어쩔 줄 몰라
했다.*

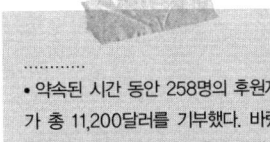
• 약속된 시간 동안 258명의 후원자가 총 11,200달러를 기부했다. 바랐던 것의 두 배 이상이다. 추가 금액도 그녀와 다큐멘트에 들어갔음을 기획자들이 확인한다.

물론 재정적 지원이 주는 기쁨도 있겠지만, 그들에게 여행 정보를 준 사람들, 볼리비아에 있는 지인 연락처를 준 사람들 때문에도 기뻤을 것이며, 항공마일리지도 많이 쌓였을 터이고 여행 동안 카메라 장비를 빌려준다는 제안도 있었을 것이다. 기획자들뿐만 아니라 나 같은 단순 후원자도 (익명성, 고독, 피상성의 원흉으로 지목돼 온) 인터넷이 좋은 기획을 현실화시키고 '실제 세상'을 조금 더 나아지게 만들 수 있음에 엄청난 감동을 받았을 것이다.

난 제프와 몇 차례 이메일을 주고받으면서 그의 말이 진심이었다는 인상을 받았다. 당연히 이렇게 돈을 모아서 두 명의 친구와 함께 볼리비아를 여행하게 되었다는 사실에도 그는 기뻤을 것이다. 하지만 그렇더라도 그것이 사심으로 여겨지지는 않았다. 그들이 모금한 금액은 여행경비로선 넉넉하지는 않은 액수일 것이며, 분명 그들은 많은 것들을 사비로 지출해야만 할 것이다.

이 친구들은 마침내 볼리비아로 여행을 떠났고 샌프란시스코에 남아 있는 제프의 여자친구 몰리가 약 250여 명의 후원자들에게 이들 소식을 정기적으로 업데이트하기로 했다. 이 친구들은 실시간 소식을 아이폰으로 전달하고 싶겠지만 남미의 인터넷 상황은 열악할 것이므로 샌프란시스코에 있는 여자친구가 대신 소식을 전달하기로 한 것이다.

그럼에도 불구하고 그네친구들은 얼마 지나지 않아 라 파즈La Paz 에서 첫 번째 성공 소식을 직접 전 세계에 알려왔다.

"우리는 방금 첫 그네를 매달았습니다. 한 엄마가 아이와 함께 왔네요. 우리는 그 엄마와 아이에게 초급 스페인어로 우리의 생각을 얘기해주었고 엄마는 아이에게 그네로 가보라고 합니다. 드루는 그 꼬마를 그네 위에 앉혔습니다. 그들은 아주 즐거워했고 그 꼬마는 이내 신이 나서 그네를 탔답니다."

며칠 뒤, 그들은 또 비슷한 체험을 알려왔다. 관리가 안 된 한 공원에 그네를 설치하고 다른 곳으로 떠나려 할 때, 어린 아이 둘이 그네에 올라가려고 돌과 가방으로 작은 받침대를 만드는 장면을 본 것이다.

그네를 지탱할 큰 나무나 기둥이 마땅히 없는 곳에서는 이들은 그네를 매달 수 있는 장치를 직접 만들었다. 불행히도 이런 곳들이 대부분이었고 그것은 생각만큼 쉽지 않은 일이었다. 또 적당한 밧줄과 그네를 매기 위해 딛고 올라갈 받침대를 찾는 일도 쉽지 않았다. 이 여행에서 많은 시간이 이런 재료를 찾는 일에 할애되고 있었다.

수도인 라 파즈에서 소금사막인 우유니•를 지나 아마존까지, 그들은 수백 개의 그네를 공공장소에 설치했다. 가끔은 부모의 바람에 따라 개인 정원에도 설치해주었다. 30일을 여행하면서 그들은 전동드릴과 나무판자, 밧줄을 가지고 28개의 그네를 설치했다.

• 여기서도 바위와 구조물들이 있다. 그런데 난 그네라면 으레 사막 말고 다른 곳에 만들어지는 게 아닌가 하고 생각했었다.

이윽고 제프와 친구들은 다시 집으로 돌아왔고, 인터넷에 미리 올려놓은 사진을 보면서 나는 내 첫 번째 그네를 위해 시간을 내겠다고 결심했다. 지름신이 강림하는 걸 가까스로 막으면서 나는 완구 도매점에서 그네 세 개를 주문했다. 60킬로그램이 넘는 어른 몸무게를 견딜 수 있는 그네를 찾기란 절대 쉽지 않았다. 그네를 타고 즐기는 잠깐 동안의 무중력 체험을 꼭 아이들만 가지라는 법은 없지 않은가.

우리의 그네 매달기

그네를 매달기 위해 물색한 첫 번째 장소는 근처에 있는 공원이었다. 허나 거기엔 나무가 적었고, 무거운 걸 버틸 수 있는 수평 가지가 있을 만한 나무도 없었다. 무엇보다 겨울에 미끄럼타기에 딱 알맞은 가파른 비탈 위에는 구조물을 갖춘 그네가 이미 설치돼 있었다.

나는 먼저 제시카를 앉히고 뒤에서 밀어줬는데 곧바로 그네가 뒤집어져버렸다. 이렇게 우리는 그네의 긍정적 효과를 몸소 체험했다. 그네를 타면 얼마 지나지 않아 기분이 좋아진다는 것. 곡선을 그리며 점점 더 조금씩 높이 올라가는 그네가 주는 그 기분이 기억났다. 가장 높이 올라가서 잠깐 멈추는 그 순간, 가볍게 배를 당기는 느낌이 오고 다시 아래로 내려갔다. 주행풍走行風이 (아니면 그네바람이라고 말해야 하나?) 머리카락을 가르고 지나간다. 굉장한 기분이다. 특히나 도시 전경이 보이는 산 위에서 그네를 타니 더 그런 것 같았다.

다행히도 다음 공원에서는 그네를 매달 만한 나무를 발견했다. 한 자작나무에 거의 완벽한 수평가지가 있었고 매우 안정적일 것으로 보였다. 그 나무 아래 엎드려 책을 보던 30대 남자는 우리가 약간 신경 쓰이는 모양이었다. 어떻게 하면 그네를 잘 달았다고 소문이 날 수 있을지를 고민하며 나누는 우리의 대화가 그의 휴식을 방해하는 듯 보였다. 혹시라도 계획에 차질이 빚어질까 봐 우리는 목소리를 조금 낮추었다.

조금 뒤에 우리의 그네 매달기도 볼리비아의 그네 달기와 비슷해졌다. 마지막 밧줄을 다 매갈 즈음에 우리 주위로 아이들이 몰려온 것이다.

"뭐 하시는 거예요?"

동네 꼬마들이 뒤에서 서성거리는 동안 개중에 나이 많은 녀석들이 들뜬 목소리로 물었다. 그때 특히 용감해 보이는 녀석 빌랄이 아직 나무판자를 매지도 않았는데, 밧줄을 타고 오르기 시작했다.

마침내 그네가 완성되자 약간의 다툼이 생겼다. 물론 누가 먼저 탈까를 두고 벌이는 싸움이었다. "내가 제일 나이 많잖아!", "레이디 퍼스트", "내가 이거 매다는 거 도왔다고" 하며 난리가 났다.

결국은 다들 순서대로 타기로 했다. 나이 많은 축에 속하는 소녀인 쉬린은 두 여동생들을 번갈아 그네에 태우고는 조심스럽게 밀어주었다. 여동생들은 신이 나서 소리를 질러댔다.

"다른 그네들로는 뭘 할 거예요?" 쉬린이 물었다. 옆에서 쉬린의 자매들은 함께 나눠 탄 그네에서 떨어지지 않으려고 애쓰고 있었다.

몇 블록 떨어진 훔볼타인 공원 같은 곳에 매달 거라고 설명했다. "우리가 거기 근처에 살아요." 쉬린이 자랑 섞인 목소리로 말하더니 조심스럽게 어른스러운 말투로 덧붙였다. "아니면 야외수영장 근처에 매달아도 될 것 같은데요? 우린 거의 대부분을 거기서 놀아요."

거기서 딱 맞는 나무를 찾는다면 최고의 그네를 만들어주겠다고 아이에게 약속했다.

"그럼 우리가 그네를 고를게요."

아이들이 저녁 먹으러 가기 전에 헤어지면서 던진 말이었다. 우리는 다음 공원으로 자리를 옮겨 어두워지기 전에 나머지 그네들을 달았다. 우리의 첫 작품이 있는 곳에서 약 100여 미터쯤 가다 뒤돌아보니 아까 옆 나무 아래 누워서 책 보던 남자가 그네 위에 앉아서 조심스레 그네를 타기 시작했다.

두 군데 그네에서도 이와 비슷한 상황이 벌어졌다. 한 번은 우리가 그네를 매다는 걸 매우 전문적인 용어를 섞어가며 칭찬하던 젊은 아빠가 아들을 그네 위에 태웠고, 또 한 번은 다시 한 무리의 아이들이 몰려왔는데, (이번에는 처음 것보다는 더 큰 그네였다) 높이 곡선을 그리는 그네에 용감하게 뛰어오른 아이가 먼저 탔다. 그때 갑자기 궁금증 하나가 번뜩 떠올랐다. 그네를 타다가 누군가가 다치면 어떻게 하지? 고발을 당할지도 몰라서 더 이상 그네를 매달 수 없는 세상에서는 살고 싶지 않다. 제프와 드루, 그리고 그의 친구들은 그런 걱정 따위에 굴하지 않고, 작은 기쁨 하나 후원하는 일이 얼마나 간단한지를 밧줄 두 개와 나무판자 하나로 보여주었다. 아이들과 어른들에게, 오늘과 미래에, 낯선 사람이나 자기 자신에게 말이다.

물론 우리에게 전혀 사심이 없지는 않았다. 우리가 잘 가는 조깅 코스 근처에 그네들을 매달았으니. 그래야 우리도 '우리' 그네를 지나칠 때 누군가 그네 타는 모습을 보고 기뻐할 게 아닌가. 그리고 비어 있으면 달리기를 멈추고 잠시 앉아서 하늘 높이 날아오를 수도 있고 말이다.

일상에서 특별함 찾아내기

이따금 사람들이 돌고 돌아 어떤 아이디어에 이르는 방식을 보면 참 신기할 따름이다. 조쉬 해리스를 만나지 못했다면, 난 킥스타터 웹사이트를 몰랐을 것이고, 그러면 거기서 그네 프로젝트를 후원하지 못했을 것 아닌가. 그리고 그 일에 감동받지 않았다면 나 또한 스스로 그네를 매달 생각은 하지 못했을 것이다.

인터넷에는 말도 안 되는 것들이 많이 퍼져 있지만 매우 창의적인 아이디어들도 많다. 그것으로 사람들은 자기 삶을 약간 낯설게도 또는 신기하게도 또는 행복하게도 만들 수 있다.

일상에서 매번 무언가 특별한 일을 생각해내는 단체가 바로 '임프루브 에브리웨어 Improve Everywhere'다. 뉴욕의 이 단체는 대규모로 움직이면서도 항상 재미난 게릴라 행동으로 대도시의 비애와 천편일률을 깨트린다. 그들이 행한 가장 유명했던 '미션(그들은 자신의 퍼포먼스를 이렇게 부른다)'은 아마도 '속옷만 입고 지하철 타기'일 것이다. 그날 이 단체는 가능한 한 많은 사람들이 바지를 입지 않고 뉴욕의 지하철을 이용하게 하는 것이었다. 한 미션은 사람들이 많은 쇼핑센터에서 점심 휴식의 좋은 점들을 알리는 짤막한 노래를 부르는 것이었다. '임프루브 에브리웨어'는 실제로 거기서 점심식사를 하던 몇 십 명의 회사원들 앞에서 사전에 알리지 않은 채 서투르지만 완벽한 뮤지컬 하나를 최선을 다해 선보였다. 아무것도 몰랐던 그곳 회사원들의 반응은 대단했다. 처음에는 깜짝 놀라더니 나중에는 즐기기 시작했고 끝에는 낯선 사람들이 행한 노래와 그 노고에 감동받은 모습이었다.•

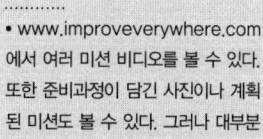

• www.improveverywhere.com 에서 여러 미션 비디오를 볼 수 있다. 또한 준비과정이 담긴 사진이나 계획된 미션도 볼 수 있다. 그러나 대부분은 김새지 않도록 사전에 비밀로 한다.

행복을 강요해도 좋은가

그런데 이 단체의 퍼포먼스는 도덕적으로 다툼이 생긴 경우도 여러 번 있었다. 그중에 하나가 뉴욕에서 콘서트에 참여시켰지만 관객의 반응은 시원치 않았던 신참 밴드에게 그들의 음악 인생에서 최고의 밤을 선사하는 미션이었다. 여러 '에이전트'들이 전혀 알려지지 않은 버몬트 출신의 밴드 '파차의 유령들'의 노래들을 힘겹게 배워서는 일반 관객으로 위장해 웬만해선 겨우 세 명이나 찾을까 말까 한 콘서트를 찾은 것이다. 첫 노래가 울리자 거짓 청중은 커다란 파티를 축하하며 한 소절씩 따라 부르고 매 노래마다 열광했다. 추측컨대, 청중의 쇄도와 환호에 완전히 놀란 이 밴드는 정말로 그들의 인생에서 최고의 밤을 보냈을 것이다.

그런데 뉴욕과 버몬트 사이의 이 디지털 노정은 매우 짧게 끝나버렸다. 밴드의 주인공들이 사흘 뒤 집으로 돌아와서 대도시에서의 꿈만 같았던 공연평을 찾던 도중 '임프루브 에브리웨어' 웹사이트에서 잠이 확 깨는 텍스트를 발견한 것이다. 모든 게 사기였던 것이다. 비록 그들을 도운 착한 속임수이긴 했지만 말이다. "우리를 제대로 엿먹인 거죠. 이건 내 인생에서 겪은 최악의 사건이었어요." 그 밴드의 기타리스트는 라디오 인터뷰에서 이렇게 말했다. "어렸을 땐 의기소침해질 때가 종종 있었고 운동장에서 비웃음을 받은 적도 있어요. 하지만 어른이 되어선 그런 일은 없을 거라고 생각했어요. 그런데 갑자기 다시 일어난 거죠."

실제로 이런 상황은 여러 가지 문제를 제기한다. 행복한 순간, 행복한 밤, 심지어 행복한 삶을 선사하기 위해 사람을 속여도 될까? 누군가에게 행복을 강요해도 될까? 얻는 것보다 잃은 것에 두 배 이상 민감해하는 '손실 혐오' 이론을 상기해보자. 누군가 속임수를 간파했을 때, 그 실망감은 어떤 조건에서는 이전에 느꼈던 기쁨보다 훨씬 더 크지 않을까?

아니, 그 반대가 옳은 것은 아닐까? 수많은 사람들이 환상적인 밤을 준비하기 위해 애쓴 것에 화를 낸다면 이 밴드는 스스로 화를 자초하고 건방지게 행동한 것은 아닐까? 이들은 스타와 같은 기분을 느꼈고 그것은 특별한 경우가 아니면 체험할 수 없는 순간은 아니었을까? '에이전트' 중 한 명이 얘기했던 것처럼 "아름다운 꿈에서 깬다는 것은 물론 슬픈 일이다. 하지만 그렇다고 해서 계속 악몽만 꿀 수는 없지 않은가?"

'파차의 유령들'은 불안과 분노, 부끄러움을 경험하고 나서 뉴욕에서의 별난 에피소드를 차츰 긍정적인 체험으로 받아들이기로 했다. "그건 좋은 방법은 아니었지만 동시에 하나의 선물이긴 했다는 점을 인정하기로 했어요." 밴드 기타리스트가 반년 뒤에 한 말이다. "정신 치료 같은 걸 통해서 어린 시절 트라우마를 멀리 물리치는 데 도움을 받았어요. 이젠 알았죠. 얼마나 많은 사람들이 저를 놀려대건 그건 더 이상 내게 아무 의미도 없다는 걸요."

이 일화에 대해서 나는 여전히 좋은 기억을 갖고 있고 이후로도 항상 '임프루브 에브리웨어'의 사이트를 찾는다. 오늘은 그곳에서 어떤 '미션'의 동영상 다큐멘터리를 보고 있다. 그 동영상에는 어떠한 거짓도 없이 큰 원을 그리며 모인 많은 사람들이 오로지 버몬트 출신의 세 남자 밴드 때문에 행복해하고 있었다. 작지만 많은 사람들로 북적이는 맨해튼의 광장에서 두 남자가 커다란 발판을 세우고는 메가폰을 잡고 이야기한다. "멋있는 말 한마디 해주세요!"

간판 하나가 아주 잘 보이게 세워져 있다.

'멋있는 말 한마디 해주세요!'

얼마나 심플하고 멋진 일인가! 그 어느 누구도 메가폰이나 그 발판을 치워버릴 수 없었다. 두 남자는 더 이상의 특별한 설명 없이 자리를 떠났다.

멋있는 말 해주기

현장에서 직접 보지 않고 그저 편집된 비디오로 접하기만 해도 어떤 일이 누군가의 마음을 열기도 한다. 지나가던 사람들은 처음에는 회의적인 시선으로 서로 바라만 보더니 이윽고 메가폰 앞으로 모인다. 처음 행인이 언제부턴가 신뢰를 보내기 시작하고 조심스럽게 말을 꺼내고 자기 목소리가 스피커로 나오는 걸 듣고 놀란다. "이 얼마나 신나는 날인가요!" 한 여자 행인이 말했다. "여러분에게 신의 가호가 있기를!" 또 다른 어떤 사람이 말했다. 거의 모든 사람들이 그곳에서 함께 웃었고, 많은 이들이 그 자리에 멈춰 서서 지나가던 행인이 말하는 걸 들었다. 어른들은 아이들을 높이 들어 올려서 아이들이 하고 싶은 말을 메가폰에 대고 말하게 했다. 여러 사람들이 노래를 불렀다. 또 여러 사람들은 주변 사람들에게 그냥 아름답고 좋은 하루가 되기를 기원했다. 그날 설치장소를 지나간 수많은 사람 중에 어느 누구도 나쁜 말이나 증오 섞인 말은 하지 않았다. 한 남자만 "멋있는 말 한마디 해주세요"에 그대로 따랐다. 그는 잠깐 메가폰 앞에 서더니 히죽 웃는다. 그러고는 크게 또박또박 말했다. "멋. 있. 는. 말."

나도 연설대를 세우고 아무도 메가폰을 훔쳐갈 수 없게 만들고 싶지만, 안타깝게도 나에겐 시간이 모자랐다. 하지만 나는 그 아이디어에 감동받았고 아주 작은 것들로도 삶을 변화시키고 충만하게 할 수 있음을 쉽게 확인할 수 있었다. 그날 이후로 나는 가능한 한 칭찬을 많이 나누리라 마음먹었다. 처음엔 별로 특별할 것 없이 들리겠지만 지속적으로 일일이 칭찬하려고 하면 그 또한 여간 어려운 게 아니다.

그나마 가장 쉬운 것이 애인을 칭찬하는 것이다. 그저 윤년에 한 번 정도 억지로 칭찬해주는 게 아니라면, 옷맵시나 헤어스타일을 칭찬한다고 그 의도를 의심받지는 않을 것이다. 하지만 길거리에서 만난 낯선 이를 칭찬하는 일은 사정이 전혀 다르다.

슈퍼마켓에 가는 도중에 아무 생각 없이 한 여성에게 "외투가 멋있네요"라고 친절하게 말하자, 그녀와 같이 가던 남자가 내 아가리를 찢어놓을 듯이 날 노려보았다. 칭찬을 들은 당사자도 그다지 내 말에 기뻐하지 않는 것처럼 보였다. 거기서 나는 다른 의미로 오해를 사지 않기 위해서는 나와 동행한 여자에게만 칭찬해야 한다는 것을 깨달았다.

그래서 대신에 남자들에게 칭찬을 시도해보았다. 비록 이유가 다르긴 하지만 이 역시 어렵긴 마찬가지였다. 칭찬이 먹혀들려면 최소한 진심을 담아야 하는 게 핵심인데, 낯선 이에게 하는 칭찬은 당연히 피상적으로 들리기 때문이다. 슈퍼마켓에서 나를 돌아보았다. "멋진데. 반 대머리에 긴 머리!" 그런데 정말 내가 그런가? 아니면 "이 커다란 빨간 헤드폰 때문에 머리가 참 작아 보인다!"

제대로 된 칭찬을 함께 나눈다는 것은 결코 쉬운 일이 아니었다. 개를 데리고 나온 사람에게 신이 나서 꼬리치는 잭 러셀을 가리키며 "이놈 참 귀엽네요"라고 말했는데도 그는 전혀 좋아하는 기색이 아니었다. 오히려 내가 개를 훔쳐가기라도 할까 봐 경계하는 눈빛이었고 눈에 확 띄는 목줄을 돌돌 말아 개를 가까이 끌어당겼다.

집으로 돌아오는 길에 신호등에서 어떤 남자 옆에 서게 되었다. 보아하니 그는 칭찬 정도는 받아들일 수 있는 사람처럼 보였다. 적어도 자신을 닫아버린다든지 상대를 위협할 것 같진 않아 보였다. "야, 정말 멋진 신발이네요!" 내가 이렇게 말하자, 그는 미소를 지으며 차분히 친근함을 보였다. 순간 그는 무슨 말을 더 할 터인데 하지 않는다는 듯 의아한 눈빛으로 나를 쳐다본다. 내가 무기를 꺼내 있는 것 다 내놓으라고 요구한다거나 아니면 신문을 구독하면 선물을 드리겠다는 말이라도 하길 기다리나 싶었다. 아무 일도 일어나지 않고 내가 계속 친근한 표정으로 바라보자 그는 갑자기 웃기 시작했다. "고마워요. 당신 신발도 멋지네요"라고 그가 말했다. 신호가 녹색으로 바뀌고 우리는 함께 길을 건넜다. 난 만족스러운데, 그는 고개를 설레설레 저으며 이상한 표정을 짓는다. 집으로 오면서 든 생각은 사람들이 많은 길거리에서 누군가를 칭찬하는 일이 나에게는 매우 버겁겠다는 것이었다. 혹시 연습이 덜 돼서 그런 걸까?

더 전문가답게 칭찬해보기 위해 글로 써보기로 결심했다. 그리고 여러 동료에게 편지를 썼다. 인터넷 사이트를 성공적으로 재오픈한 친구를 축하해주기도 했다. 그는 사이트에서 정말 읽을 만한 책들을 추천해주고 애 낳는 방법을 주제로 진지한 칼럼을 쓰기도 한 친구였다.

아이들은 우리를 행복하게 해줄까

10개월이 넘도록 나는 계속해서 다양한 행복레시피를 실험중이다. 내가 만나본 사람들이 자주 보이는 반응은 이렇다.

"그럼 당신들도 아이를 낳아 길러봐야 해요. 아이들이 당신을 더욱 행복하게 해줄 거예요. 그러려면 어서 서둘러야 할 것 같네요. 하하."

이런 농담 섞인 충고가 정말로 조언자가 생각하는 것만큼 재미있는 농담인지는 일단 별개의 문제다. 더 중요한 것은 그 말이 전혀 맞지 않는다는 사실이다. 아이들은 결코 나를 행복하게 해주지 않을 것이다. 이 말이 사람들에게 달갑게 들리지 않을 거라는 걸 나도 잘 안다. 오히려 다음 모임에서 모두 나를 멀리하지 않을까 싶기도 하다. "저 인간은 아이들을 싫어하는 위인이야. 사랑스러운 이 꼬맹이들이 부모를 행복하게 만들지 않는다나 뭐래나. 그런 부끄러운 이야기를 한 작자라니까." 그러므로 아이를 싫어한다는 이야기는 사람들을 만날 때 대화를 단절시키는 말이기도 하다. 증오 섞인 시선을 자주 접하게 되고, 집에 가려고 차를 타는데 이유 없이 타이어가 펑크 나는 일이 종종 발생하게 될 것이다.

내 말이 불편하게 들릴지는 모르겠지만 그래도 진실은 진실이다. 아이들은 우리를 행복하게 해주지 않는다. 그런데도 아이들을 키우는 베를린 사람들에게 당신 삶의 행복에 가장 기여하는 것이 무엇인지를 물으면 99.9퍼센트는 지갑에서 아이들 사진을 꺼내 보여준다. 아니면 아이폰을 꺼내 그 배경사진으로 아이스크림을 핥고 있는 주근깨투성이의 아이 사진을 보여준다. 남자건 여자건, 아니면 부자건

가난하건 간에 말이다. "나의 가장 큰 행복은 내 아이죠." 그들은 한결같이 그렇게 말한다. 도대체 누가 그런 그들의 마음에 비수를 꽂을 수 있을까?

과학은 그래도 약간 더 솔직하다. 10년 동안 삶에서 기쁜 일이 무엇인지를 연구한 학자들이 있다. 그들은 관찰 대상자들을 긴 시간 동안 관찰했고 그들의 행복을 청렴결백하게 그리고 객관적인 기준에 따라 기록했다. 그러고는 갑자기 아주 색다른 그래프 하나를 보여주었다. 바로 70년대부터 수행된 여러 연구 결과들이다. 거기에는 첫 아이가 생기자마자 부부의 삶의 만족도가 떨어지는 것으로 나타났다. 유치원 시절까지 만족곡선은 경사를 그리며 계속 떨어졌고 아이들이 십대에 이르면 더 심하게 떨어진다. 첫 아이가 집을 떠나고 나서야 비로소 행복곡선은 서서히 올라가기 시작한다. 그리고 자녀들이 모두 출가했을 때 비로소 아이들이 없던 시기의 행복수치에 도달하게 된다. 단, 부부가 같이 살며 생존해 있을 때에 한한다.

이 그래프에서 보여주는 또 다른 사실은 이것이 전체 삶을 일별한 결과가 아닌 개개의 날들을 관찰한 결과라는 점이다. 노벨상 수상자인 대니얼 카너먼은 일정 기간 동안 사람들에게 작은 라디오 수신기를 공급해주었다.* 그 수신기가 임의로 삐 소리를 내면 당사자는 자신이 이 순간 얼마나 행복한지를 기록하는 것이다. 나중에 삐 소리가 나던 당시 어떤 일을 하고 있었는

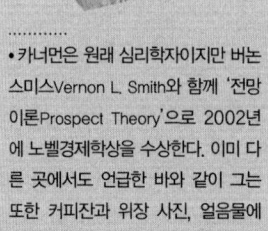

* 카너먼은 원래 심리학자이지만 버논 스미스Vernon L. Smith와 함께 '전망이론Prospect Theory'으로 2002년에 노벨경제학상을 수상한다. 이미 다른 곳에서도 언급한 바와 같이 그는 또한 커피잔과 위장 사진, 얼음물에 담근 손을 비교 연구하기도 했다.

지 그리고 그 행위가 어떤 행복 수치에 해당하는지를 평가했다.

특별히 놀랄 만한 결과는 아니지만 아주 높은 행복수치에 섹스가 있었다(실험 대상자가 수신기를 누를 필요가 없었다면 아마도 더 행복했을지도 모른다). 또한 쇼핑, 스포츠, TV시청도 평균적으로 높았다. 낮은 수치에 있는 것들이 일, 출퇴근, 숙제, 그리고 아이들과 시간 보내기였다. 아이들과 함께하는 시간이 행복 만들기 리스트의 꼴찌에서 두 번째였다. 꼴찌는 바로 청소나 다림질 같은 집안일이었다.

기대에 대한 기억

우리가 우리 자신을 매우 잘 속이고 있다는 사실을 받아들일 수 있을까? 두 가지 명제를 생각해보자.

a) 아이들과 함께 보내는 몇 년의 시간은 최소한 우리 삶을 행복하게 만들어주는 시간이다.

b) 아이들과 함께 보내는 짧은 몇 시간이 최소한 우리의 하루를 행복하게 만든다.

우리는 얼마나 강하게 이 명제들을 확신할까?

최소한 네 가지 이유가 함께 나타난다. 그 첫 번째가 사회적 바람이다. 부모는 모두 아이들을 행복하게 해주는 좋은 부모이길 원한다. 어느 부모도 가끔 아이들에게 전혀 신경 쓰지 못하고 있음을 인정하려 하지 않는다. 이는 우리 사회가 다른 것들은 용인하면서도 마지막까지 허락하지 않는 터부 중의 하나다. 한번은 친구 녀석이 나에게 아버지로서의 역할이 정말 즐겁지 않다고 부끄러운 듯 고백한 적이 있었다. 그런데 그 친구는 만약 술에 취해서 누군가를 차로 치는 사고를 냈을 경우, 주저하면서 다른 사람들에게는 절대 말해선 안 된다고 신신당부하되 정작 자기 자신은 별로 부끄러워하지 않을 그런 위인이었다.

두 번째, 우리는 무언가 결정하면 결정하기 이전보다 당연히 더 좋을 것이라고 여기는 경향이 있다. 참가자의 절반이 커피잔을 받고 그것을 나머지 참가자들에게 팔아야 했던 그 실험을 상기해보자. 커피잔 소지자들은 자기가 받은 잔을 가치 있는 것으로 여긴 나머지, 소비자들이 구매하려고 준비한 금액의 평균 두 배의 값을 부른다.

세 번째 이유는 감각적인 면에 국한해서 볼 때 우리의 기억이 별로 신통치 못한 것과 관련이 있다. 어떻게 느꼈는지보다 전에 어떤 느낌을 기대했는지를 우리는 훨씬 더 잘 기억한다고 한다. 심리학자 대니얼 길버트는 아이들의 경우를 들어 명료하게 설명한다. "미래의 부모들은 앞으로 더러운 기저귀와 집안일이 자기 앞에 놓이게 될 것임을 안다. 아이들의 치아교정비면 아루바 섬에서 휴가를 보낼 수 있음을 안다. 하지만 그들은

• 새 자동차나 새 신발이 우리를 행복하게 해줄 것으로 매번 속는다는 사실이 2000년 미국 대통령 선거 연구와 같은 이론을 통해서 증명되었다. 연구자들은 플로리다에서 득표 결과를 종일 지켜보았던 그 당시 엘 고어와 조지 부시의 지지자들에게 '당신의 지지자가 이길 것이라는 느낌이 어느 정도인지'를 질문했다. 당연히 응답자들은 승리할 경우 매우 행복할 것이라고 예상했다. 패배한 경우에는 매우 실망할 거라고 답변했다. 한 달 후에 결과가 확정되었을 때, 한 번 더 그들에게 물었다. 승리를 쟁취한 부시 팬은 생각했던 것보다 분명 덜 행복했다. 그리고 고어 지지자들은 생각보다 훨씬 덜 실망했다. 그런데 중요한 것은, 3개월 뒤 세 번째로 묻자, 응답자들은 전에 빠져들었던 그 당시 실제 감정을 더는 기억하지 못하고 오히려 선거결과가 나오기 전에 기대했던 드라마틱한 감정 기복만을 말했을 뿐이었다.

대부분 부모라는 사실을 담담하게 받아들인다. 우리는 무엇 때문에 부모 되기를 결정할까. 부모가 아이들과 어떻게 지냈는지를 기억할 때면, 실제로는 자신들이 출산을 앞두고 설레던 감정을 상기시킨다. 일부 소수만이 그와 반대로 치를 떨뿐이다. 내게도 29살 먹은 아들 녀석이 있고 그 녀석이 내 인생에 행복을 가져다준 가장 큰 원천이라고 확신한다. 어쩌면 두 살배기 손녀는 빼야 할지 모르겠다. 물론 손녀가 사랑스럽다. 하지만 녀석이 아직까지 나한테 가까이 오지도 않고 서로 모르는 사이인 듯 아무것도 요구하지 않아서인 듯싶다."

슈퍼마켓으로 깡충깡충

잠깐 이론은 접어두자. 나는 아이들이 대단하다고 생각한다. 우리 동네에 새로운 아이들이 이사 올 때마다 기쁘다. 나에게는 대자代子(기독교에서 대부나 대모가 세례식 때 입회하여 종교적 가르침을 주기로 약속하는 남자 아이—편집자)가 둘이나 있다. 그 녀석들은 나에게 큰 기쁨을 안겨준다. 내가 살고 있는 동네(베를린의 프란츠라우어베르크 지역)에도 요새 아이들이 많아졌고 역시나 유모차들로 동네가 북적인다. 동네의 소란스러움은 물론 유모차와 그것을 밀고 다니는 엄마들 때문이다. 거의 대부분 사람들이 이들 때문에 화가 난다. 아니면 적어도 불평이라도 늘어놓는다. 유모차 값을 엄청 올려야 한다느니, 그 엄마들이라는 사람들이 밖에 있는 시간 내내 카라멜 마끼아또나 홀짝이면서 동네 거리를 활보한다고들 투덜대는 것이다.

유모차 하나 때문에 돈이 많이 들어 다른 것을 포기할 수밖에 없는 나라에 살 수 있어서, 내 처지에 비추어보면 난 매우 행복하기만 하다. 그리고 모든 엄마들이 스스로 커피를 즐기기로 결정할 수 있는 나라에 사는 것도 행복하다. 또한 사람들이 솔직해진다면, 의류매장에 있는 옷걸이와 노천카페의 탁자들이 사실은 자신들이 분개하며 쳐다보던 유모차와 똑같이 길거리에 아무렇게나 나뒹굴고 있는 경우가 종종 있음을 인정할 것이다.

카페 탁자든 유모차든 아니면 두리번거리는 여행객이든 뭐 다 똑같다. 오늘은 모두 다 길거리에 나와 있다. 그래도 나는 화내지 않으려고 한다. 왜냐하면 오늘은 하이델베르크에서 시작했던 깡충뛰기 실험의 2부를 실행할 것이기 때문이다. 넥카르 강가에서 깡충깡충 뛰면서 조깅하는 일이 힘들다는 건 충분히 경험한 바 있지만 그래도 거기서는 날 아는 이가 없었다. 여기 동네에서는 다른 이유로 더 어려울 것이다. 오늘 진실의 시간이 째깍째깍 다가오고 있었다.

빈 페트병 몇 개를 넣은 장바구니를 들고 거리로 나섰다. 가을 햇빛이 반짝였고, 나는 용기를(하찮은 일로 뜸 들이는 게 놀라울 따름이다) 내었다. 그러고는 슈퍼마켓 방향으로 깡충뛰기를 시작했다. 내 모습이 그렇게까지는 기괴하지 않았다. 깡충 뛰는 내 신발이 낡은 포장도로 위에서 내는 요란스러운 소리에 비하면 말이다.

몇 미터 못 가서 거리에 있는 모든 사람들이, 심지어 바로 내 뒤에 있는 사람마저도 내 쪽으로 고개를 돌렸다. 카페에 앉아 있던 용감한 이탈리아 가족은 나를 부르기까지 했지만 유감스럽게도 뭔 말인지 알아듣지 못했다. 하지만 그들은 내 모습에 기분이 좋아진 듯 보였다. 노숙인 잡지 판매원이 잡지를 권하는 말 두 마디를 채 내뱉기도 전에 나는 그 자리를 훌쩍 지나쳐버렸다. 깡충뛰기로 가니 보통 걸음걸이보다 훨씬 빠른 템포로 지나게 된다.

무인촬영사진기에서 함께 어떻게든 사진을 찍어보려고 서로 달라붙어 있던 십대 네 명이 내가 지나갈 때 손가락으로 날 가리키며 저희들끼리 키득거렸다. 확신하건대 그들은 날 비웃었을 것이다. 그런데 이상하게도 어느 순간부터 그런 것들이 아무렇지도 않게 느껴졌다. 하찮게만 여겨졌던 깡충뛰기로 내 얼굴에 비친 히죽거림이 나 자신을 웃음거리로 삼던 두려움보다 더 강해진 것이다. 태어날 때부터 갖고 있었고 살면서 더 강해졌던 그 두려움 말이다.

숨이 턱까지 차오르고 땀에 젖은 상태로 슈퍼마켓에 도착했다. 페트병을 자동반납기에 넣고는 여전이 계속 히죽이면서 장을 봤다.

집으로 돌아오는 길은 안타깝게도 보통 걸음으로 와야만 했다. 깡충뛰기로 돌아오기에는 장바구니가 너무 무거웠기 때문이다. 그래도 깡충뛰기가 응급상황에서는 꽤 괜찮은 방법이 될 수 있음을 깨달았다. 넥카르 강가든 집과 슈퍼마켓 사이의 길에서든 기분이 우울할 때면 기분전환에 효과 만점이기 때문이다.

내 머릿속의 풍선

이 달 중순경에 신경정신약품과 보낸 시간도 끝이 났다.

지난 6주 동안 느꼈던 효과는 그렇게 나쁘지도 않았고 지나치게 불편한 점도 없었다. 어쨌든 효과는 분명했다. 따끔거리는 게 있고, 전혀 피곤하지도 않은데도 계속 하품이 나오기도 했다. 그런데 더 솔직해진 점도 있고, 심지어 대담해지기까지 했다. 사소한 일을 골똘히 생각한다거나 분석하는 일은 훨씬 더 적어졌다. 방금 말한 두 가지 심리적 효과는 물론 플라시보 효과 탓일 수도 있다. 정신적인 효과와는 반대로 육체적 효과는 믿을 수 없을 정도로 현실적이었다. 그래서 그동안 내 머릿속에서 일어난 변화도 사실은 완전한 상상이었다는 것을 믿을 수가 없다. 그래서 사람들이 플라시보 효과라고 해도 믿지 않으려는 모양이다.

어쨌든 약품을 끊을 시간이 왔다. 기본적으로 6주 전의 상태로 다시 돌아가야 할 것이다. 재흡수 방해물질이 중단되면서 내 신경은 다시 세로토닌과 노르아드레날린을 많이 흡수하기 시작할 것이고, 흡수는 상대적으로 빨라질 수 있는 반면 신체에서의 세로토닌 생산은 적응을 위해 더 느려질 것이다. 이를 통해 SSNRI나 SSRI가 중단되면서 세로토닌은 일정 시간 동안 충분히 공급되지 않게 된다. 그러니까 나는 곧 녹아웃 될 것이고, '슬픈 고양이'처럼 되지 않을까 싶다. 두통이 아닌 감정적 비애와 함께.

그런데 뭔가 예상과는 다른 일이 벌어졌다. 바로 벤라팩신 복용 첫날 나를 어리둥절케 한 간지러움이 갑자기 심해지기 시작한 것이다. 완전히 사라진 적은 없었지만 이 이상한 신체반응이 다시 초기상태로 되돌아온 것이다. 사실은 스스로 복용을 시작할 때의 그 수준만큼

악화된 건 아니지만 그래도 강력했다.

약을 끊은 첫날 저녁, 침대에 누웠을 때의 느낌은 분명 더욱 불편하기 짝이 없었다. 그때 나는 바로 잠이 들었다가 직접 내 뇌에서 나온 것 같은 무언가에 갑자기 깜짝 놀라 잠에서 깨어났다. 기괴한 소리였던 것도 같은데 그 소리를 묘사하기는 어렵다. 마치 풍선이 뻥 소리를 내며 터지는 듯한 느낌이랄까. 그 소리를 귀가 아니라 머리로 느꼈다는 것이다. 시끄러운 소음 하나가 메아리치는 것과 유사하게 가상의 풍선 터지는 소리가 귀에 남아 울렸다.

누그러지다가 새로 다시 시작되고 잠이 오지 않았다. 이 기괴한 소리가 다시는 사라지지 않을 수도 있겠다는 두려움이 나를 잠식하기 시작했다. 캡슐에서 손을 뗀 게 잘한 짓이었을까 하는 생각도 들었다. 머릿속이 헤집어지고 무언가가 치유될 길 없이 망가져버린 것은 아닐까 하는 불안감이 나를 덮쳤다.

매일 아침마다 했던 명상이 지금이야말로 딱 필요함을 깨달았다. 명상을 하면서 나는 아무 생각도 하지 않으려고 애를 써보았다. 몇 번 더 머릿속에서 비명소리가 들렸지만 그냥 무시해버리려고 노력했다. 이런 비명소리가 얼마나 지속되면 미쳐버리게 될까. 과연 이 공포를 이겨내고 잠이 들 수 있을지 도저히 예상할 수가 없었다.

머릿속 번개

다음 날 인터넷에서 머릿속에 빵 터지는 풍선이 있을 때 어떻게 해야 하는지를 검색해보았다. 인터넷에는 제약회사 광고가 화면 전체를 도배했다. 약 덕분에 이젠 걱정 없는 삶을 살게 되었다고 아주 좋아들 하는 리뷰와 이와는 반대로 분노한 소비자들은 사이트에 '향정신성 약물의 진실'과 같은 제목을 달고서는 알약과 무책임한 제조사들의 대응, 처방을 내린 의사들을 비판하는 글들을 올려두었다. 그중에는 약물 사용을 중지했을 때 일어나는 현상을 다룬 글도 있었다.

매사추세츠 병원의 연구를 우연히 보았다. 이 연구는 향정신제 복용을 그만둔 환자들 중 적게는 20퍼센트에서 많게는 80퍼센트가 불편한 부작용을 겪었다는 결과를 보여주었다. 약품의 종류에 따라 불편함의 정도는 매우 다르게 나타났다. 재미나게도 더 최신의 SSNRI들은 사용 중단 시에 프로작 같은 구식 의약품들보다 더 불편한 부작용들을 더 자주 일으킨다는 보고였다.

내가 복용한 의약품의 경우, 가장 흔히 나타나는 금단현상은 불면증, 피로, 어지러움, 악몽, 위경련, 근육경련이었다. 거기에 덧붙여 '뇌 공격brain zaps'이 나타난다고 했다. 또 다른 사이트에서는 향정신 약품을 한동안 중단하려고 했던 사람들의 극적인 이야기들이 나와 있었다. 그들은 치료를 통해서 더 나아진 느낌이 들어서, 아니면 역겨움이나 성적욕구저하 같은 부작용을 더 이상 받아들일 수 없어서 중단하려 한 것이다. 그중 몇몇은 좋지 못한 상태를 전하는데, 그것은 마치 허가된 현대 약품이라기보다 오히려 헤로인을 끊고 나서 하는 얘기처럼 들렸다. 한 남자는 뇌 공격에 대해 이렇게 적었다. 밤이면 비명 소리에 잠을 깨고, 베개는 흠뻑 젖어 있으며, 몸은 덜덜 떨렸다고 한다. 낮 동안에는 갈피를 못 잡는 일이 잦아졌고, 쉽게 예민해져서 집안일을 하다가 작은 실수만 저질러도 갑자기 주먹으로 자기 몸을 때린다고 했다. 어떤 학술논문은 이런 증상을 객관적으로 설명하지만 사실 더 불안하기만 했다. '신경과민, 두려움, 공포, 공격성, 열등감, 과민반응, 집중력 저하, 기억력 저하, 혼란.' 몇 가지만 간추린 게 이 정도였다.

어젯밤 느꼈던 두려움이 다시 돌아왔다. 나는 무엇보다도 실험 전에 약품 복용 시 나타날 수 있다는 부작용에 대비했었다. 부작용은 일어나지 않았고 난 견딜 만하다고 생각했다. 이제 난 복용 중단 시 부작용들이 상황 여하에 따라 훨씬 심해질 수 있는지를 읽어보았다.

나는 남은 하루 동안 머릿속 비명이 다시 찾아오는지 귀를 기울였다. 다행히도 똑같은 일이 벌어지지는 않았다. 난 좀 더 길게 조깅을 했고 그 사이 스포츠(마찬가지로 햇볕, 영양 섭취, 그리고 엄마들이 정기적으로 추천하는 다양한 방법들까지)가 세로토닌 농도를 올릴 수 있음을 알게 되었다. 밤마다 잠들기 바로 직전에 '뇌 공격'으로 한두 번쯤은 깜짝 놀랐다. 그러고는 조용해졌다.

다음 사흘 동안에 걸쳐 간지러움도 차츰차츰 사라졌다. 그 덕에 한편으로는 향정신성 약물에 대한 믿음도 생겼지만, 다른 한편으로는 그런 약물에 대한 의구심이 점점 더 커졌다.

행복한 순간 열가지

① 구내식당이 한 달에 한 번 제대로 된 요리를 내놓을 때 —
"아싸! 소갈비"

② 영화에서 옥의 티를 찾아낼 때

③ 쓰레기통에 던져서 골인시켰을 때

④ 신중하게 경의를 표해주자 그 사람이 3센티미터 커진 것을 보았을 때

⑤ 학생 시절 좋아하던 짝꿍이 불현듯 생각날 때

⑥ 겨울이 지나고 스쿠터를 처음 탈 때

⑦ 낯선 곳에서 넓은 슈퍼마켓을, 특히 과자가 있는 선반 주위를 돌아다닐 때

⑧ 메일함에 답변해야만 하는 이메일이 없을 때

⑨ 엉킨 빨래들을 잡아당기자 한번에 양말들만 뭉쳐서 쏙 빠져나올 때

⑩ 미래의 어느 날 모든 모바일 폰이 똑같은 충전 케이블을 사용한다면

행복을 찾아 나선 1년간 배운 것들

사람은 세상을 바꿀 순 없지만 스스로는 바꿀 수 있다

행복은 경이로운 일몰과 같다.
누구나 일몰을 보지만
모두가 각자 다른 방향에서 그것을 본다.
－마크 트웨인

10

어쿠! 갑작스런 두통으로 잠에서 깼지만 범인은 실은 시끄러운 자명종 소리였다. 나는 조심스레 몸을 일으켰다. 등을 써야 하는 모든 동작이 양미간에 새로운 고통의 파동을 보내기 때문이다. 시력이 점차 또렷해지며 침대 가까이 다가갈수록 길게 늘어선 옷가지들을 발견한다. 속옷, 셔츠, 가죽 바지, 로덴 재킷, 하펄 구두. 그리고 어제 옥토버페스트를 찾은 일이 서서히 기억나기 시작했다. 동료들과 함께 벤치 위에서 춤을 추었던 게 떠올랐다. 코담배와 닭고기 바베큐가 기억났다. 그리고 맥주. 정말 많은 맥주가 있었고, 맥주 파티장 밖에서 신선한 공기로 술을 깨려고 스쿠터를 몬 것과 잠깐 동안의 환각상태가 기억났다.

정말 즐거웠다. 공식적인 종료시간을 넘겨서도 집에 가고 싶지 않을 만큼 재미있었다. 하지만 경험 많은 풀밭 방랑자라면 누구나 알듯이, 그건 대부분 치명적인 실수였다.

마지막 기억은 이른 아침 시간에 진토닉 한 병을 손에 들고 '핌페르넬(성교하다는 뜻의 비속어인 '핌페른'의 유사단어—옮긴이)'이라는 이름의 바에서 나왔다는 것과 한 명의 동료가 갑자기 똑같이 생긴 세 명으로 나눠지면서 그들이 하는 말을 더는 알아듣질 못했다는 것이 전부다. 그 전까지 느꼈던 행복은 갑자기 사라져버렸고 기껏해야 20분 만에 정신을 잃어버렸다. 겨우 진토닉 두 잔에 나는 술집 문 앞에서 모국어를 포기해버렸다. 어느 순간 그냥 말이 없어지더니 호텔로 방향을 틀었다. 그리고 몇 시간 후 어디선가 격렬한 두통이 나를 깨웠다.

술에 취하면 행복해질까? 어제 술자리에서, 그리고 스쿠터를 타고 난 후에라도 치킨을 집어 들지 말았어야 했다. 그랬다면 오늘처럼 이토록 몸이 고생스럽지 않았을지도 모르고 지금 이야기와는 정반대의 이야기를 주장했을지도 모른다.

당연히 숙취는 아주 다양하다. 일례로 친구 파비앙과 나는 우리가 서로 다른 도시에서 살게 되면서부터 남자 클럽과 송년모임의 짬뽕격인 파티를 주관하고 있다. 성탄절과 새해 사이에 우리는 피아니스트가 있는 호텔 바에 모여서 연말을 결산한다. 규칙은 파비앙이 정했는데, 아주 기발하다. "책을 출간할 때마다, 건강하게 다시 태어날 때마다, 집을 새로 지을 때마다, 그리고 지난해를 기념할 때마다 그 해당자는 샴페인 한 병을 쏴야 한다"고 그는 언젠가 재미삼아 정관을 정했다. 나는 곧바로 이에 동의했다. 이 외에도 규칙은 이렇다. "가족 중 장례를 치른 이, 인간관계에 문제가 생긴 사람이 있을 때, 애완동물이 죽었을 때나 세금폭탄을 맞았을 때도 슈납스(소주와 비슷한

술—옮긴이) 한 잔을 마신다."

다행히도 지난해까지는 슈납스 대신 항상 샴페인을 터뜨렸다. 그 덕에 항상 기분 좋게 시작하고 결국에는 갈 때까지 가보자는 식으로 술을 마셨다. 물론 다른 이유들 때문일 수도 있다. 일단 취기가 오르면 모임이나 혹은 그 분위기 자체가 기분을 좋게 했다. 독일의 조그만 중소 도시에 있는 이비스 호텔 방의 미니바에서 쓸쓸히 혼자 술에 취해본 사람이라면 누구나 그 사실을 확인할 수 있다(나는 당연히 이 책을 위해, 오직 조사 목적으로 희생양이 되어보았다. 하지만 누구에게도 해보라고 추천할 수는 없다. 왜냐하면 다음 날 잠에서 깨서 윌트예Ültje 로고가 좌우가 뒤바뀌어 볼에 새겨진 것 말고는 쓸쓸함만이 남기 때문이다. 물론 땅콩 봉지를 베고 잠들면 말이다).

오랫동안 보지 못했던 친구들과 만나 코가 삐뚤어지도록 진탕 술을 마시면 그때 기분은 정말 끝내준다. 처음 한 잔 두 잔 들어가면서 혀와 정신이 풀리기 시작하면, 그동안 정신을 옴짝달싹 못하게 죄고 있던 쳇바퀴 같은 일상의 긴장을 잠시 잊을 수 있다. 다음 몇 잔에는 감정적으로 솔직해지고 때론 격정적으로 변신하기도 한다. 친구들 안부를 묻는 질문에 "야 좋아, 좋아!"를 연발하는 남자들에게라면 그것은 특히나 좋은 일이다.

그러나 어느 순간이 되면 술이 들어가는 것을 제어할 수 없게 된다. 그러다가 온몸을 짓누르는 피로로 인해 자리에 앉아 있기도 힘들어지고 그 아름다운 밤은 너무나 빨리 지나가버린다. 대부분 그때가 중간 중간 물 한 병을 단숨에 비워야 하는 시점이기도 하다. 지난 옥토버페스트 때 나처럼 다음 날 아침에 힘들어하지 않으려면 말이다.

적당한 때에 마지막 술잔을 성공적으로 비우고, 차는 그냥 그 자리에 세워두고, 그 외에 특별히 큰 실수만 저지르지 않는다면(늦은 수학선생님 댁에 찾아가 초인종을 누르는 것 같은 사소한 짓들은 그나마 괜찮다), 이렇게 친구들과 진탕 마셔대는 일은 큰 축복일 수 있다. 아무리 단 '하룻밤'일지라도 말이다.

어쨌든 난 12월 파비앙과의 만남을 기대하고 있다. 귀찮은 세무조사 때문에 이번에는 슈납스로 내달려야 하지만 말이다.

여자들은 누구나 꽃을 사랑해

행복실험으로 보내고 있는 한 해가 이제 끝을 향해 가고 있다. 그동안 나는 계속해서 멋진 어르신 두 분을 매주 방문했고, 그들은 각자의 방식으로 나를 환대해주었다. 크납 여사는 기분 좋은 욕설로, 레그너 씨는 타고난 신중함과 친절한 말로 말이다.

어느 쌀쌀한 화요일 오후, 레그너 씨는 정형외과 의사가 준 목발을 키에 맞게 조절해달라고 부탁했다. "내 자세가 엉망이 돼버렸어. 나는 말이지, 휠체어보다는 이놈으로 훨씬 더 잘 걸어다닐 수 있다고." 우린 이리저리 길이를 대보며 높이를 조절해보다가 마침내 그에게 가장 편한 위치를 찾아냈다.

오랜 여자친구의 죽음을 스스로 충분히 위로한 후 레그너 씨는 그새 다시 다른 청혼자들을 찾아 나섰다. 사람들은 그런 일이 그에게 얼마나 중요한지를 잘 안다. "난 말이야, 그냥 혼자가 싫어." 그 사이 가을 낙엽으로 뒤덮인 정원을 나와 함께 돌면서 그는 한숨을 쉬었다. "그렇지 않으면 외로움이 날 집어삼키고 말 거야."

혼자 있을 이유가 전혀 없고 이미 세상을 떠난 여자친구도 분명 당신이 쓸쓸히 혼자 방구석을 지키는 걸 원치 않을 거라고 나는 그를 안심시켰다.

그리고 얼마 후 나는 그의 옆에 앉은 새 여자친구와 인사하게 되었다. 그분은 레그너 씨와 같은 층에 살고 있었고 나이는 그보다 조금 적었다. 두 분은 매주 빙고게임을 함께할 만큼 서로 가까워졌다.

"당신이 이겼어?"

게임이 끝나고 나서 그녀가 커피를 마시러 우리가 있는 주방으로 들어오자 그가 사랑스런 눈빛으로 물었다. 그녀는 그에게 미소를 보냈다.

"아니요. 하지만 내가 당신은 늘 이기죠."

이렇게 말하고는 방 끝에 있는 자기 자리에 앉았다. 여기는 각자 자기 자리가 있는데, 노인들은 한번 마음에 든 자리에 앉으려고 하는 성향 때문에 좀처럼 자리가 바뀌지 않는다.

"게임은 망쳐도, 사랑은 쟁취하네!"

레그너 씨가 주방을 향해 크게 외쳤다. 그 말은 쿠키를 집은 포크를 떨리는 손으로 조심스럽게 입에 가져가는 다른 어르신들 머리 위로 퍼져갔다.

"자넨 언제 마지막으로 아내한테 꽃을 선물했나?"

레그너 씨가 다시 나를 향해 물었다.

아차! 나는 결혼식 이후에도 항상 싱싱한 꽃을 탁자 위에 올려놓겠다고 다짐했었다. 결혼만 하고 나면 양쪽 다 긴장이 사라지고 신경은 둔해져서 어느 순간 뚱뚱한 몸으로 말없이 소파에 뒹구는 그 클리셰를 깨보겠다고 다짐한 일인데 말이다. 잠시 결혼반지를 잃어버린 해프닝 무렵만 해도 꽃가게를 다 털어버리도록 꽃을 사곤 했다. 그러나 그것도 한때였던 것. 지금은 전혀 꽃을 사질 않는다.

"최근에는 없었네요."

난 힘없이 무슨 잘못이라도 저지른 것처럼 말했다.

"여자들은 누구나 꽃을 사랑하지!" 레그너 씨는 원로 정치인 헬무트 슈미트Helmut Schmidt의 말투로 말하면서 검지를 들어올렸다.

"큰 꽃다발일 필요도 없어. 때론 장미 한 송이로도 충분하다네!"

그날 저녁에 나는 마침내 다시 꽃 한다발을 제시카에게 가져다주었다. 더불어 레그너 씨와 그의 조언을 감사일기장에 적어넣었다. 이 감사일기장은 하이델베르크에서의 행복학회에 참가한 이후 책상 위에 두고 있다. 실제로 이 일기장은 내 삶을 만족스러운 시선으로 바라보게 하는 마법의 비밀공책이 되었다. 내가 시험해본 여러 가지 행복레시피 중에서 이것은 별로 특별난 것도 아니고 최고도 아닐 수 있다. 하지만 이런 감사일기는 비용 대비 최고 효과를 볼 수 있게 해주었다.* 그러니까 이것이 효율 광신자들에게는 자동적으

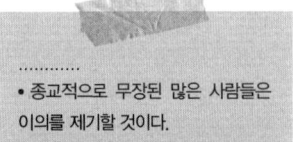

• 종교적으로 무장된 많은 사람들은 이의를 제기할 것이다.
"멍청이 같으니, 네 감사일기란 건 우리가 몇 천 년 전부터 알던 거야! 우린 그걸 저녁기도라고 부른다고."

로 최고의 행복을 선사할 수 있을 것이다. 어쨌든 내가 시험해본 다른 것들과 더불어 감사일기 쓰기는 실제로 지난 한 해 동안 좀 더 행복한 사람이 되는 데에 일조했다. 행복에 취할 정도는 아니더라도 행복으로 가는 최선의 방법 정도는 되는 것이다.

이는 행복을 주제로 하는 수많은 과학적 설문지들이 생생하게 증명하고 있다. 그건 내가 실험 초기에 대답했던 것이기도 하고, 또 내 자체 시험의 막바지에 새로 응하게 된 것들이기도 하다. 일례로 내가 실험에 임하기 전에 일리노이 대학의 행복 연구가 에드 디너 Ed Diener 가 만든 삶의 만족도 조사를 스스로 테스트해본 결과, 35점 만점에 28점을 받았다. 이는 전체 참가자의 상위 15% 정도에 해당하는 점수였다. 그리고 최근 이 테스트를 다시 해본 결과 35점 만점에 32점을 받아 상위 5퍼센트에 랭크되었다.

마틴 셀리그만이 개발한 '진짜 행복 목록'이라는 다른 표준 테스트(이것은 하이델베르크 행복학회에서 들었다)에서는 처음 1에서 5까지 범위 중 3.29에 해당했는데, 행복을 찾아 나선 한 해가 지난 지금은 4.13으로 점수가 올라갔다.

'포다이스 설문지'라 불리는 낙천적 성향과 우울증 성향을 알아보는 테스트에서도 결과들이 일 년 전보다 조금 향상되었다. 당연히 그런 몇 페이지나 되는 질문들은 100퍼센트 정확한 건 아니고 삶의 행복을 측정하는 보조수단일 뿐이다. 그러나 첫 장에서 말한 것처럼 현재 우리가 이용할 수 있는 최고의, 그리고 가장 정확한 측정방법들이다.

행복을 알아보지 못하는 장님

나는 지난 한 해 동안 실제로도 또 객관적으로도 눈에 띄게 더 행복해졌다. 그나저나 행복이 꼭 누구에게나 혹은 언제 어디서나 우리의 최고 목표여야만 할까?

당연하다. 다들 그렇다고 말하고 장기간 시행한 연구 결과들 어느 것이나 참조해보라고 한다. 그중 한 연구에서 미국 밀워키에 거주하는 수녀들의 기대수명을 조사해보았다.* 조사에 따르면, 행복한 삶을 산 수녀들이 만족스럽지 않은 삶을 산 수녀들보다 훨씬 더 오래 산 것으로 드러났다. 수녀들 중에서 가장 행복한 4분의 1의 90퍼센트가 85세를 넘긴 반면에 하위 4분의 1은 겨우 34퍼센트였다. 가장 행복한 4분의 1에서 54퍼센트는 94세까지 살았지만 가장 불행한 4분의 1에서는 그 비율이 11퍼센트였다.

이 연구의 학술적 타당성에 대해서는 별 의구심을 갖지 않으려 한다. 오히려 많은 사람들이 도출해낸 연구 결과나 그 의미를 문제 삼으면 삼았지. 누군가 더 오래 살고자 담배를 끊으면 그건 하나의 사건이다. 하지만 담배를 끊고 몇 년 더 오래 산다고 해서 금연을 행복한 삶의 '조건'으로 이해하는 건 오류다. 달리 말해, 행복하지 않은 삶을 더 오래 사는 것이 무슨 의미가 있는가? 보다 더 정확히 관찰해보면, 행복하지 않은 삶을 장수한다는 건 아마도 오히려 더 손해일 것이다. 행복한 삶을 살려고 시도하는 것은 (우리가 펭귄처럼 걷고, 마시지도 못하고, 그 밖에 어느 정도는 수녀처럼 산다는 가정 하에) 오래오래 사는 것에 의미가 있는 것이 아니라 삶 자체에 의미가 있기 때문이다.

그렇다고 행복을 찾는 일 그 자체가 목적이 되어서도 당연히 안 되고 그 일에 미쳐서도 안 된다. 미국의 저술가 에릭 호퍼Eric Hoffer가 넌지시 암시한 걸 생각해본다. '행복 찾기가 불행의 주요 원인 중 하나다.' 물론 여기서도 나는 살짝 이의를 제기하고 싶다. 불행의 중요한 요인은 행복 찾기 그 자체가 아니라, 인간은 무엇이 우리를 실제로 행복하게 해주는지 잘 인식하지 못하기 때문이다. 직장에서 돈을 좀 더 벌자고 배우자나 가족을 소홀히 대하곤 하는 것은 그 때문이다. 비행기 추락 기사를 읽고 난 뒤 자동차 여행을 선택함으로써 여행 중 죽을 수 있는 위험을 수천 배나 더 높이는 것도 마찬가지다.••
이 때문에 우리는 그동안 못 봤던 친구들과 즐기는 저녁식사에 돈을 쓰지 않고 대신 비상용 외투를 산다.

행복을 추구하는 것이 문제가 아니라, 행복에 대해서 아직도 모르는 게 너무 많다는 것이 항상 문제인 것이다. 아니면 눈앞에 있는데도 보지 못하는 것일 수도 있다. 막스 호르크하이머Max Horkheimer는 《도구적 이성에 대한 비판》에서 이렇게 말했다. '자의식은 행복을 말하지만, 성찰되지 않은 행복은 행복이 아니다. 한 번이라도 고난을 겪고 나면 숨 쉬는 것에 보다 감사하게 된다.'

• 실험대상으로서 수녀들은 수도원의 생활환경이 매우 비슷하고 그래서 비교하기가 좋은 장점이 있다. 한결같은 식습관과 동등한 업무환경부터 술과 담배를 멀리하는 것까지 거의 차이가 없다. 그렇지 않으면 그들은 위선자가 될 것이다.

•• 2001년 월드 트레이드 센터에 테러가 일어난 후 수많은 미국인들이 (그리고 당연히 다른 나라 사람들도) 비행기 대신에 '만약의 경우에 대비해서' 자동차를 몰았다. 베를린 막스 플랑크 연구소의 게르트 기게렌저의 계산에 따르면, 미국에서만 이런 잘못된 위험 판단으로 인해서 교통사고로 숨진 사람이 1,500명 늘어났다.

행복조절장치

그런데 행복의 레벨에 따라 실제로 무언가가 바뀌긴 하는 걸까? 로또당첨에서 하반신 불구까지 레벨이 고정된 것이라면, 보다 만족스러운 삶을 위한 전략을 개발하는 일은 어떤 의미가 있을까?

다수의 연구자들은 일정 온도를 유지하는 '온도조절장치'와 행복을 연계해서 말하기도 한다. 시간과 상황적인 조건에 따라 다르기는 하지만 계속해서 그 온도로 되돌아오는 것이다. 이런 행복조절장치에 어떤 기초온도가 설정되었는지는 여러 조건에 달려 있다. 첫 번째로 어느 정도는 우리 유전자에 설정되어 있는 것 같다. 서문에서 말한 것처럼 꽤 많은 사람들에게 행복은 천성적으로 조금 낮게 설정돼 있다. 반면 외향적인 특성이나 다른 재능으로 인해 어떤 사람들에게는 조금 더 높이 설정되기도 한다.

두 번째로 외부 환경이 우리 행복조절장치를 조절하기도 한다. 우리가 어떻게 살고, 어떻게 자라는가 등등. 당연히 불리한 환경에서도 늘 행복한 사람들이 있다. 하지만 평균적으로 모든 사람들을 더 불행하게 만드는 외부적 요인들이 있다. 이를테면 영구적인 소음(시끄럽게 떠도는 소문과는 달리 영구적 소음에는 절대 적응할 수 없다)과 기나긴 출퇴근이 그렇다. 아니면 무기력도 있다. 자기만의 인생을 스스로 정할 수 없음을 알게 된다거나 때로는 그 느낌만으로도 무기력이 올 수 있다.

결국 우리가 스스로 조절장치에 손을 대 행복의 기초온도를 조절해야 할지도 모른다. 물론 이런 조절장치를 돌린다고 해서 효과가 나타나는 건 아니라는 비판의 목소리도 있다. 하지만 나는 그렇게 생각하지 않는다. 우리가 손잡이를 돌려서 '빙하기'를 '사하라'로 바꿀 순 없겠지만, 엘리베이터에 있는 답답한 문닫힘 버튼보다는 행복조절장치가 훨씬 더 잘 작동할 것이라고 생각한다. 최소한 우리가 외부적인 많은 요인들(2단계로 우리 조절장치를 돌리는)로 인해서 영향 받을 수 있다는 사실 때문이다. 비록 돈이야 적게 벌겠지만(행복박탈은 거의 없음) 매일 출퇴근하는 데 세 시간을 요구하지 않는(큰 행복 획득) 직장을 찾을 수 있다. 이렇게 우리는 실제로도 (지난해에 나는 특히 이런 문제들로 고민했다) 조절장치의 기본 온도를 더 행복한 쪽으로 옮기도록 자신을 변화시킬 수 있다. 우리는 어떤 일에 익숙해지거나 아니면 해방될 수 있다. 우리는 매일 일을 색다르게 하거나 아니면 우리 환경을 의식적으로 달리 인식할 수 있다. 어떻게 살아갈지를 매일 새로운 일로 스스로 결정할 수 있다.

행복에 가까워지기 위해서 노력한 1년 동안, 나는 가능한 모든 것을 시험해보았다. 큰일과 작은일, 진지한 것과 가벼운 것, 단순한 일과 복잡한 일. 이중 결국 어떤 것들이 행복을 가져다주었을까?

하나 마나 한 소리처럼 들리겠지만, 각자 스스로 자신만의 길을 찾아야 한다. 내 경험상, 결혼과 정원 가꾸기는 행복한 삶을 위한 아주 좋은 방법이다. 매일 저녁에 무엇이 나를 행복하게 해주었는지를 적는 작은 감사일기장도 훌륭한 성과를 보여주었다. 이와는 반대로 아침 명상이나 웃음요가는 내게는 거의 효과가 없었다. 그렇다고 다른 사람들에게도 그럴 거라는 건 아니다.

나는 직접 수많은 방법들을 시험해보려고 시도했다. 이 책에 언급하지 않고, 또 각 장마다 넣어본 행복한 순간 리스트에 적지 않은 것들도 많다. 나는 이런 시도를 통해서 정말 많은 것을 배웠다. 춤을 추면 행복해진다. 고기를 적게 먹으면 행복해진다. 노래 부르는 동안 가사를 직접 만들어 불러보면 행복해진다. 하프마라톤에 참가하는 것도, 강림절 장식 화환을 직접 만들어보는 일도 날 행복하게 만든다.

항우울제를 복용했던 실험에서 어떤 결과를 도출해내기란 좀 어렵다. 실제 우울증의 징후 없이 누구도 이 약품을 복용해선 안 된다. 이 약품들은 진짜 우울증을 앓는 사람들에게만, 그리고 심리치료와 병행할 때에만 좋은 방법일 수 있다(만일을 대비해서 다시 한 번 말하지만, 난 절대 의약품을 추천하지 않는다. 의사나 상담치료사와의 상담을 추천한다).

그리고 개인적인 삶의 만족도를 상승시키기 위해서는 자원봉사활동을 완전히 무제한적으로 추천한다. 보람을 느끼기 위해 참여 기회를 찾는 사람이라면, 담수보호, 노인봉사, 또는 다문화가정 아이들 보살핌 봉사든지 간에, 누구나 그 활동을 통해서 타인의 삶뿐만 아니라 자기 삶의 질까지도 아주 대대적이고 지속적으로 향상시킨다. 그리고 그냥 정말 힘들고 도대체 어떤 것도 아무런 도움이 되지 못한다고 생각되면, 슈퍼마켓까지 깡충뛰기를 해보라. 의외의 놀라운 효과를 얻을 수도 있다.

세상을 바꿀 순 없지만 나를 바꿀 순 있다

그럼에도 불구하고 생각해야 할 것이 있다. 문득 레그너 씨의 인생사를 생각해보면, 그러니까 그가 겪은 세계대전과 포로생활, 그리고 고독에 비하면 나의 행복 찾기는 고작해야 사소한 애들 장난에 지나지 않은 것처럼 여겨지기도 한다. 레그너 씨만 그런 것이 아니라 인류의 역사를 통틀어 대부분의 사람들이 추구하는 대상은 행복이 아니다. 즉 사람들이 분석하고 추구할 수 있는 대상이 아니다. 인생은 주어진 틀 안에서 움직이도록 지정된 운명이다. 매일 먹을거리를 찾아 나서거나, 도끼나 돌덩이를 집어 드는 일에 매진하는 동안에는 행복을 생각할 시간이 모자란다.

사람들은 전쟁이나 대규모 긴박한 상황이 없는 시대에, 그런 나라에서 살고 있다는 사실을 부끄러워할 수도, 혹은 나처럼 기뻐할 수도 있다. 물론 지금의 상황을 당연하게 여기지 않고 감사하게 생각한다. 그 때문에 매일 저녁 책상 앞에서 스탠드를 켜고 앉아 감사일기장에 적으라는 건 아니다. 하지만 세계 여러 곳에서 다시 빈번하게 폭탄이 떨어지고 대량학살이 일어나면 어쩌면 그래야 할지도 모른다. 아프리카 사파리에서 일몰을 구경하면서 떼를 지어 가는 사자들의 장관에 행복한 기분을 느낄 때, 겨우 몇 킬로미터 밖에서는 아이들이 콜탄 광산에서 뼈 빠지게 일해야 한다면, 곧바로 무언가 이기적이고 염치없음을 느낀다. 거기에서 희귀한 광석을 캐내는 일은 스마트폰을 만들기 위해서는 불가피한 일이다. 우리는 스마트폰으로 행복한 휴가의 순간을 집으로 이메일 보내거나 페이스북에 올린다. 여러 순간에 행복과 만족은 그냥 노력할 필요 없이 찾아오기도 한다. 그리고 한때 불행한 것이 더 올바르고 적절할 때도 있다.

사람은 세상을 바꿀 순 없지만 스스로는 바꿀 수 있다. 이는 마하트마 간디에서부터 U2의 음반까지 한목소리를 내고 있는 부분이다. 어쩌면 깡충뛰기와 그네 사이의 그 한 해가 나를 천진난만하게 만들었지만, 난 그래도 이 두 가지는 할 수 있다고 믿는다. 긍정적인 일에만 집중하고 그것을 강화시키려고 노력하는 일. 그렇게 함으로써 세상을 바라보는 시각을 바꿔나갈 수 있다. 이는 삶의 안 좋은 면은 화면에서 지워버리고 세상의 고통 앞에서 눈감으라고 말하는 건 아니다. 오히려 정반대다.

하지만 자기 자신을 더 행복하게 만드는 가장 간단하고 믿을 만한 방법 중 하나가 남을 돕는 일에 있음을 아는 자라면 자신을 둘러싼 세상을 자연스럽게 바꿔나갈 것이다. 예컨대, 기부나 자원봉사활동, 또는 간단히 친구들의 말을 그냥 들어주는 것으로 말이다. 아니면 낯선 사람의 말에 귀 기울여주는 것도 있겠다.

행복을 찾아 나선 지 1년이 되는 마지막에 난 사진이 첨부된 이메일을 받는다. 제프와 드루가 볼리비아에서 그네를 매달 때 찍은 사진이다. 최소한 그네 하나에 해당하는 물질적 지원을 해준 사람부터 후원자 모두가 그들이 볼리비아 아이들에게 작은 안부를 전할 수 있게 했다.

'여기 이 사진들은 당신의 그네입니다.'

제프와 드루가 나에게 적은 글이다.

'우리는 이 그네를 코로이코Coroico에 매달았습니다. 그곳은 안데스 산맥과 아마존 사이 숲 지역에 있는 작은 동네입니다.'

난 그들의 아이디어가 나 역시 그네를 매달게 했다고 답장을 썼다. 그러자 이 아이들이 전 세계의 낯선 사람들이 보내준 지원에 얼마나 놀라워했는지 알려주는 답장이 왔다.

물론 이런 그네 하나가 세상의 문제들을 해결하진 못할 것이다. 볼리비아 인구 문제도 해결하지 못할 것이다. 사진에서 그네를 타고 있는 이 꼬마의 문제도 해결하진 못할 것이다. 하지만 이 그네는 아주 짧은 순간 동안 삶을 조금이나마 더 아름답고 풍요롭게 만든다. 그네 위에 있는 이 아이를 위해, 그네를 매단 제프와 드루를 위해, 그리고 아주 멀리서 지켜본 나를 위해서도 그렇다.

행복한 순간 열가지

① 끝나지 않을 것 같은, 이루지 못할 사랑의 괴로움이 어느 순간 지나갔음을 깨달을 때

② 자동차를 타고 달리면서 바람을 맞을 때

③ 어른이 되어서도 때때로 어린 시절 즐겨 먹던 음식을 먹게 될 때

④ 돈이 궁한 친구에게 그냥 돈을 줄 수 있을 때

⑤ 여전히 서로에게 흠뻑 빠져 있는 나이 든 분들을 볼 때

⑥ 항상 두렵게만 느껴졌던 사람이 사실은 꽤 괜찮은 사람이란 걸 알았을 때

⑦ 초저녁 조깅에서 공원을 배회하는 여우를 봤을 때

⑧ 존중하던 이에게서 의외의 칭찬을 받을 때

⑨ 금요일이 휴일이란 걸 주초에 깜짝 놀라며 알게 될 때

⑩ 마지막 문장을 다 썼을 때

: 참고 문헌

- Anisman, Hymie, Marilee Zaharia, Michael Meaney & Zul Merali (1998): *Do Early-Life Events Permanently Alter Behavioural and Hormonal Responses to Stressors?* International Journal of Development Neuroscience, 16, p. 149-164.
- Aronson, Elliot, Timothy Wilson & Robin M. Akert (2008): *Sozialpsychologie*, 6. 수정판. Pearson Studium, München.
- Baird, James D. (2010): *Glücksgene. Wie Sie das verborgene Potenzial Ihrer Zellen aktivieren.* Integral Verlag, München.
- Babauta, Leo (2009): *The Power of Less. The Fine Art of Limiting Yourself to the Essential.* Hyperion, New York City.
- Berndt, John Christoph & Christine Koller (2010): *50 einfache Wege zum Glück.* Westend Verlag, Frankfurt.
- Brickman, Philip, Dan Coates & Ronnie Janoff-Bulman (1978): *Lottery Winners and Accident Victims: Is Happiness Relative?* Journal of Personality and Social Psychology, 36, p. 917-927.
- Christakis, Nicholas & James Fowler (2010): *Connected. Die Macht sozialer Netzwerke und warum Glück ansteckend ist.* S. Fischer, Frankfurt.
- Csikszentmihalyi, Mihaly (1990): *Flow. Das Geheimnis des Glücks.* Klett-Cotta Verlag, Stuttgart.
- Dalai Lama & H. Cutler (1998): *The Art of Happiness, A Handbook for Living.* Penguin Books, New York City.
- De Botton, Alain (2004): *Status Anxiety.* Penguin Books, London.
- Diener, Ed & Eunkok Suh (2000): *Culture and Subjective Wellbeing.* MIT Press, Cambridge, MA.

- Doidge, Norman (2008): *Neustart im Kopf. Wie sich unser Gehirn selbst repariert*. Campus Verlag, Frankfurt.
- Dunbar, Robin (2010): *How Many Friends Does One Person Need? Dunbar's Number and Other Evolutionary Quirks*. Faber & Faber, London.
- Ehrenreich, Barbara (2010): *Smile or Die: How Positive Thinking Fooled America and the World*. Granta Books, London.
- Frank, Robert H. (1985): *Luxury Fever: Money and Happiness In an Era of Excess*. Free Press, New York City.
- Gigerenzer, Gerd (2006): *Out of Frying Pan Into the Fire: Behavioral Reactions to Terrorist Attacks*. Risk Analysis, Vol. 26, No. 2, p. 347-351.
- Gilbert, Daniel (2008): *Ins Glück stolpern. Suche dein Glück nicht, dann findet es dich von selbst*. Goldmann Verlag, München.
- Haubl, Rolf (2009): *Neidisch sind immer nur die anderen. Über die Unfähigkeit, zufrieden zu sein*. Verlag C.H. Beck, München.
- Healy, David (2004): *Let Them Eat Prozac. The Unhealthy Relationship Between the Pharmaceutical Industry and Depression*. New York University Press, New York City.
- Hodgkinson, Tom (2007): *Anleitung zum Müßiggang*. Heyne Verlag, München.
- Hoggard, Liz (2005): *How To Be Happy*. BBC Books, London.
- Irle, Mathias (2009): *Älterwerden für Anfänger*. Rowohlt Verlag, Hamburg.
- Kahneman, Daniel, Jack Knetsch & Richard Thaler (1991): *The Endowment Effect, Loss Aversion, and Status Quo Bias: Anomalies*. Journal of Economic

Perspectives, Vol. 5, No. 1, p. 193-206.

- Kahneman, Daniel, Ed Diener & Nobert Schwarz (1999): *Well-Being: The Foundations of Hedonic Psychology*. Russel Sage Foundation, New York City.
- Khatchadourian, Raffi (2010): *The Laughing Guru*. The New Yorker, 30. August 2010, p. 56.
- Klein, Stefan (2002): *Die Glücksformel. Wie die guten Gefühle entstehen*. Rowohlt Verlag, Hamburg.
- Kramer, Peter D. (1993): *Listening to Prozac*. Viking, New York City.
- Kurzweil, Ray & Terry Grossman (2009): *Transcend-Nine Steps to Living Well Forever*. Rodale Books, New York City.
- Layard, Richard (2005): *Happiness. Lessons From a New Science*. Penguin Books, London.
- Lambert, Kelly (2008): *Lifting Depression: A Neuroscientist's Hands-On Approach to Activating Your Brain's Healing Power*. Basic Books, New York City.
- Lykken, David T. (1999): *Happiness. What Studies on Twins Show Us About Nature, Nurture and the Happiness Set-Point*. Golden Books, New York City.
- Makridakis, Spyros, R. Hogarth & Anil Gaba (2010): *Tanz mit dem Glück. Wie wir den Zufall für uns nutzen können*. Haffmanns & Tolkemitt Verlag, Berlin.
- Nettle, Daniel (2005): *Happiness. The Science Behind Your Smile*. Oxford University Press, Oxford.
- Putnam, Robert (2000): *Bowling Alone: The Collapse and Revival of American Community*. Simon and Schuster, New York City.

- Reynolds, Richard (2010): *Guerilla Gardening. Ein botanisches Manifest.* Orange Press, Freiburg.
- Richard, Matthieu (2006): *Happiness. A Guide to Developing Life's Most Important Skills.* Atlantic Books, London.
- Schultz, Nora (2008): *"If you're happy and you know it ⋯".* New Scientist, Bd. 2671, p. 12.
- Schwartz, Barry (2004): *The Paradox of Choice-Why More Is Less.* HarperCollins, New York City.
- Seligman, Martin E. P. (2002): *Der Glücks-Faktor. Warum Optimisten länger leben.* Bastei-Lübbe Verlag, Köln.
- Shimoff, Marci (2009): *Happy For No Reason. 7 Steps to Be Happy From the Inside Out.* Free Press, New York City.
- Stevens, Edwards (1995): *Meditieren in allen Lebenslagen. Meditationstechniken für Körper, Geist und Seele.* Rowohlt Verlag, Hamburg.
- Weiner, Eric (2008): *Die Landkarte des Glücks.* Piper Verlag, München.
- Wiseman, Richard (2003): *So machen Sie Ihr Glück. Wie Sie mit einfachen Strategien zum Glückspilz werden.* Goldman Verlag, München.

옮긴이_ 김정민

서울 출생. 성균관대학교 철학과를 졸업하고 동 대학원, 그리고 독일 빌레펠트대학교에서 인지과학을 전공했다. 현재 출판 관련 일과 함께 독일어 책을 우리말로 옮기는 일을 하고 있다. 그동안 옮긴 책으로는 《아날로그로 살아보기》, 《터부, 사람이 해서는 안 될 거의 모든 것》, 《수의 마법사》, 《서른 살, 뭔가 다르게 살 순 없을까?》, 《누가 조지를 죽였는가》, 《우리 아이가 왜 이럴까요?》 등이 있다.

무엇이 우리를 행복하게 하는가

초판 1쇄 발행일 2013년 4월 25일

지은이 크리스토프 코흐
옮긴이 김정민
펴낸이 김현관
펴낸곳 율리시즈

책임편집 김미성
디자인 Song디자인
종이 세종페이퍼
인쇄 및 제본 천일문화사

주소 서울시 양천구 목4동 775-19 102호
전화 (02) 2655-0166/0167
팩스 (02) 2655-0168
E-mail ulyssesbook@naver.com
ISBN 978-89-98229-03-0 03100

등록 2010년 8월 23일 제2010-000046호

값 15,000원

ⓒ 2013 율리시즈 KOREA

이 도서의 국립중앙도서관 출판시도서목록(CIP)은 서지정보유통지원시스템 홈페이지(http://seoji.nl.go.kr)와 국가자료공동목록시스템(http://www.nl.go.kr/kolisnet)에서 이용하실 수 있습니다. (CIP제어번호: CIP2013003025)